KB099863

구독과
좋아요의
경제학

구독과 좋아요의 경제학

티엔 추오·
게이브 와이저트 지음

–

박선령 옮김

플랫폼을 뛰어넘는 궁극의 비즈니스 솔루션

부·키

지은이 티엔 추오Tien Tzuo

구독 모델로 운영되는 결제·정산 솔루션 소프트웨어 기업 주오라의 창립자이자 최고경영자. 세계 최고의 구독 사업 전문가로 '구독 경제Subscription Economy'라는 용어를 창시했다. 미국 코넬대학교에서 전기공학을 전공하고 스탠퍼드대학교 경영대학원에서 MBA를 취득했다. 졸업 후 세계 최대 소프트웨어 기업 오라클에 잠시 몸담았다가 1999년 서비스형 소프트웨어 기업이자 구독 모델의 선구자인 세일즈포스의 초기 멤버로 입사하여 최고마케팅책임자와 최고전략책임자를 역임했다. 2016년 '언스트 앤드 영 올해의 기업가상'을 수상했고, CMO 위원회 및 《비즈니스위크》가 선정하는 '올해의 CMO' 최종 후보에 올랐다. 2007년에 창립된 주오라는 현재 10억 달러 이상의 기업 가치를 기록하고 있으며 GE, 포드, 박스, 젠데스크, 시만텍, HBO, 트립어드바이저 등 1000여 개의 고객사를 보유하고 있다. 주오라의 본사는 미국 캘리포니아주 실리콘 밸리에 위치하며 뉴욕, 런던, 도쿄, 베이징 등 전 세계 16개 도시에 지사가 있다.

지은이 게이브 와이저트Gabe Weisert

주오라에서 발행하는 《서브스크라이브드매거진》의 편집장. 야후, 포브스닷컴 등에 글을 기고했다.

옮긴이 박선령

세종대학교 영어영문학과를 졸업하고 MBC 방송문화원 영상번역과정을 수료했다. 현재 출판번역 에이전시 베네트랜스 전속 번역가로 활동하고 있으며 옮긴 책으로 《타이탄의 도구들》 《지금 하지 않으면 언제 하겠는가》 《북유럽 신화》 《마흔이 되기 전에》 《나는 돈에 미쳤다》 등이 있다.

구독과 좋아요의 경제학

2019년 1월 30일 초판 1쇄 발행
2019년 6월 5일 초판 5쇄 발행

지은이 티엔 추오·게이브 와이저트 | 옮긴이 박선령 | 펴낸곳 부키(주)
펴낸이 박윤우 | 등록일 2012년 9월 27일 | 등록번호 제312-2012-000045호
주소 03785 서울 서대문구 신촌로3길 15 산성빌딩 6층 | 전화 02)325-0846 | 팩스 02)3141-4066
홈페이지 www.bookie.co.kr | 이메일 webmaster@bookie.co.kr
제작대행 올인피앤비 bobys1@nate.com

ISBN 978-89-6051-690-8 03320

이 도서의 국립중앙도서관 출판예정도서목록(CIP)은 서지정보유통지원시스템 홈페이지(http://seoji.nl.go.kr)와 국가자료공동목록시스템(http://www.nl.go.kr/kolisnet)에서 이용하실 수 있습니다. (CIP제어번호: CIP2019000281).

이 일에 뛰어들도록 격려해 준 아내와
정말 보람찬 일이 되도록 해 준 딸에게
이 책을 바친다.

머리말

몇 해 전 사람들에게 경영대학원에 다니지 말라고 조언하는 기사를 《포천》에 기고한 적이 있다.[1] 이 기사를 통해 경영대학원 진학은 시간 낭비며, 지난 100년간 경영대학원에서는 기본적으로 한 가지 개념만 가르쳤다고 주장했다. 히트 상품을 만들어서 최대한 많이 판매해 고정 비용을 희석시키고 마진을 높이는 것이야말로 모든 비즈니스의 근본 목표라는 생각이 바로 그것이다. 나는 이 모델은 수명이 다했고, 이제 상황이 바뀌었다고 말했다.

대신 특정 고객 기반의 니즈를 바탕으로, 그 고객들에게 지속적인 가치를 제공하는 '서비스'를 만드는 것이 모든 비즈니스의 목표가 되어야 한다고 주장했다. 이처럼 제품 판매가 아니라 서비스 제공을 통한 반복적 수익recurring revenue(반복적 매출)의 창출을 위해 고객을 '구독자subscriber'

로 전환시키자는 것이 내 생각이었다. 나는 이런 변화를 위한 환경을 '구독 경제Subscription Economy'라고 불렀다.

그 기사 때문에 얼마나 많은 악플 세례를 받았는지 말도 못 한다. 기사에는 "우리가 정말 이해를 못 한다고 생각하는 거야, 티엔?" "우리가 제품과 서비스의 차이를 이해하지 못한다고?" "경영대학원에서 이런 이야기를 안 한다고?" 이런 댓글이 줄줄이 달렸다. 게다가 내가 예전에 다닌 경영대학원과 여전히 협력하는 일이 많은 상황이라 여러 가지 문제도 겪었다. 해마다 가서 강연을 하고 강의도 도와주는데, 그때마다 곁눈질을 많이 당했다.

물론 그중 몇몇이 한 말은 일리가 있었다. 나는 1990년대 후반에 경영대학원을 졸업했다. 그 후로 일부 교과 과정은 분명 주제가 바뀌었을 것이다. 하지만 여전히 많은 것이 바뀌지 않았으며, 기초 과정이 특히 그러리라 확신한다. 실제로도 그런 경우를 보기 때문에 안다. 똑똑하고 젊은 MBA 출신이 운영하는 회사들이 마법 같은 히트 상품을 좇으려고 애쓰다가 파멸하는 모습을 매일같이 목격한다. 그들이 경쟁력을 갖추지 못하는 것은 일의 순서를 거꾸로 하기 때문이다. 먼저 제품을 만들고 그런 다음에야 고객을 찾는다. 이 순서를 뒤집어야 한다. 그 회사들은 자기네가 제품을 팔려는 대상이 누군지 전혀 모른다.

여러분에게 한 가지 물어보겠다. 이번 달에 청구된 신용 카드 사용 내역 중 지갑에서 신용 카드를 꺼내지 않고 지불한 금액이 얼마나 되는가? 아마 넷플릭스Netflix와 스포티파이Spotify 프리미엄 계정 이용료로 다달이 청구되는 금액도 포함되어 있을 것이다. 여러분처럼 요령 있는 독자라면 파일을 클라우드에 보관할 테니(이 책을 읽을 만한 사람이라면 당연히 그러지 않겠는가) 드롭박스Dropbox 이용 요금도 청구되었을 것이다. 스마트폰으로 식사나 간식을 주문하거나, 무비패스MoviePass를 구독하거나, 패이트리언Patreon을 통해 어떤 팟캐스트podcast를 후원할 수도 있다. 여러분은 자신의 욕구를 충족하기 위해 서비스를 이용하고 싶어 하는 반면, 어떤 물건을 소유하는 데는 그만큼 관심이 없다.

회사에서 사용하는 데스크톱 컴퓨터는 어떤가? 여전히 켤 때마다 삑 소리가 들리고 완만하게 경사진 푸른 언덕과 화면 하단을 따라 느리고 짜증 나는 대여섯 개의 애플리케이션이 죽 뜨면서 시작되는가? 부디 그렇지 않기를 바란다. 로그인 기능, 가벼운 데스크톱 애플리케이션 몇 개, 브라우저만 있는 훨씬 단순한 모습일 수 있다. 이메일 호스팅 문제 때문에 회사에서 사용하던 이메일을 전부 지메일Gmail로 바꿔서 6개월마다 한 번씩 오래된 아웃룩 파일을 삭제할 필요가 없어졌을지도 모른다. 파일 보관도 파일 공유 서비스인 박스Box를 이용하니 예전에 서버실로 쓰이던 공간은 탁구장으로 바뀌었을 것이다.

이제 모든 것이 달라진 느낌이다. 왜일까? 우리가 산업 혁명 이래로 한 번도 볼 수 없었던 비즈니스 역사의 중요한 전환점에 와 있기 때문이다. 간단히 말해, 세상이 제품에서 서비스로 옮겨 가고 있는 것이다. 수십억 명의 디지털 소비자가 제품 소유보다 서비스 접근을 점점 더 선호해 구독이 폭발적으로 증가하고 있지만, 대부분의 회사는 여전히 제품 판매에만 집중하고 있다. 이들은 향후 100년간의 사업을 위한 준비가 제대로 되어 있지 않다. 그 결과 누구나 차지할 수 있는 엄청난 기회가 도처에 널려 있다. 지금 당장 이 비즈니스 모델로 전환하지 않는다면, 몇 년 안에 전환을 꾀할 사업이 하나도 안 남아 있을 것이다.

왜 이 책인가, 그리고 왜 지금인가

신호는 벌써 10년 전부터 나타나기 시작했다. 당시 넷플릭스는 아직 한 달에 한 번씩 우편으로 DVD를 배달하고 있었지만, 이미 같은 업계 경쟁사인 블록버스터Blockbuster를 무너뜨리고 우리의 미디어 소비 방식을 바꾸고 있었다. 온라인 스트리밍 시장이 막 도래한 때였다(많은 이가 지적하듯이, 넷플릭스의 CEO인 리드 헤이스팅스Reed Hastings가 인터넷을 뜻하는 'net'과 영화를 뜻하는 'flix'를 합쳐 넷플릭스라고 회사 이름을 지은 데는 다 이유가 있었다). 집카 Zipcar(1999년 설립된 미국의 회원제 렌터카 공유 회사 —옮긴이)도 정말 새롭고 흥미로운 개념이었다. 처음에는 시간당으로 차를 빌릴 수 있는 이 회사를 허츠Hertz와 버짓Budget 렌터카의 경쟁자로 여겼지만, 나중에 우버Uber와 리프트Lyft가 활용한 자동차와 교통수단에 대한 새로운 아이디어가 여기서 이미 시작되고 있었음을 볼 수 있다. 그리고 물론 이때 막 출시되기 시작한 아이폰 또한 빼놓을 수 없다. 당시에는 컴퓨터에 새 주변 기기를 연결하면 자동으로 그것을 인식하는 재미난 플러그 앤드 플레이plug-and-play 방식 앱 저장소에 가까웠지만 지리적 위치, 신분 확인, 메시지 전달

등의 가능성도 갖추고 있었다. 대역폭이 증가하고 플랫폼 비용이 감소함에 따라 주문형 디지털 서비스를 제공하기 위한 논리적 발전이 계속 이어졌다. 그리고 그런 일이 사방에서 일어났다.

우리가 주오라Zuora라는 새로운 회사를 설립하기로 결정한 것이 바로 그 시점이었다. 우리는 아주 참신한 구독 요금 청구 및 재무 플랫폼을 구축하고 싶었다. 당시의 많은 회사처럼(젠데스크Zendesk와 고객 지원, 옥타Okta와 패스워드, 제로Xero와 회계 장부 관리) 우리도 중요하지만 지루하고 귀찮은 문제를 해결하려고 노력했다. 사람들이 보편적으로 싫어하고 절망적일 만큼 복잡하며 막대한 비용이 드는 비즈니스 프로세스는 기업가에게 엄청난 기회가 된다. 이 모든 일이 2000년대 후반의 대침체 기간 중에 진행되었다는 사실을 기억하자. 회사 내 서버에 직접 설치해 사용하는 온프레미스 소프트웨어on-premise software가 심한 타격을 받았다. 소매업이 쇠퇴했다. 자동차 판매가 급락했다. 광고 시장도 말라붙었다.

2008년 믿는 도끼에 발등을 찍힌 후, 많은 기업과 투자자가 자기들이 할리우드식 경제 게임을 하고 있었음을 깨달았다. 제품 개발을 위해 엄청난 돈을 쏟아붓고는 그것이 히트하기만을 기원했다. 일이 잘 풀리지 않으면 운이 없어서였다. 이런 회사들은 자기네 재정 상태를 파악하지 못했다. 앞날에 대한 예측 능력도 떨어졌다. 이들은 매 분기마다 은행 잔고가 제로인 상태로 시작해 목표액을 달성하기까지 먼 길을 힘들게 나아가야 했다. 구독형 수익 모델은 그런 식으로 작동하지 않는다. 구독 수익이 전체 수익의 80퍼센트인 연 매출 1000만 달러 규모의 회사는 매년 은행에 800만 달러를 넣어 둔 채로 한 해 일을 시작하는 셈이다. 주식 평가가 미래를 내다보는 예측이라면, 구독은 미래를 내다보는 수익 모델이다.

주오라의 창립자들 가운데 이런 문제에 대해 모르는 사람은 아무도 없었다. 나는 1999년 설립된 미국의 클라우드 기반 고객 관계 관리 customer relationship management, CRM 기업인 세일즈포스Salesforce에 직원 번호 11번으로 입사하는 행운을 누렸고, 그 후 10년 동안 이 회사를 10억 달러 규모의 회사로 키우는 데 일조했다. 세일즈포스의 초기 직원들은 모두 전통적인 온프레미스 소프트웨어업계 출신이었는데, 다들 그런 식의 소프트웨어에 꽤 진저리가 나 있었다. 우리는 오라클Oracle이나 시벨 Siebel 같은 소프트웨어 회사들이 불필요하게 복잡한 제품을 만들고 있다고 생각했다. 이러한 제품은 기생적인 시스템 통합 업계와 홍보와 돈벌이에만 관심 있는 영업 조직이 판매하는 것이다. Y2K에 대한 두려움이 최고조에 달해 있었다. 영업 사원 수가 개발자 수보다 10배나 많았다. 설치된 소프트웨어 가운데 절반은 빛을 보지 못했고, "성공작"으로 간주되던 것들조차 최종 사용자들에게 미움을 샀다. 업계는 고객의 존재를 완전히 망각했다. 그들이 누구고, 날마다 어떤 일을 하고, 업무 시스템에서 마음에 들어 하는 부분은 무엇이고, 어떤 점에 화를 내는지 등을 전혀 파악하지 못했다. 변화가 필요한 때였다.

세일즈포스닷컴 CEO 마크 베니오프Marc Benioff가 빌린 침실 하나짜리 아파트에서 일하는 동안, 우리는 아마존에서 책을 살 때만큼이나 모든 과정이 원활하게 진행되고 직관적으로 이루어진다고 느껴지는 새로운 사용자 경험을 만들고 싶었다. 하지만 그 일에 착수하는 과정에서 우리의 모든 마인드셋(사고방식, 마음가짐)을 바꿔야 한다는 사실을 깨달았다. 소프트웨어 회사의 목적을 재평가하고, 근본적인 질문을 "얼마나 많은 제품을 판매할 수 있는가?"에서 "내 고객이 원하는 건 무엇이며, 그것을 어떻게 직관적인 서비스 형태로 제공할 수 있을까?"로 바꿔야 했다.

세일즈포스가 처음 출범하자 다들 이 회사는 다르다는 것을 알아차렸다. 이제 대규모 설치 작업과 서버실에 무더기로 쌓여 있는 하드웨어는 필요 없게 되었다. 회사가 추구하는 것은 고정된 제품이 아니라 서비스 형태의 소프트웨어였다. 그 덕분에 우리는 그런 소프트웨어를 출시해 홍보하고, 판매하고, 또 진정한 구독 기반 회사를 운영할 새로운 방법을 고안해 낼 수 있었다. 사용량에 근거한 가격 책정, 다양한 층위의 에디션, 고객 성공customer success을 우선시하는 조직 등 우리가 고안한 아이디어는 오늘날 서비스형 소프트웨어Software as a Service, SaaS 기업의 표준 운영 절차가 되었지만, 우리가 세일즈포스를 시작할 무렵에는 이런 서비스 방식들이 하나도 존재하지 않았다. 그래서 우리가 직접 만들어야만 했다.

하지만 아무런 사전 지식 없이 모든 것을 처음부터 시작하는 데는 단점도 따른다. 예를 들어 이 새로운 비즈니스 모델이 효과적으로 작동하려면 기존과 완전히 다른 백오피스back-office 시스템, 즉 후방 업무 지원

시스템이 필요했다(내가 오라클에서 일하던 시절에 익숙하게 접했던 통신 회사나 출판사와 비슷한 시스템이다). 하지만 우리 회사가 구입할 수 있는 기성 시스템은 전혀 없었다. 전부 거대한 전화 회사나 에너지 기업을 위한 것이어서 하나부터 열까지 우리가 직접 만들어 써야 했다. 요금 청구, 전자상거래, 견적, 전체 인프라 구축에 매년 수백만 달러의 비용이 들어갔다. 우리는 곧 이러면 안 된다는 것을 깨달았다. 하지만 핵심 제품에 집중하지 않고 엔지니어들을 자체 요금 청구 솔루션을 만드는 데 투입하는 것 또한 좋은 생각이 아님을 알고 있었다.

2007년 마크 베니오프는 웹 콘퍼런싱 서비스 회사인 웹엑스WebEx에서 일하던 K.V.라오K. V. Rao, 청 조우Cheng Zou와 회의를 하면서 나에게도 참석하라고 했다. 회의 시간 중 절반은 우리 회사의 요금 청구 시스템에 대한 푸념을 늘어놓으면서 보냈다. 마크는 우리가 직접 만든 이 끔찍한 요금 청구 솔루션을 구축하기 위해 앞으로 몇 백만 달러를 더 써야 한다는 사실에 고민하고 있었다. 조우가 말했다. "아, 우리도 같은 문제를 겪고 있어요. 정말 악몽 같죠. 자그마치 사오십 명이 이 일에 매달리고 있다니까요." 그러자 라오가 끼어들었다. "세일즈포스와 웹엑스 둘 다 똑같은 문제를 겪고 있다면, 이건 사업을 시작할 좋은 기회가 되겠는데요." 어쩌면 그럴지도 몰랐다.

우리는 이후 몇 달 동안 계속 논의를 이어 갔다. 라오는 사용료만 청구하는 서비스형 소프트웨어 기업이라는 아이디어를 정말 마음에 들어 했지만, 나는 즉각 마음이 끌리지는 않았다. 우리는 잠재적 스타트업들이 직면하는 것과 똑같은 질문에 직면해 있었다. 이것을 누구에게 판매할 것인가? 이 시장의 크기는 얼마나 되는가? 다른 소프트웨어 회사들만 대상으로 영업하는 소프트웨어 회사가 될 것인가, 아니면 더 큰 존재가 될 수 있을까? 생각하면 할수록 기본적으로 소프트웨어 시장에 한정되어 있는 구독이라는 아이디어에 제약이 없음을 깨달았다. 또 세일즈포스에서 배운 것(기술뿐 아니라 혁신, 마케팅, 판매에 이르기까지)이 모든 업계에 존재하는 모든 종류의 구독형 사업에 가치가 있다는 사실도 깨달았다.

오늘날 주오라는 수십 개 업종에 걸친 1000여 곳의 고객사를 보유하고 있다. 우리는 스트리밍 미디어 회사, 출판사, 신문사, 제조업체, 온라인 학습 회사, 의료 서비스 제공 업체 등과 함께 일한다. 거대한 트랙터 회사나 소규모 대마초 관련 스타트업과도 일한다. 우리 고객은 비행기, 기차, 자동차를 운행한다. 우리는 매일 수십억 달러 규모의 구독 수익을 관리한다. 결과적으로 우리는 이 모델에 대해 많은 것을 알고 있고, 그것이 어떻게 모든 분야에 적용되는지도 알고 있다. 예를 들어 구독 모델로 운영 중인 회사의 매출은 S&P 500 기업보다 9배 이상 빠르게 증가한다는 사실을 발견했다(이 책 말미에 부록으로 실은 '구독 경제 지수Subscription Economy Index, SEI'에서 해당 주제에 관한 최신 데이터를 확인할 수 있다). 우리 개발 그룹은 고객사의 규모와 유형에 따라 그들이 달성해야 하는 구체적인 목표와 피해야 하는 독특한 위협에 대해 많은 조사를 진행한다.

이 책에서 무엇을 배울 것인가

내가 프레젠테이션을 마칠 때마다, 기존의 제품 중심 회사를 구독 기반의 수익 모델로 전환하는 방법에 관한 기본 지식을 묻는 이들이 얼마나 많은지 모른다. 결국 경쟁사들은 여러분이 만든 제품의 특징을 훔칠 수는 있지만, 적극적이고 충성스러운 구독자 기반을 통해 얻은 통찰력은 훔칠 수 없다. 여러분이 알고 싶은 점은 그 모델이 작동하는 방식과 그것을 자기 회사에 가장 잘 적용할 수 있는 명확한 방법일 것이다. 일부 산업계의 벤치마킹, 관련 사례 연구, 모범 사례는 도움이 된다. 그것이 이 책의 목적이다.

나는 또 부족한 점을 메우려고 시도할 것이다(이 주제에 관해서는 이상하게도 적절한 자료가 부족하다). 고객 멤버십 프로그램이나 구독 박스 subscription box(구독료를 낸 고객에게 매달 일정 제품을 박스에 담아 직접 배송하는 마케팅 전략—옮긴이)에 관한 자료는 많고 서비스형 소프트웨어 평가 지표와 관련된 세부 자료도 꽤 방대하다. 하지만 반복적 수익 창출 모델로 전환하는 방법에 관한 기본 계획서를 원하는 기업 비즈니스 독자가 볼 만한 자료는 거의 없다. 최근 많은 언론에서 구독 경제에 관한 내용을 보도하고 있지만, 나는 여러분에게 가장 중요한 자료, 십계명이 새겨진 석판과 같은 자료를 제공하고자 한다. 이 책의 1부에서는 구독 모델이 여러 업계를 어떻게 변화시키고 있는지 알아본다. 2부에서는 기업의 모든 부분에 구독 모델을 적용하는 방법과 관련된 더 전략적이고 운영 중심적인 세부 사항을 살펴본다. 다음은 내가 다룰 주제들이다.

- 구독 모델은 소매, 저널리즘, 제조, 미디어, 운송, 기업용 소프트웨어를 비롯한 전 세계 모든 산업을 어떻게 변화시키고 있는가?
- 구독 비즈니스의 기본적인 재무 모델 및 가장 중요한 성장 지표는 무엇인가?
- 구독 모델은 엔지니어링, 마케팅, 영업, 재무, IT에 대한 접근법을 어떻게 바꾸는가?
- 모든 구독 비즈니스의 8가지 핵심 성장 전략
- 구독 비즈니스를 위한 고객 중심의 운영 체제

이것은 단순한 실리콘 밸리 이야기도 아니고 실리콘 밸리에 관한 책도 아니라는 점을 강조하고 싶다(그런 책은 이미 무수히 나와 있다). 이건 사업 이야기다. 여러 가지 면에서 볼 때 이 책은 이른바 기존 회사 또는 '현존하는 회사'를 선호한다. 왜냐하면 모든 기술적 혼란의 이면에는 사실 다음과 같은 매우 단순하지만 강력한 아이디어가 자리 잡고 있기 때문이다. 기업은 마침내 고객을 이해하기 시작했다.

그리고 고객을 발견하면 회사의 모든 것이 바뀐다. 이는 모든 역할에 영향을 미친다. 구독 모델을 도입하면, 갑자기 회사 개발 팀이 회의실에서 가장 큰 소리를 내는 이들에게 반응하기를 그만두고 사용 데이터에 근거한 새로운 서비스를 가동하기 시작한다. 재무 팀은 새로운 아이디어를 서로 교환하고 시험하는 일에 앞장선다. 고객 서비스 팀은 미리 고객 대응 스크립트를 만들어 수동적으로 대응만 하지 않고 적극적으로 조언하러 나선다. 마케팅 팀은 가격 정책을 가치와 연계시켜 창의적인 새 패키지와 서비스를 고안한다. 이제 조정이나 확장이 불가능한 백엔드 프로세스back-end process(회계, 행정, 통신 데이터 처리, 문서 취급 등 관리 영역 프로세스—옮긴이)의 방해를 받지 않아도 된다. 엄격하게 선형화된 버킷 브리게이드bucket brigade 방식(물 담긴 양동이를 이어받아 불을 끄는 방식—옮긴이)의 작업도 더 이상 없다. 조직은 유연하면서도 응집력 있고, 반복적이면서도 대응력이 뛰어나며, 무엇보다 항상 고객에게 부단히 집중한다.

구독자 네트워크, 타오르는 혁신에 기름을 붓다 | 똑똑한 가격 정책, 《파이낸셜 타임스》와 《이코노미스트》 | 《뉴욕타임스》는 '유니콘'이다

6장 물고기 삼키기: 테크놀로지업계의 부활에서 배우는 교훈

가격 인상 수익에 의존하던 어도비의 새로운 길 찾기 | 소프트웨어업계의 핵겨 울을 넘어서 | 물고기 모델: 혁신하려면 물고기를 삼켜라 | PTC는 어떻게 '물 고기 삼키기'에 성공했나 | 시스코, 하드웨어 회사의 '물고기 삼키기'

7장 사물인터넷과 제조업의 서비스형 진화

"흙을 얼마나 파내고 싶으십니까?" | 가장 큰 변화는 제조업에서 일어난다 | 사물인터넷, 모든 것을 연결하는 새로운 생태계의 출현 | 제조업 진화의 강력한 네트워크, 디지털 트윈 | 제품이 아니라 성과를 파는 제조업체들 | 고객의 재발견, 제조업과 사물인터넷의 미래

8장 소유의 종말

소유하지 말고 접속하라 | 건강 관리: 손목에 병원을 차고 다닌다 | 정부: 시민도 고객이다 | 교육: 평생 이용 가능한 온라인 학습 | 보험: 보험료에 개성을 담다 | 반려동물: 사료 판매에서 건강 서비스로 | 공익사업: 소비자가 전기를 판다 | 부동산: 사무실 소유에서 공유로 | 금융: 은행 창구에서 휴대전화로 | 모든 것이 공개된 경기장에서 새로운 성장 경로 찾기

2부 구독 경제 성공의 길

9장 혁신이 불러온 혼란의 시간 뛰어넘기

거래를 파는 일과 관계를 파는 일의 엄청난 차이 | 획일화되고 고립된 사일로 구조 무너뜨리기

1부

새로운 시대
새로운 경제

1장

한 시대의 종말

디지털 시대 혁신의 현장을 찾아서

디지털 전환digital transformation은 어떤 모습으로 진행되고 있을까? 우선 '디지털 전환'이라는 말이 정말 모호한 용어라는 사실부터 인정하자. 물론 여러 콘퍼런스나 매킨지McKinsey 보고서, 《하버드비즈니스리뷰》 기사 등에서 자주 언급되는 스마트한 느낌을 주는 말이기는 하다. 그리고 그 뜻을 알든 모르든, 사람들은 디지털 전환이라는 말을 들으면 본능적으로 고개를 끄덕인다. 하지만 결국 이 말은 모든 것을 의미할 수도 있고, 아무 의미가 없을 수도 있다.

내가 생각하는 의미는 이렇다. 2000년도에 《포천》이 선정한 500대 기업 가운데 절반 이상이 지금은 사라지고 없다[1]는 통계를 본 적이 있을 것이다. 합병, 인수, 파산 등으로 인해 말 그대로 휙! 자취를 감춘 것이다. 1975년에 《포천》 500대 기업 목록에 이름을 올린 회사들의 평균 수명은 75년이었다. 그런데 지금은 겨우 15년 정도 목록에 올랐다가 사라지는 것이 보통이다. 왜 이런 상황이 벌어진 걸까? 실패에 연연하면서 이미 사라진 회사들의 자취를 따라가기보다 남아 있는 회사들을 살펴보며 답을 찾아보자.

IBM이나 제너럴일렉트릭GE처럼 1955년에도 이 목록 최상단을 차지했고 지금도 여전히 이름을 올리고 있는 대형 제조업체들의 경우 메인 컴퓨터나 냉장고, 세탁기 등을 전처럼 활발하게 광고하지 않는다는 사실을 알고 있는가? 그들은 이제 "디지털 솔루션 제공"에 대해 이야기하는데, 이는 하드웨어가 목적 달성을 위한 수단에 불과하다는 사실을 은연중에 인정하는 것이나 다름없다. 다시 말해 이들 기업은 이제 장비 판매보다 고객을 위한 성과 달성에 주력하고 있는 것이다.

제너럴일렉트릭은 1955년 처음 발표된 《포천》 500대 기업 목록[2]에서 4위를 차지했는데, 이 책을 쓰던 중인 2017년 가을에 발표된 목록에서는 13위에 올랐다. 이 회사는 1889년 에디슨제너럴일렉트릭컴퍼니 Edison General Electric Company라는 이름으로 설립되었고 처음에는 전구, 전기 기구, 발전기 등을 만들어 팔았다. 오늘날의 제너럴일렉트릭은 제품이 아닌 서비스를 통해 대부분의 수익을 얻는다. 제너럴일렉트릭은 아카데미상 시상식 중간에 "디지털 기업이자 산업 기업"[3]이라는 문구를 강조한 광고를 내보냈다. 여기서 드러난 변화에 주목하자. 제너럴일렉트릭은 이런 변화 덕분에 지금까지 살아남아 《포천》 500대 기업 목록에 계속 이름을 올릴 수 있는 것이다.

1955년 《포천》 500대 기업에서 61위를 차지했던 IBM은 지금은 32위다. IBM은 원래 상업용 저울과 천공 카드 제표기punch card tabulator를 팔던 회사인데, 지금은 IT와 양자 컴퓨팅quantum computing 서비스를 판매한다. 제품을 만들어 팔던 회사가 비즈니스 서비스업계의 거물로 완벽하게 변신한 것이다. IBM은 현재 자연 언어 처리와 기계 학습 기능을 이용해 대량의 비정형 데이터를 분석함으로써 통찰력을 제공하는 왓슨Watson이라는 테크놀로지 플랫폼을 개발하고 있다. 이 회사 광고에는 인공 지능 시스템과 대화하는 밥 덜런이 등장한다. 요즘은 인지 서비스 cognitive service 사업을 진행 중인데, IBM의 출발점을 생각하면 상당히 흥미로운 시도다.

1955년 《포천》 500대 기업에 속했던 회사들 가운데 12퍼센트가 지금도 이 목록에서 명맥을 유지하고 있는데, 대부분이 비슷한 변신 과정을 거쳤다. 과거 사진 장비와 인화지를 생산하던 제록스Xerox는 정보 서비스업계로 자리를 옮겼다. 교과서나 《미국철도장비저널》 같은 잡지를 인쇄하던 맥그로힐McGraw-Hill 출판사는 이제 금융 서비스와 개인 맞춤형 학습adaptive learning 시스템을 제공하고 있다. 서부 개척 시대에 술집에 금전 등록기를 판매했던 NCR은 디지털 지불 서비스를 만들어서 스퀘어 Square 같은 모바일 결제 기업들과 경쟁 중이다. 이들은 이제 더 이상 물건을 만들어 팔지 않는다.

자, 그렇다면 좀 더 최근에 《포천》 500대 기업에 진입한 회사들의 상황은 어떨까? 아마존, 구글, 페이스북, 애플, 넷플릭스 같은 "신생" 기업들 말이다. 이들은 우리 같은 소비자와는 급속도로 친숙해졌지만 《포천》 목록에서는 비교적 생소한 기업들이다. 《포천》 500대 기업 목록에서 순위가 급상승해 최상위권까지 올라간 이 기업들은 아직 사라질 기미가 보이지 않는다. 스스로를 제품 제조사로 여긴 적이 없으니 변신할 필요도 없다. 이 기업들은 처음부터 고객과 직접적인 디지털 관계를 구축하는 데 매진했다. 그리고 기성 기업들은 이들의 행보에 촉각을 곤두세우고 있다.

다들 잘 아는 대기업인 디즈니의 상황을 살펴보자. 디즈니의 최고 경영자 밥 이거Bob Iger는 최근에 이렇게 말했다. "우리가 디즈니, ABC, ESPN, 픽사, 마블, 〈스타워즈〉, 루카스필름까지 소유하게 된 것은 행운이지만, 요즘에는 소비자에게 접근할 통로가 없으면 이런 회사들을 전부 갖고 있어도 소용이 없습니다."[4]

현재 디즈니는 테마파크에 놀러 오는 사람들을 제외하면 개별 고객 정보를 얻을 방법이 많지 않다. 월마트에서 〈센과 치히로의 행방불명〉 캐릭터 인형을 사는 사람은 디즈니 고객이 아니라 월마트 고객이다. 미국 최대 영화관 체인인 AMC 극장에 〈스타워즈〉를 보러 가는 사람은 디즈니 고객이 아니라 AMC 극장 고객이다. 하지만 이러한 디즈니의 상황이 곧 바뀔 것으로 전망된다.

마지막으로 스마트폰 기반의 교통 서비스 제공 회사인 우버, 음악 스트리밍 서비스 회사인 스포티파이, 파일 공유 서비스 회사인 박스처럼 기존 시장을 뒤흔들면서 곧 《포천》 500대 기업 목록 최상위권으로 치고 올라갈 듯한 유망 신생 기업들은 어떨까? 이들은 폭풍 같은 속도로 시장에 진입해 모든 소비자의 마음을 사로잡았다. 단순히 제품 판매를 뛰어넘었을 뿐 아니라 완전히 새로운 시장, 새로운 서비스, 새로운 비즈니스 모델, 새로운 테크놀로지 플랫폼을 개발했기 때문에 많은 기성 기업이 이들을 따라잡으려고 애쓰고 있다. 소비자인 우리는 이런 브랜드와 서비스를 사랑하고, 단일 제품이 제공할 수 있는 가치를 훌쩍 뛰어넘는 이들의 가치를 사랑한다.

지금까지 이야기한 이 세 부류의 회사들이 지닌 공통점은 무엇일까? 제너럴일렉트릭도 아마존도 우버도 이제 우리가 디지털 세상에 살고 있으며, 이 새로운 세상의 고객은 예전 고객과 다르다는 사실을 깨달은 덕에 성공했다. 소비자의 구매 방식이 완전히 달라졌다. 그들은 이제 새로운 기대를 품고 있다. 제품을 소유하는 것보다 성과를 누리는 것을 더 중요하게 여긴다. 표준형보다 맞춤형을 선호한다. 계획적 노후화planned obsolescence(새 상품을 사도록 유도하기 위해 제품을 생산할 때 계획적으로 일정 기간이 지나면 고장 나거나 물리적 수명이 줄도록 만드는 것―옮긴이)보다 지속적인 개선을 원한다. 기업과의 새로운 의사소통 방식을 원한다. 제품이 아니라 서비스를 원한다. 획일화된 접근법은 더 이상 효과가 없다. 그리고 이 새로운 디지털 세상에서 성공하려면 기업들도 변해야만 한다.

제품 경제 시대와 마진이라는 횡포

지난 120년 동안 우리는 제품 경제 속에서 살아왔다. 기업들은 '자산 이전 모델asset transfer model'에 따라 물질적인 것들을 설계, 제작, 판매, 배송했다. 사업은 재고 조사, 생산 물량 통제, 원가 가산 가격 책정 등을 중심으로 돌아갔다. 판매자와 구매자의 관계는 종종 익명으로 진행되는 개별적인 거래에 기초했다. 금전 등록기에 붙여 놓은 "반품 사절"이라는 말이 이런 상황을 한마디로 요약해 준다. 시어스Sears와 메이시스Macy's 백화점 같은 초창기의 소매업 개척 회사들이 대중 사회의 소비 방식을 바꿔 놓았지만, 그들은 실제로 누가 자기네 제품을 사는지 또는 그걸 어떻게 사용하는지에 대한 정보가 거의 없었다.

헨리 포드가 도입한 최초의 움직이는 조립 라인이 1913년에 가동되었을 때, 그것은 사실 1800년대 산업 혁명 시기에 처음 실시된 제조 원리의 연장선상에 있었다. 조립 라인은 반복 작업을 따로 분리시켜 효율성을 극대화할 뿐 아니라, 회사에서 만드는 제품이 어떻게 공급망과 제조 공정, 유통 경로, 관리 계층 등에 직접 영향을 미치는지 은유적으로 보여 준다.

제품은 유일한 지배 원칙이었고, 모든 것을 완벽한 일직선상에다 정리했다. 제품을 만들고, 사고, 파는 일에 실제로 관련되어 있는 사람들은 모두 일회용, 즉 언제든 쓰고 버리는 대상이었다. 헨리 포드의 고객들은 모델 T 자동차를 구입할 때 자기가 원하는 색은 뭐든 선택할 수 있었던 것으로 유명하다. 단 그것이 검정색이기만 하다면 말이다. 이렇게 끈질기게 효율성을 추구한 결과, 헨리 포드가 제작하는 자동차의 대당 단가가 급격하게 떨어졌고 덕분에 그가 만든 저렴하면서도 내구성 있는 자동차들이 시장에 넘쳐나게 되었다. 모델 T를 전부 검은색으로 만든 것은, 조립 라인에서 3분에 한 대씩 자동차를 완성시킬 수 있을 만큼 빨리 마르는 페인트 색이 검은색뿐이었기 때문이다.

그러다가 이 대기업들이 일단 시장 점유율을 굳히자 그때부터 생각이 바뀌어 가격을 서서히 올리기 시작하더니 차액, 즉 마진을 통해 돈을 벌게 되었다. 그때부터는 마진이 모든 것을 좌우했다(그리고 계획적 노후화는 해될 것이 없었다). 전후 미국의 대기업들이 가졌던 권력은 아무리 과장해도 지나치지 않다. 그들은 엄격한 규정에 따라 구분된 제품 부서들을 중심으로 조직을 구성했다. 그리고 누구에게도 대답할 필요가 없었다. 콜센터도 없었고, 고객 서비스 담당자도 없었으며, 대개의 경우 반품도 없었다. 이 모델은 우리 조부모 세대 고객들에게 그다지 바람직한 것이 아니었지만, 끊임없이 물건을 실어 나르고 이사회실에 모인 사람들을 행복하게 해 주었다.

20세기 후반에 등장한 전사적 자원 관리enterprise resource planning, ERP 시스템은 이 문제를 더 악화시키기만 했다. 이 시스템은 원자재, 재고, 구매 주문, 운송, 급여 지불 등의 운영 효율성을 측정하는 데는 성공적이었다.

반면에 실제 고객 경험을 측정하는 일에서는 엉망이었다. 하지만 현대 경영학의 구루인 피터 드러커가 지적한 것처럼, 기업들은 측정 가능한 것을 관리하는 경향이 있기 때문에 경영진은 조직적으로나 전략적으로나 대책 없을 정도로 생산에만 초점을 맞추었다.

이 시기에는 공급망 경제가 우세했다. 목표는 최대한 적은 재고로 공급과 수요의 균형을 맞추는 것이었다. 이것은 일본의 새로운 전자 제품과 효율성에 위협받고 있던 엔지니어들과 경영 컨설턴트들에게 그야말로 열반의 경지였다. '적기 생산 방식 재고 관리just in time inventory'란 물건으로 가득 찬 창고는 궁극적으로 적이라는 뜻이었다. '총체적 품질 계획 total quality initiative'은 프로세스 개선 작업이 끝없이 진행된다는 의미였다. 컴퓨터 회사 델의 창립자인 마이클 델Michael Dell은 이런 원칙들을 바탕으로 하나의 제국을 건설했다.

그러다가 약 20년 전 미국 경제계는 이렇게 무작정 생산성에만 매달리는 바람에 공급업체와 고객 사이의 관계가 큰 해를 입고 있다는 사실을 깨달았다. 그때까지 고객은 전혀 알려지지 않은 존재였고, 유통망 끝에 있는 물건 담는 그릇처럼 회사가 만든 제품을 '소비'하는 것이 유일한 존재 목적이었다. 그리고 밝혀진 것처럼, 이런 신규 소비자 가운데 상당수는 신제품을 사용하는 데 어려움을 겪고 있었다. 그렇다면 미국 경제계는 어떻게 이 사실을 알게 되었을까? 바로 회사의 접수 담당자들이 분노한 고객들의 전화를 받았기 때문이다.

대기업들은 이 문제를 해결하기 위해 어떤 조치를 취했을까? 고객 서비스 부서를 만들었다! 그것만으로 미심쩍을 때는 다른 수직적인 사일로Silo를 구축해 시장 서비스, 기술 지원 라인, 하자 보증 계약, 유지 보수 전담 팀 등을 꾸렸다. 고객들이 제대로 무대에 등장해, 이제 자기들만을 위한 부서까지 갖기에 이른 것이다. 그리고 그 부서는 공급망 맨 끝에 있는 제품 하역장 바로 옆에 위치해 있었다.

고객의 시대가 도래하다

삭막하고 전능한 기업의 전성기는 이미 오래전에 끝났다. 오늘날의 고객들은 기업의 규모와 중요도를 통해 더 많은 정보를 얻는다. 때로는 기업들이 고객에게 접근하기도 전에 미리 그 기업을 조사하고 평가하고 분류하기도 한다. 그리고 그들 대부분, 특히 젊은 세대에게는 소유권이 더 이상 중요하지 않다. 사람들은 갈수록 뭔가를 구입하는 일을 불필요한 짐으로 여긴다. 관리해야 하는 물리적인 제품이 아니라 곧바로 사용할 수 있는 매체를 원한다. 그래서 내가 자랄 때만 해도 사방에 즐비하던 대형 매장들이 사라진 것이다. 전자 제품 및 컴퓨터 관련 제품을 판매하는 대형 유통업체인 서킷시티Circuit City, 대형 레코드숍인 타워레코드Tower Records, 대형 비디오 및 게임 대여 업체인 블록버스터, 대형 서점 체인인 보더스Borders, 대형 CD 매장인 버진 메가스토어Virgin Megastore 같은 곳들뿐 아니라 쇼핑몰도 대거 사라졌다! 요즘 사람들은 승차 공유 서비스인 라이드 셰어링ride sharing(카풀)부터 스트리밍 서비스, 구독 박스에 이르기까지 모든 서비스가 즉각적으로 제공되고 지속적으로 사용 가능하기를 바란다. 정기적으로 행복과 놀라움을 느끼고 싶어 한다. 이런 기대에 부응하지 못하면 소셜 미디어에서 혹평을 받는 것은 물론이고 소비자들에게 아예 선택을 받지 못하게 된다. 그렇게 간단히 끝나 버리는 것이다.

포레스터리서치Forrester Research는 우리가 '고객의 시대'라는 새로운 20년짜리 비즈니스 사이클의 시작 단계에 있다고 생각한다.[5] 자본 모델이 광범위하고 체계적으로 변화하면서, 언제 어디서나 가격을 매기고 비평하고 구매할 능력을 갖춘 새로운 고객 세대에게 서비스를 제공하는 방향으로 나아가고 있다고 본다. 포레스터리서치는 새로운 고객들의 마인드셋을 이렇게 설명한다. "필요한 순간에, 그 상황에 맞는 적절한 기기를 통해, 원하는 정보나 서비스를 이용할 수 있기를 기대한다." 고객들은 새로운 기대를 품고 있다(물론 이런 기대는 1980년대 초반에서 2000년대 초반 사이에 출생한 밀레니얼 세대가 주축이 된 것이 분명하지만, 지금은 거의 모든 사람이 이 기대를 공유하고 있다). 그들은 '자동차'가 아니라 '승차 공유'를 원한다. '소'가 아니라 '우유'를 원한다. 카녜이 웨스트Kanye West의 새로 나온 '레코드'가 아니라 새로 나온 '음악'을 원한다.

처음에 기업계는 매우 전형적인 방식으로 이런 변화에 대응했다. 더 많은 시스템을 구축한 것이다. 고객 관계 관리 데이터베이스를 가동시키고, 고객 충성도 프로그램을 시행하고, 회원 보상과 인센티브를 제공하고, 계속해서 고객 만족도 조사를 실시했다. 새로운 고객 확보가 충성스러운 고객을 계속 보유하는 것보다 어렵고, 부정적 고객 경험이 긍정적 고객 경험보다 훨씬 멀리까지 전파된다는 것은 널리 인정된 사실이다. 고객 여정customer journey과 순수 고객 추천 지수net promoter score, NPS에 관한 이야기들이 자주 등장했다.

"고객은 항상 옳다"라는 말을 누가 처음 만들었는지는 모르겠지만,

이 말은 해리 고든 셀프리지Harry Gordon Selfridge나 마셜 필드Marshall Field 같은 19세기 후반의 백화점 개척자들에게까지 거슬러 올라간다. 당시만 해도 이것은 (매수자 위험 부담 원칙을 내세우던 소매업계 전반의 지배적인 태도를 대체하는) 새로운 개념이었다. 하지만 놀라운 사실은 《포천》 500대 기업들이 여전히 이를 제대로 이해하지 못하고 있었다는 점이다. 고객을 중심으로 하는 여러 규범적인 전략을 개발했지만, 고객의 마인드셋은 사실상 이해하지 못했다. 대기업들은 여전히 소셜 미디어에서 이런저런 욕을 먹었고, 대기업에 대한 대중의 정서에도 큰 변화는 보이지 않았다. 그들이 추진하는 변화만으로는 충분치 않았던 것이다.

그러던 중에 재미있는 일이 벌어졌다. 앞서 이야기한 세일즈포스나 아마존 같은 디지털 혁신적 파괴자digital disrupter들이 실제로 고객과 직접적이고 지속적인 관계를 맺을 수 있는 고객 우선 개념을 널리 받아들이면서 남들보다 크게 앞서 나간 것이다. 이들에게는 이제 고객층customer segment 같은 건 존재하지 않는다. 개별 구독자만 있을 뿐이다. 모든 구독자는 개인 홈페이지와 활동 이력, 경고, 알고리즘을 이용한 추천 내역, 자기만의 독특한 경험을 가지고 있다. 그리고 구독자 ID 덕에 거래를 할 때 거쳐야 하는 지루한 판매 시점 프로세스가 모두 사라졌다. 10년 전에는 스포티파이라는 회사는 존재하지도 않았고 넷플릭스는 DVD 회사였다. 현재 해당 업계 총 수익의 상당 비율을 이 두 회사가 차지하고 있다! 오늘날의 기업들은 스스로에게 완전히 새로운 질문을 던지고 있다. 고객과 장기적 관계를 구축하려면 어떻게 해야 하나? 소유권이 아닌 성과에 초점을 맞추려면 무엇을 해야 할까? 새로운 비즈니스 모델을 만들려면? 반복적 수익을 증대하고 지속적인 가치를 제공하려면?

그렇다면 디지털 전환은 어떤 모습일까? 나는 그것이 원형을 띤다고 생각한다. 지금부터 설명해 보겠다.

거대한 변화와 새로운 비즈니스 모델

여러분이 이 책에서 딱 한 가지만 기억해야 한다면 다음 페이지의 도표를 기억해야 한다. 이 도표는 현재 진행 중인 변화를 요약한 것이다. 왼쪽에는 회사들이 '제품을 시장에 내놓고' 해당 제품을 최대한 많이 판매하는(더 많은 자동차, 펜, 면도기, 노트북 컴퓨터 등) 데만 집중했던 낡은 비즈니스 모델이 있다. 그러기 위해 그들은 최대한 많은 판매 및 유통 채널에 제품을 공급하는 방법을 썼다. 물론 다른 쪽 끝에는 이런 온갖 제품을 구입하는 소비자가 있기 마련이지만, 제품이 잘 팔리기만 하면 기업은 그 고객이 누구인지는 신경 쓰지 않았다.

하지만 요즘 기업들은 그런 식으로 생각하지 않는다. 오늘날 성공한 기업은 모든 것을 고객에서부터 시작한다. 그들은 고객이 다양한 채널에서 시간을 보낸다는 사실을 인지하고 있으며, 고객이 어디에 있든 거기에서 그들의 요구를 충족시켜야 한다는 사실도 안다. 그리고 고객에

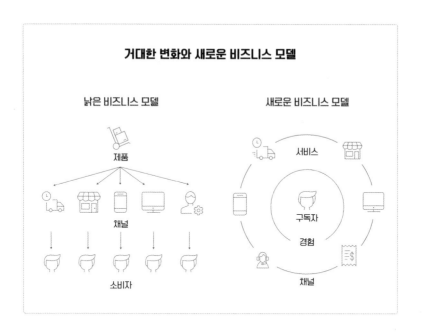

대한 정보를 많이 얻을수록 고객의 요구를 잘 충족시킬 수 있고 관계의
가치도 높아진다. 이처럼 직선형 거래 채널이 구독자와의 동적인 원형
관계로 변하는 것이 바로 디지털 전환이다.

　큰 변화가 진행되고 있다. 앞으로 5~10년 사이에 누가 여러분의 고
객이 될지 파악하지 못한다면 실패의 쓴맛을 보게 될 것이다. 소규모 스
타트업들이 왜 거대 기업을 무너뜨릴 수 있을까? 답은 간단하다. '자신
들이 누구에게 물건을 파는지' 잘 알기 때문이다. 그러므로 80조 달러
규모의 경제를 누구나 차지할 수 있다. 오랫동안 살아남아 있는 회사들
은 자신들이 고객들을 따라가지, 고객들이 자신들을 따라올 것이라고
기대하지 않는다. 고객이 원하는 것이 무엇이며 그것을 어떤 식으로 원

하는지 아는 기업들은, 자기들이 좋은 아이디어라고 여기는 제품을 만들기 위해 많은 시간과 노력을 들이고 또 사람들이 그것을 사도록 설득하는 데 그만큼 많은 시간과 노력을 쏟는 기업들을 물리치고 성공할 것이다.

제품 중심에서 고객 중심으로 조직의 마인드셋이 전환하는 이런 변화는 '구독 경제'의 결정적인 특징이다. 오늘날에는 전 세계의 교통, 교육, 미디어, 의료, 모바일 장치나 사물인터넷 같은 커넥티드 디바이스 connected device, 소매, 제조업 등 모든 분야가 '서비스' 형태로 운영되고 있다. 물론 구독 자체는 새로운 것이 아니다. 구독의 가장 기본적인 정의는 이름, 주석, 부록처럼 어떤 문서 아래에 딸린 글, 즉 'sub script'(아래에 적은 문자)다. 두 이해 당사자가 얽히면 상호 합의, 일치, 관계가 형성된다. 비즈니스 모델로서 구독은 수백 년간 저널리스트, 작가, 삽화가, 역사가, 지도 제작자에게 돈을 지불해 왔다. 1980년대에는 구독 모델을 통해 품질이 좋지 못한 CD도 많이 팔았다(이 이야기는 나중에 좀 더 자세히 하겠다).

그런데 왜 지금 이런 변화가 일어나고 있는 걸까? 구독 내용이 전달되는 방식(디지털 방식)과 이런 디지털 구독에서 생성되는 엄청난 양의 데이터 때문이다. 기업들이 여전히 15세기에 개발된 부기 기준에 좌우되고 있음을 생각하면, 등장한 지 겨우 20년 정도밖에 안 된 상업 인터넷은 비교적 새로운 매체다. 나는 그렇게 나이가 많은 편이 아닌데도 자랄 때 인터넷이란 것이 아예 없었다. 아이폰 역시 세상에 나온 지 겨우

10여 년밖에 안 됐지만 이 기기가 우리의 서비스 이용 방식을 어떻게 바꿔 놓았는지 생각해 보라. 클라우드는 기업이 IT 인프라와 전문 서비스, 설비 투자 비용capex 대 운영 비용opex 지출과 관련한 마인드셋을 크게 바꿔 놓았다. 커넥티드 디바이스가 만들어 낸 완전히 새로운 이 세계는 확실히 참신하게 느껴진다. 벤처 자본가인 메리 미커Mary Meeker가 최신 인터넷 트렌드 보고서에서 이야기한 것처럼 디지털 사용자 경험, 특히 휴대전화를 통한 경험이 대폭 개선된 덕분에 디지털 소비자 구독이 폭발적으로 늘어나고 있다.[6]

우리는 지금 아주 엄청난 일의 시작점에 서 있는 듯하다.

이제 구독 모델이 현대 경제의 모든 부문을 변화시키는 방식 몇 가지를 살펴보도록 하겠다.

2장

소매업계 뒤집기

소매업계는 정말 죽었는가

소매업은 쇠퇴하고 있다. 적어도 데이터상으로는 그렇게 보인다. 2017년 미국에서는 공식 기록으로 어떤 해보다 많은 점포가 문을 닫았다. 최소 7000개가 넘는 소매 점포가 문을 닫아 2008년 금융 위기 당시의 6000개 기록을 깼다. 이는 5제곱마일(약 13제곱킬로미터)이 넘는 반경 안에 소매점이 하나도 없는 상태를 가리킨다. 스테이플스Staples, 케이마트Kmart, JC페니JCPenney, 시어스(1960년대에는 시어스 매출액이 미국 GDP의 1퍼센트를 차지할 정도였다) 등 사라진 소매 점포들의 이름은 모두 친숙하다. 2017년 빚에 허덕이던 최소 12곳 이상의 소매업체들이 파산 신청을 했다. 미국 전체로 보면 상점들이 지나치게 많기는 하다. 사모펀드 회사들이 대형 할인점들에게 빚을 잔뜩 지우고는 수익이 날지 의심스러운 지역에 수백 개의 신규 점포를 개설하라고 강요하기 때문이다. 1000개가 넘는 미국의 폐쇄형 쇼핑몰 가운데 4분의 1이 향후 5년 이내에 문을 닫으리라 예상된다(1990년대에는 이런 쇼핑몰 수가 1500개나 되어 절정에 달했다). 구글에서 소매업계를 검색해 보면 간판 글씨를 지운 뒤에 남은 희미한 흔적을 가리키는 "라벨 스카Label Scar" 같은 이름을 가진, 몰락한 쇼핑몰들을 기리는 팬 사이트도 나온다.

실리콘 밸리의 생각으로는 전자상거래가 확실한 미래다. 전자상거래는 현재 전체 소매 시장의 13퍼센트 이상을 차지하고 있고 연 성장률이

15퍼센트인데 비해, 재래식 소매 시장의 성장률은 3퍼센트에 불과하다. 이 글을 쓰는 시점에 전자상거래 규모는 약 4500억 달러며 2018년 말까지 5000억 달러를 넘어서리라 예상된다. 예를 들어 미국 아마존은 현재 9000만 명이 넘는 프라임 회원을 보유하고 있는데, 이는 미국 전체 가구 수의 약 절반에 해당한다. 이 고객들은 회비로만 거의 90억 달러를 지불하며 1년에 평균 1170억 달러를 쓴다. 가정에서 쓰는 기본 식료품과 일상용품 구입을 위한 온라인 정기 구매 프로그램들이 폭발적으로 인기를 끌고 있으며, 몇 년 후에는 온라인 식료품 배달이 새로운 표준이 될 것으로 보인다.

하지만 잠깐, 너무 앞서 나가면 안 된다! 미국의 경우 소매 매출의 85퍼센트 이상이 여전히 오프라인 매장에서 발생하고 있으며 총매출액은 5조 달러를 넘는다. 그리고 이 수치는 여전히 증가세라는 점을 기억해야 한다. 앞으로 4년 동안 글로벌 소매업계는 매출이 5조 달러 늘어 총 28조 달러의 매출을 올릴 텐데, 5조 달러 중 대부분은 오프라인 매장에서 발생할 것이다. 그리고 또 다른 흥미로운 사실은 온라인 브랜드들이 오프라인 매장을 열고 있다는 것이다. 그런 브랜드가 매우 많다. 이 글을 쓰는 시점에도 트렁크클럽Trunk Club(의류), 와비파커Warby Parker(안경), 언턱잇UNTUCKit(셔츠), 캐스퍼Casper(매트리스), 버치박스Birchbox(화장품), 올버즈Allbirds(신발), 볼앤드브랜치Boll & Branch(침구류), 어웨이Away(여행용 가방), 모드클로스ModCloth(의류), 렌트더런웨이Rent the Runway(의류) 등이 수백 개의 새로운 오프라인 매장을 열고 있는 중이다. 부동산 데이터 회사인

코스타그룹CoStar Group에 따르면, 온라인에서 시작한 소매업체들이 점유하고 있는 오프라인 매장의 면적 규모가 지난 5년 사이에 10배나 증가했다고 한다. 더욱 흥미로운 사실은 회사들이 고객을 오프라인 매장으로 유도하기 위해 전자상거래 사이트에서 제품을 철수시키기 시작했다는 점이다. 예컨대 여러분은 이제 스타벅스닷컴에서 더 이상 커피를 살 수 없다.

그리고 현재 미국 최대 유기농 슈퍼마켓 체인인 홀푸드Whole Foods 매장 460개와 아마존북스라는 이름의 새로운 서점 여러 개를 소유하고 있고, 분기별 보고서에서 오프라인 매장 수익이 계속 발생하고 있는 아마존을 잊지 말자. 이 회사의 자체 내부 문서에 따르면, 아마존은 적어도 1500개 이상의 식료품점이 잠재력을 가진 것으로 내다본다. 칸타리테일Kantar Retail의 수석 연구원인 레이드 그린버그Reid Greenberg는 이렇게 말했다. "소매업은 죽은 것이 아니다. 소매업계 매출의 약 85~90퍼센트가 오프라인 매장에서 발생한다. 하지만 오프라인 매장의 상황은 좋지 않다. 쇼핑몰 형식의 백화점들은 그들이 원하는 방식대로 쇼핑객들과 연결되어 있지 않기 때문에 많은 어려움에 직면해 있다. 소비자들은 이런 곳에 들어갈 때 무엇을 기대해야 하는지 이미 알고 있다."[1]

또한 요즘에는 전자상거래에만 집중 투자하는 업체로 입지를 다지기가 갈수록 어려워지고 있다. 전략 컨설팅 기업 액티베이트Activate의 설립자이자 CEO인 마이클 J. 울프Michael J. Wolf가 최근 발표한 조사 결과에 따르면, 전 세계 최상위권 15개 전자상거래 시장이 전체 매출의 60퍼센트 이상을 차지한다고 한다.[2] 시장 조사 업체 리테일넥스트_{RetailNext}의 CEO인 알렉세이 아그라체프_{Alexei Agratchev}는 이렇게 말했다. "전자상거래업체들은 운송이나 반품과 관련된 가변 비용이 매우 높다. 그에 비해 아마존은 놀라운 물류 기계라고 할 수 있는데, 그들조차 대부분의 경우 수익을 올리지 못한다. 게다가 온라인상에서 고객 확보 비용이 증가하고 있으며, 소개나 추천의 대가로 비용을 더 많이 요구하는 네트워크들도 늘고 있다. 또 한 가지 문제는 온라인상에서 어떻게 자신을 차별화할 것이냐다. 여러분이 웹 사이트에서 무엇을 하든 경쟁자는 그것을 쉽게 훔칠 수 있다. 하지만 매장에서는 다른 어디에서도 찾아볼 수 없는 정말 멋진 경험을 만들어 낼 수 있다."

전자상거래가 우세했던 적은 한 번도 없다

결국 오프라인 매장은 여전히 엄청난 가치를 지니고 있고, 재래식 소매업은 사양길과는 거리가 멀다. 전통 소매업계는 그냥 상황을 바꾸기만 하면 된다. 이것이 무슨 뜻일까? 흥미로운 질문부터 하나 던져 보자. 여러분이 아마존에서 맨 처음 구입한 물건은 무엇이었나? 주문 기록의 마지막 페이지를 보면 나와 있다. 자, 책을 내려놓고 가서 찾아보기 바란다. 내 첫 번째 주문 기록은 다음과 같다.

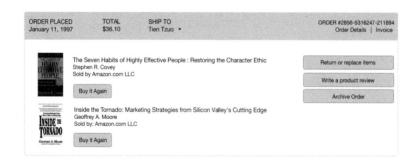

아마존이 서적만 팔 당시의 구매 내역이다! 착실한 경영학과 학생답게 스티븐 R. 코비Stephen R. Covey의 《성공하는 사람들의 7가지 습관》과 제프리 A. 무어Geoffrey A. Moore의 《토네이도 마케팅》을 구입했다. 물론 아마존에서 주문한 다른 내역도 전부 볼 수 있다. 그 결과 아마존은 내가 어떤 것에 관심이 있는지 알기에 맞춤형 추천을 제공하고 세세한 사항까지 신경 써 준다. 모든 것이 고객을 향해 되돌아간다.

이번에는 월마트를 살펴보자. 전체 미국인의 90퍼센트가 월마트 매장까지 20분 안에 갈 수 있는 거리에 산다. 월마트는 5000개의 점포와 150만 명이 넘는 직원을 보유하고 있으며, 일주일에 1억 4000만 명 이상의 구매자들에게 서비스를 제공한다. 2016년에는 거의 모든 미국인이 월마트에서 돈을 썼다. 상당히 놀라운 통계다.

이 회사는 수십 년 동안 공급망, 운송 물류, 재고 관리 분야에서 제도적인 경험을 쌓았다. 이들은 제품을 사고파는 방법을 알고 있다. 대부분의 고객은 식료품과 기본 생필품을 구입하는데, 아주 단순한 반복 구매 물품들이다. 여러분이 월마트에서 가장 최근에 구입한 물건은 무엇인가? 그들은 그런 정보를 여러분에게 제공해 주지 못할 것이 확실하다. 월마트가 보기에 여러분은 기본적으로 재고를 소진하는 수단에 불과하다. 금전 등록기를 통과하고 나면 여러분은 그들의 지도에서 사라진다.

공정하게 말하면 월마트의 경우에도 상황이 바뀌고 있기는 하다. 그들은 전자상거래, 결제 앱, 픽업 및 배송 서비스에 많은 돈을 투자했다. 하지만 오랫동안 월마트는 제품 생산 회사처럼 생각하며 일해 왔다. 월마트 매장은 상품을 팔기 위해 존재했다. 고객들은 제품을 구입하러 그곳을 찾았다. 하지만 아마존은 그렇게 생각하지 않았다. "아마존에는 수년간 고수해 온 3가지 중요한 개념이 있다." 아마존의 설립자이자 CEO인 제프 베조스Jeff Bezos는 이렇게 말했다. "고객을 먼저 생각하라. 새로운 것을 발명하라. 그리고 인내심을 가져라." 내가 좋아하는 베조스의 유명한 말 중에는 이런 것도 있다. "나는 당신에 대해 잘 모르지만, 내 경우에는 계산원들과 직접 만나 대화를 나누는 일이 그리 중요하지 않다." 아마존과 월마트의 대결은 전통적인 소매업 대 전자상거래의 구도로 규정되어 왔지만, 이것은 잘못된 이분법이다. 관건은 제품이 아닌 고객에서부터 시작하느냐, 지속적인 관계를 구축하느냐다. 그리고 디지털 경험을 먼저 쌓은 뒤 그다음에 매장을 개설하는 방식으로 판세를 뒤집을 수 있느냐다.

애플의 서비스는 어떻게 다른가

매년 수천 명의 테크놀로지 전문 저널리스트들은 애플 임원진이 지난해에 열광적으로 선전한 아이폰보다 약간 더 얇아지고, 더 반짝이고, 화면이 더 넓어진 새로운 아이폰을 열렬히 선전하는 이야기를 들으려고 행사장에 나타난다. 최초의 아이폰은 매우 혁신적이었지만 오늘날에는 이 모든 과정이 꽤나 바보스러워지고 있다. 골드만삭스에서 일하는 애널리스트 시모나 잰코스키Simona Jankowski는 "스마트폰의 격전지가 점유율 뺏기에서 사용자 수익화로 바뀌고 있다"[3]라고 정확히 지적했다. 애플사 임원들도 이 사실을 알아야 한다고 생각한다. 그들이 2020년까지 2배로 증가하기를 기대하는 서비스 매출 성장을 위해 많은 노력을 기울이고 있기 때문이다. 2018년 2월 1일에 있었던 실적 발표 때는 서비스 수입을 강조하는 데만 전념했는데, 애플의 2017년도 서비스 수입은 311억 5000만 달러로 이것만으로 《포천》 100대 기업 하나를 구성할 수 있을 정도다. 이 수입은 해마다 27퍼센트씩 증가하면서 애플 성장 동력의 절반 이상을 차지하고 있다. 하드웨어 사업 수익은 계절에 따라 달라지고 최고치와 최저치 사이를 오락가락하지만, 서비스 사업은 분기마다 일관되고 예측 가능한 성장세를 보이고 있다. 하지만 아는가? 어떤 사람들은 이 사실을 아직도 이해하지 못한다! 최근 실적 발표 질의응답 시간에 나온 질문 대부분은 아이폰의 공급과 수요에 관한 애널리스트들의 질문이었다. 알 만한 사람이라면 책상에 이마를 박고 싶은 상황이다.

요즘 애플이 여유 있는 사람들에게 비싼 전화기를 팔면서 잘해 나가고 있음을 안다. 하지만 애플의 다음번 기조연설에서 팀 쿡Tim Cook이 통신사 요금, 하드웨어 자동 업그레이드, 부가 장비를 위한 추가 기능add-on 옵션, 음악 및 동영상 콘텐츠, 전문 소프트웨어, 게임 등이 몽땅 포함된 간편한 월간 구독 플랜을 발표한다면 어떤 일이 벌어질지 상상해 보라. 그러면 단순한 업그레이드 프로그램이 아니라 애플이 곧 서비스 회사가 되는 것이다. 이것은 내 아이디어가 아니라 골드만삭스의 아이디어다. 골드만삭스의 애널리스트 잰코스키가 휴대전화 업그레이드 보장, 애플 TV, 애플 뮤직 등이 포함된 월 50달러짜리 '애플 프라임' 월간 구독 서비스를 제안했다. 이런 서비스를 제공한 결과 쿠퍼티노 시에 위치한 애플 본사에서, 내년 매출의 80퍼센트는 이미 은행에 있다고 말한 세일즈포스와 유사한 재무 보고서를 제공할 수 있게 된다면, 애플의 평가 가치가 1조 달러에 도달하기까지 시간이 얼마나 걸릴 것 같은가?

해가 갈수록 애플은 아이폰 출하량에는 관심을 덜 보이면서, 대신에 애플 ID별 수익이나 고객 생애 가치customer lifetime value, CLV(앞으로 고객과 관계를 이어 가는 전체 기간 동안 발생할 것으로 예상되는 순이익—옮긴이), 그리고 그런 애플 ID의 기반과 가치를 확대하기 위한 효율성 지표에 더 많은 신경을 쓰고 있다. 애플은 ID를 교묘하게 소매 경험과도 통합시켰다. 어떤 애플 매장이든 들어가 내 ID를 제시하면 제품을 받아 나올 수 있다. 정말 놀라운 일이다. 스타벅스도 ID 제도를 시행하고 있다. 스타벅스에 로그인하면 내가 스타벅스 카드와 모바일 결제 앱을 사용하기 시작한 이후로 마신 모든 커피 내역을 볼 수 있다. 또 어떤 회사가 이런 ID 제도를 가지고 있을까? 당장 머리에 떠오르는 회사가 별로 많지 않다. 모든 소비자 브랜드들의 경각심을 일깨우는 부분이기도 하다.

제품을 넘어 고객 경험을 팔다

5년 뒤에도 여전히 낯선 사람들을 상대로 상품을 팔고 있다면 10년 뒤까지 영업을 유지하지 못할 가능성이 크다. 오늘날 모든 소비자 브랜드가 필수적으로 갖춰야 하는 기본 요건은 자사의 고객 파악이다. 그러지 않으면 반드시 실패하고 만다. 새롭게 경이로운 성공을 거둔 버치박스(화장품), 달러셰이브클럽Dollar Shave Club(면도용품), 루트크레이트Loot Crate(게이머 장비), 스티치픽스Stitch Fix(의류), 프레실리Freshly(식사), 그레이즈Graze(간식), 트렁크클럽(의류), 페블레틱스Fabletics(스포츠용 의류), 스탠스Stance(양말) 같은 구독 박스 회사들은 모두 이 사실을 알고 있었다. 이 회사들은 일반적인 '이달의 ○○ 클럽'과는 상당히 다르다. 이들은 고객과 직접 시작해 시간이 지남에 따라 점점 더 스마트해지는 재미있고 매력적인 구독 환경을 구축함으로써 소매 분야에 고객 우선 방식을 받아들였다.

그러나 늘 그러지는 못했다. 컬럼비아하우스Columbia House는 1980년대와 1990년대에 성장한 이들의 마음속에 특별한(또는 두려운?) 곳으로 자리하고 있는 통신 판매 음악 서비스였다. 예비 거래자로 가입하고 1센트만 내면 각자 선택한 앨범(나중에는 8트랙 녹음테이프, 카세트, CD 등으로 바뀌었다)을 보내 주었다. 록 밴드 저니? 힙합 그룹 런-DMC? 로커 브루스 스프링스틴? 어떤 음악을 좋아하든 상관없다. 컬럼비아하우스는 그런 것으로 고객을 판단하지 않는다. 그냥 원하는 음악을 선택하고 우체부가 배달해 주기만 기다리면 된다. 하지만 통신 판매 음악 시장을 수십 년간 지배해 온(전성기에는 14억 달러의 매출을 올리기도 했다) 컬럼비아하우스는 결국 파산해 2015년 말 법정 관리를 신청했다. 컬럼비아하우스가 파산한 것은 스포티파이, 넷플릭스, 인터넷으로 미디어 콘텐츠를 제공하며 틈새시장을 차지한 OTT 미디어over the top media 공급업체 등 미디어 구매 추세의 변화와 아마존이나 다른 온라인 소매업체들과의 치열한 경쟁 때문이기도 하지만, 가장 크게는 구독자와의 관계를 잘못 관리했기 때문이라고 생각한다.

컬럼비아하우스는 구독자들과의 관계를 중심으로 사업을 구축하기보다는 기본적으로 상품을 발송한 뒤 소비자들이 가격을 지불하게 했다. 안타까운 사실은 소비자들이 할인 제품을 사거나 무료 체험판을 얻기 위해 신용카드 정보를 제공했다가 제때 취소하지 못하면 요금이 계속 청구된다는 점이었다. 명확하지 않은 청구 관행, 어려운 취소 절차, 열악한 커뮤니케이션 등으로 인해 많은 구독자가 원치 않는 정크 메일을 받았다. 슬프게도 여전히 많은 회사가 자신들의 좀비 비즈니스 모델을 유지하기 위해 고객 방치에 의존하고 있다.

그렇다면 오늘날 월간 구독 서비스에는 어떤 변화가 생겼을까? 현명한 사람들은 구독자를 정말 유지하고 싶다면 취소 버튼을 숨기는 짓 같은 어설픈 속임수에 의존하지 말고 훌륭한 서비스를 구축하는 데 집중해야 한다는 사실을 깨달았다. 《멤버십 이코노미》를 쓴 로비 켈먼 백스터Robbie Kellman Baxter는, "불만을 느끼는 고객들끼리 번개처럼 빠른 속도로 커뮤니케이션이 이루어지는 시대에 오랫동안 구독 비즈니스를 유지하려면 황금률을 따라야 한다"라고 말한다. "고객이 원한다면 쉽게 떠날 수 있게 하자. 물론 그들에게 떠나는 이유를 물어볼 수도 있고 그들을 잡으려고 노력할 수도 있지만, 떠나는 것을 방해해서는 안 된다. 이는 거구의 경비원이 출입구를 가로막는 행동의 디지털 버전이나 다름없다."[4]

또 스포츠 의류 분야에서 여배우 케이트 허드슨을 전면에 내세워 룰루레몬Lululemon과 경쟁하는 페블레틱스나 디자이너 란제리 전문인 어도어미Adore Me 같은 회사들이 구독 사업을 부실하게 운영해 비난받는 모습도 봤다. 명확하지 않은 청구 관행, 어려운 취소 절차, 열악한 커뮤니케이션, 이런 소매업계의 구독 관련 문제(와 고객 불만)는 모두 이 '네거티브 옵션negative option' 모델이라는 아이디어에서 비롯된다. 해당 회사들의 명예를 위해 말해 두자면, 두 회사 모두 서비스와 투명성을 높이기 위한 구체적인 조치를 취했고 그 과정에서 고객 만족도 점수가 높아졌다. 하지만 컬럼비아하우스가 문을 연 지 60년이 넘게 지났지만 많은 구독 소매업체가 여전히 이 점을 이해하지 못하고 있는 것 같다. 이들은 제품만이 아니라 훌륭한 고객 경험까지 함께 판매하는 방법을 모르며, 원활한 고객 경험의 잠재력을 활용하는 방법도 모른다. 단순히 어떤 제품에 대해 한 달에 한 번씩 요금을 부과하면서 무작정 배송을 시작할 수는 없다. 마인드셋 자체를 완전히 바꿔야 한다. 고객을 구독자처럼, 지속적으로 상호 이익이 되는 관계의 파트너처럼 대하는 마음가짐이 필요하다는 이야기다.

↻ 펜더, 기타 판매에서 뮤지션 양성으로

정기 구매는 잘 상하는 물건이나 면도기, 기저귀, 식료품, 세제, 반려동물 사료처럼 반복적으로 구입하는 제품에 적합한 것이 사실이다. 하지만 여러분이 더 비싼 제품을 팔면서도 구독 박스 서비스로 누리고 있는 구독자와의 관계를 활용하고 싶다면 어떻게 해야 할까? 여러분이 판매하는 제품을 매력적인 디지털 서비스로 포장해야 한다. 펜더Fender는 이 부문에서 대단한 성공을 거뒀다. 이 회사는 70년 넘게 최고의 전기 기타를 만들어 왔다. 하지만 지난 10년 사이에 업계 전반에 걸쳐 전기 기타 판매량이 3분의 1가량 감소했다. 펜더 매출의 약 절반은 신출내기 기타리스트들에게서 나오지만, 그들 가운데 90퍼센트가 1년 안에 기타 연주를 그

만든다. 구독 사업의 관점에서 보면 이탈률이 90퍼센트나 되는 셈이다.

이는 대개 기타가 "배우기 어려운 악기"이기 때문이라고 펜더의 제품 개발 이사인 이선 캐플런Ethan Kaplan은 설명한다. 코드 몇 가지를 익히기는 꽤 쉬운 편이지만 대부분의 초보 기타 연주자들은 그 이후에 정체기를 겪다가 결국 악기를 완전히 포기하는 경향이 있다. 하지만 캐플런은 펜더가 이들이 계속 연주하게 해서 이탈률을 낮출 수 있다면 그들 대부분이 평생 고객으로 남으리라는 사실을 알고 있었다. 이탈률을 줄이는 것이 최우선 과제가 되었고, 이를 해결하려면 '전기 기타' 너머의 문제를 생각해야 했다. 그래서 펜더는 펜더 플레이Fender Play라는 구독 기반의 온라인 동영상 교육 서비스를 새롭게 시작했다. 기타 연주자들이 30분 안에 첫 번째 리프riff(짧게 반복되는 악절)나 노래를 연주하도록 가르치는 것이다(나도 이 서비스의 팬이다. 지금까지 C, D, G라는 오픈 코드 3개를 배웠다. 부디 정체기에 빠지지 않기를 바랄 뿐이다).

"우리는 고객을 제대로 파악하기 위해 세분화 연구를 실시했고, 그것을 디지털 전략 개발을 위한 결합점으로 활용했습니다"라고 캐플런은 설명한다. 구독 기반의 교육용 웹 사이트인 린다닷컴Lynda.com의 성공도 펜더가 펜더 플레이의 프리미엄 콘텐츠를 판매할 시장이 있다는 확신을 얻는 데 도움이 되었다. 2016년 8월에 공개된 기타 튜닝을 위한 무료 모바일 앱 펜더 튠Fender Tune은 펜더디지털Fender Digital에서 제공한 첫 번째 제품이었다. 펜더 튠은 펜더 플레이에 길을 터 주었고, 펜더가 방대한 양의 소비자 데이터를 활용하는 속도를 높이도록 도왔다. 캐플런은 "(튠을 이용하면서) 보낸 시간이 얼마나 되는지, 지금 얼마나 많은 사람이 튜닝을 하고 있는지, 무엇을 튜닝하는지, 튜닝에 성공했는지 등을 확인할 수 있죠"라고 말한다. 캐플런의 팀은 펜더 플레이를 출시하기 전에 펜더의 디지털 제품에 대한 실시간 통찰력을 얻기 위한 데이터 분석과 대시보드 구축에 1년을 보냈다. 그는 "학습을 통해 고객과 지속적으로 대화하는 것이 정말 중요합니다"라고 강조한다. "사람들에게 기타를 판 뒤 그들이 알아서 연주하기를 바라며 손 놓은 채 있고 싶지는 않거든요."[5]

우연히 에릭 클랩턴이 만든 노래 〈라일라Loyla〉의 근사한 커버 연주로 2017년 샌프란시스코에서 열린 '서브스크라이브드Subscribed' 콘퍼런스의 마지막을 장식해 준 펜더의 CEO 앤디 무니Andy Mooney는 이탈률을 10퍼센트 줄이기만 해도 시장 크기를 2배로 늘릴 수 있다고 말했다. 외견상 '정적'인 제품에 서비스 지향적인 마인드셋을 적용한 정말 매력적인 사례다. 무니는 리셀러의 이윤과 판매 수량이 아니라 구독자 기반과 참여도에 대해 생각한다. 기타 소유가 중요한 것이 아니라 평생 기타 연주자로 살아가는 것과 음악 애호가가 되는 것이 중요하다는 것이다. "창립자인 레오 펜더Leo Fender는 사실 기타를 연주해 본 적이 없습니다." 무니는 이렇게 말했다. "하지만 그는 예술가들의 말에 귀를 기울였습니다. 펜더는 지금도 고객의 말에 귀 기울이는 것이 가장 중요하다고 생각합니다."

소매에 불어닥친 새로운 흐름, 체험형 매장

상황을 역전시키기만 한다면 여전히 소매업이 효과적임을 알았다. 이는 무엇을 의미하는 걸까? 아마존과 애플을 보면, 모든 것이 고객으로부터 시작된다(물론 애플은 '제품' 회사로 유명하다. 하지만 이 회사도 점점 제품을 고객 기반 서비스를 활성화하기 위한 수단으로 여기는 올바른 방향으로 나아가고 있다는 이야기다). 그리고 이제 부단한 고객 중심 운영 방식 덕분에 완전히 새로운 형태의 구독 박스 회사들이 번창하고 있다. 펜더 같은 사치품 회사들 또한 학습과 참여를 우선시하는 지속적인 디지털 관계를 통해 혁신하고 있다.

자, 그렇다면 이 모든 것이 쇼핑몰의 '일반' 매장과 어떤 관련이 있을까? 거듭 말하지만, 새로운 유형의 소매점은 모두 고객으로부터 시작된다.《컴퓨터월드》칼럼니스트인 마이크 엘건Mike Elgan이 이러한 상황을 잘 요약했다. "핵심은 '소매업의 종말'은 오지 않는다는 겁니다. 이건 '온라인'과 '오프라인' 소매업을 가르는 진부한 이분법에 기초한 생각입니다. 실제로는 데이터와 앱 중심의 유연한 옴니채널omnichannel 소매업과 낡고 구태의연한 소매업, 이렇게 둘로 나뉩니다."[6] 온라인 판매만으로는 수익을 내기가 매우 어렵다는 사실이 갈수록 분명해짐에 따라, 기업들이 오프라인 매장을 온라인 매장의 확장으로 간주하게 된 과정을 자세히 살펴보자.

오프라인 매장에서 상품을 보고 온라인에서 더 저렴한 가격으로 구입하는 '쇼루밍showrooming'에 대한 엄청난 두려움을 기억하는가? 소매업자들은 소비자가 자기네 매장에 와서 상품을 둘러보고는 온라인 경쟁자들에게 가서 똑같은 제품을 더 싼 가격으로 구입할까 봐 두려워했다. 물론 약간의 시장 조사를 기친 뒤 실은 그 반대라는 것을 알았지만 말이다. 온라인상에서 제품에 대해 조사한 뒤 상점에 가서 제품을 구입하기 전에 직접 시험해 보는 사람들이 더 많았던 것이다. 온라인 경험을 우선적으로 제공하는 것, 이것이 오늘날 성공적인 소비자 브랜드 경험의 핵심이다.

2010년 70퍼센트에 달했던 질레트Gillette의 미국 남성용 면도기 시장 점유율이 왜 2016년에 54퍼센트로 추락했을까? 해리스Harry's나 달러셰이브클럽 같은 온라인 매장에서 면도기를 구입하는 남성들이 늘었기 때문이다. 그리고 고객의 개인 정보와 배송 및 포장 물류를 온라인으로 옮기면, 오프라인 매장을 창고가 아닌 전시실로 사용할 수 있다. 온라인 안경 유통업체 와비파커는 자사의 오프라인 매장에서 쇼핑하는 고객 4명 가운데 3명이 먼저 자사 웹 사이트부터 방문한다고 추정한다.

예를 들어 온라인 남성 의류 쇼핑몰 보노보스Bonobos(지금은 월마트 소속이다!)의 '가이드숍Guideshop'에서는 아무것도 팔지 않는다. 매장에서 마음에 드는 물건을 발견하면 나중에 집으로 배송해 주는 식이다. 이 매장의 주된 목적은 사람들이 제품을 시험적으로 사용해 보고 조언을 얻는데 있다. 오프라인 상점을 재고 관리가 아닌 발견 과정을 표면화하는 데 활용하고 있는 것이다. 가이드숍은 점포 구석구석까지 구매할 물건들을 채워 넣어 공간을 어수선하게 만들어 놓지 않는다. 와비파커는 매장 방문객의 85퍼센트가 이미 온라인에서 광범위한 검색을 하고 왔음을 알기에, 소매 점포 1제곱피트(약 0.1제곱미터)당 평균 3000달러의 매출을 올린다. 주얼리 브랜드인 티파니Tiffany 매장보다 약간 적은 수준이다. 고급 백화점 체인 노드스트롬Nordstrom의 새로운 로컬 매장들은 2014년 인수한 트렁크클럽 회원을 위해 스타일링과 손톱 손질 같은 다양한 서비스를 제공하지만 실제 상품 재고는 갖추고 있지 않다. 고객들은 매장 수령 서비스나 당일 배송을 통해 상품을 받는다.

아마존의 새로운 서점 아마존북스는 책(혁!)들을 전시하듯이 앞표지가 잘 보이게 세워서 진열해 놓고 책 설명과 순위표를 같이 보여 주는 대담한 방식을 취한다. 이는 책등만 보이게 빼곡히 꽂아 둔 책장 앞에 쇼핑객들을 던져두는 것보다 훨씬 소비자 친화적인 방법이다. 넷플릭스가 자사 홈페이지에서 그러듯이 새롭고 흥미로운 콘텐츠를 겉으로 드러내 보여 준다. 스타벅스 CEO인 케빈 존슨Kevin Johnson의 설명처럼 "첫째, 여러분의 매장에서 한 경험 덕분에 고객이 그 매장을 계속 찾게 되는 경험적 쇼핑에 집중해야 합니다. 둘째, 그 경험을 오프라인 매장에서 디지털 모바일 관계로 계속 확대해 나가야 합니다."

이런 회사들은 당연히 오프라인 매장의 디자인과 프레젠테이션을 알리기 위해 온라인 데이터를 활용한다. 버치박스는 웹 사이트에서 확보한 제품(화장품) 순위와 리뷰를 이용해 뉴욕 매장의 실제 상품 배치 방법을 정한다. 또 제품을 브랜드별이 아니라 카테고리별로 정리하는 등 간단하고 직관적인 방법을 쓴다. 테슬라Tesla 대리점에는 자동차를 가득 전시하거나 커미션을 받고 일하는 판매 사원들이 우르르 모여 있지 않다. 그곳에서는 정보를 알리고 고객의 질문에 답하는 일이 중요하다. 차가 마음에 들면 온라인으로 거래를 진행할 수 있다.

픽업 및 정기 배송 서비스가 점점 보편화되고 있다. 매킨지에 따르면 지난 5년 동안 구독 전자상거래 시장이 매년 100퍼센트 이상 성장했다고 한다. 특히 식료품이나 주요 생필품의 경우 신속한 픽업이나 배달이 없어서는 안 될 새로운 요소가 되었다. 소매업체들은 자동차 회사와 협력해 독자적인 암호 보안 기능을 갖춘 트렁크 잠금 장치를 개발하고 있는데, 이를 이용하면 여러분이 직장에서 일하는 동안 다른 사람이 드라이클리닝한 옷이나 식료품을 여러분 차에 갖다 놓을 수 있다. 아마존은 미국 전역에 80개 정도의 배송 센터가 있는 반면, 대형 할인점 등을 운영하는 종합 유통업체 타깃Target은 1800개의 배송 센터를 갖출 가능성을 타진하고 있다. 오늘날 타깃은 약국 체인 월그린Walgreens처럼 매장에 방문해서 직접 상품을 수령하는 많은 고객을 위해 전용 앱을 마련하여 이 주문들을 처리하고 있다.

심지어 소매점의 기본적인 경제 모델도 멋진 방법으로 재창조되고 있다. 첨단 테크놀로지 제품 전문 소매업체인 베타b8ta는 제품 판매로 돈을 벌지 않는다. 이 회사의 비즈니스 모델은 전적으로 제품 판매업체들의 유료 구독을 기반으로 하며, 이를 통한 지속적인 투자 수익 증대에 초점을 맞춘다(베타는 고객과 제품 회사를 연결해 주는 체험형 매장을 운영하는데, 업체들로부터 매장 내 제품 진열 임대료를 받아 수익을 올린다. 설사 판매하더라도 공급가 그대로 팔아 마진을 남기지 않는다—옮긴이). 게다가 이런 지속적으로 반복되는 수익 모델 덕에 베타는 4분기의 연말 세일 매출에 의존해 한 해의 남은 기간을 버티는 일이 훨씬 줄어드니 그야말로 윈윈이다. 그렇다면 몰락해 가는 쇼핑몰들은 어떨까? 파산하지 않는 것만으로도 충분히 잘하고 있는 셈이다.

매장 고객 분석으로 소비자 동향을 조사하는 리테일넥스트의 알렉세이 아그라체프는 이렇게 말한다. "성공적인 쇼핑몰들은 1제곱피트당 평균 매출이 250달러인 구식 매장을 평균 700~800달러의 매출을 올리는 새로운 브랜드로 대체해서 전체적인 포트폴리오를 최적화하는 방식으로 상황을 개선시키고 있습니다."

일례로 맨해튼 중심가의 번화한 웨스트필드 월드트레이드센터 몰은 일부는 박물관, 일부는 엔터테인먼트 단지, 일부는 전시장, 일부는 사교용 술집으로 운영되고 있다. 매장들의 실적은 좋은 편이다. 하지만 이곳 경영진은 방문객, 엔터테인먼트 가치, 식당 및 소매점 매출 등에서, 디즈니파크처럼 한번 가속도가 붙으면 알아서 돌아가는 '플라이휠flywheel' 성장 모델을 계속 유지하려면 접근성과 편의성에 투자해야 한다는 사실을 잘 알고 있다.

허스크바나, 329년 된 스타트업

마지막으로, 매장은 없고 물건을 보관하는 창고만 있는 경우에는 어떻게 해야 할까? 1689년에 무기 주조 공장으로 설립된 스웨덴의 국립 기관인 허스크바나Husqvarna는 구독 매출과 편리함을 통해 가치를 표면화한 소매업체의 훌륭한 사례다. 오늘날 이 회사는 세계 최고 수준의 임업, 잔디 및 정원 관리용 제품 제조업체이자 건설 및 석재 산업용 도구 제조업체다. 이들은 핵심 고객인 가정용 제품 소비자들을 위해 최근에 '허스크바나 배터리 박스Husqvarna Battery Box'라는 것을 선보였는데 일반 쇼핑센터 주차장에 세워진 고급스러운 외관의 파란색 창고처럼 생겼다.

사실 이것은 상업용 도구 도서관이다. 스톡홀름에 사는 허스크바나 구독자들은 이 배터리 박스를 통해 울타리 다듬는 도구, 전기톱, 낙엽 치우는 송풍기 같은 온갖 종류의 무겁고 배터리로 움직이는 장비를 이용할 수 있다. 이 도구들은 날마다 정비해 항상 양호한 상태를 유지하고 있으며 고객이 집에 가져가기 전에 완전히 충전되어 있다. 구독자들은 매달 일정한 요금을 지불하고 보관이나 유지 보수, 기타 번거로운 일에 신경 쓸 일 없이 다 쓴 도구를 반납하기만 하면 된다. 배터리 박스는 또한 구입 전에 도구를 사용해 볼 수 있는 좋은 기회를 제공한다. "사람들은 이미 집과 자동차를 공유하고 있습니다. 울타리 다듬는 도구처럼 가끔씩만 사용하는 제품을 공유하는 건 어떤 사용자에게는 매우 적합한 방법입니다." 허스크바나의 대표 파벨 하즈만Pavel Hajman은 이렇게 말한다.

새로운 비즈니스 모델이 반드시 해야 하는 일은 헌신적인 구독자 기반을 확대하고 발전시키는 것이다. 소매 부문에서는 고객의 디지털 신원을 확립해 검색과 참여를 유도하고 매력적인 오프라인 소매 경험을 누리는 즐거움을 제공해야 한다. 시장의 새로운 승리자들은 '오프라인 상점을 온라인 경험의 연장선으로' 사용할 뿐, 그 반대로 활용하지는 않는다. 이들이 상황을 역전시키고 있다.

3장

미디어의 새로운
황금시대

한 번의 히트가 모든 실패를 만회한다면

할리우드의 황금시대인 1920년대 후반부터 1960년대 초반까지 이른바 '빅5' 영화 스튜디오들은 일주일에 수십 편의 영화를 쏟아 냈다. 폭스영화사, 로스시네플렉스엔터테인먼트, 파라마운트픽처스, RKO라디오픽처스, 워너브라더스가 그들이었다. 확실히 질보다는 양에 중점을 두었지만 때로는 〈수색자〉 〈오즈의 마법사〉 〈카사블랑카〉 같은 뻔해 보이는 장르의 영화들이 대단한 성공을 거두었다. 이 걸작들이 다른 수백 편의 서부극, 뮤지컬, 미스터리 장르와 함께 대량 생산되었다는 사실에 주목하는 것이 중요하다.

포트폴리오 효과라는 것이 있는데, 이런 히트작이 실패작으로 인한 손해를 확실하게 보상해 주는 것이다. 물론 이는 박스 오피스 수입이 요즘보다 훨씬 안정적이던 시절 이야기다. 당시 대부분의 미국인에게 영화 관람은 매주 또는 심지어 매일 꾸준하게 반복되는 일이었다. 그러니 영화 스튜디오들은 비교적 예측 가능한 사업을 운영할 수 있었다.

그러던 중 텔레비전이 등장하자 갑자기 내기의 리스크가 확 높아졌다. 사람들은 전처럼 극장에 많이 가지 않았다. 이때 할리우드의 영화 스튜디오들은 어떤 반응을 보였을까? 찰턴 헤스턴을 내세웠다. 〈벤허〉 〈십계〉 〈안토니우스와 클레오파트라〉 같은 대작에 거액을 투자했다. 호화로운 세트와 수천 명의 출연진, 그리고 돈벌이가 되는 스타들에게 더 집중했다. 하지만 그런 노력도 큰 효과는 거두지 못해 영화 산업은 1960년대 중반 상당히 안 좋은 상황에 처했다. 하지만 세련되고 신선한 제작자들과 감독들이 나타나 낡은 포맷을 여러 흥미로운 방향으로 이끌었고, 〈죠스〉와 〈스타워즈〉가 나온 1970년대 중후반 무렵에는 블록버스터가 할리우드의 확고한 비즈니스 모델이 되었다. 영화가 대히트를 치면 그다음에는 TV 라이선스와 캐릭터 인형, 소설화, 핼러윈 의상, 사탕 끼워 팔기 같은 파생 상품을 통해 돈을 벌었다. 해외 시장 확대와 DVD 붐은 눈에 확 띄는 몇몇 '대작' 영화에만 더 많은 돈을 투자하겠다는 제작사의 태도를 고착시킬 뿐이었다. 히트작만 만들면 돈 벌 방법은 많았다.

음악업계도 기본적으로 동일한 방식으로 사업을 진행했는데, 다만 이쪽에는 걸린 판돈이 더 컸다. 컬럼비아레코드Columbia Records는 1948년에 12인치짜리 LP 레코드판을 처음 선보였다(그 전에는 왁스 실린더, 그리고 78회전판을 사용했다). 엄청난 히트곡이 하나 나오면 모든 실패를 보상할 수 있었다. 브루스 스프링스틴도 1975년 세 번째 앨범 《본 투 런Born to Run》으로 유명해지기 전에 발표한 앨범 2개는 인기를 끌지 못했다. 라디오에서 어떤 노래가 히트하면 앨범 판매량이 늘고 노래방 라이선스, 상점이나 공공장소에서 배경 음악으로 틀어 주는 무자크Muzak 버전, 영화 사운드트랙 사용으로 확장된다. 그리고 어쩌면 메가 히트곡 패키지에 포함될지도 모른다.

오늘날 실리콘 밸리의 전문 용어로 이런 방식을 '롱테일 콘텐츠 수익화monetizing longtail content'라고 부른다. 그리고 1980년대 후반에 CD가 등장하자 음반업계는 흘러간 노래들을 전부 다시 판매할 기회가 생겼고 새로운 앨범에서도 터무니없이 높은 수익을 올렸다. 머라이어 캐리의 《메리 크리스마스》 앨범이 좋은 예다. 1994년 처음 발매되었을 때 분명히 히트를 쳤지만 그 이후로도 꾸준히 판매되었다(현재 전 세계에서 1500만 장 이상 팔렸다). 머라이어 캐리는 매년 크리스마스 시즌마다 계속 이 앨범을 홍보한다. 이렇게 히트작과 실패작이 교차한다.

음악이 멈출 때까지 말이다.

 ## 자체적인 붕괴와 반등

그 뒤 인터넷과 파일 공유 사이트들이 생겨났고, 엔터테인먼트업계는 합법적인 온라인 대안을 직접 만들기 위해 연구하고 노력하면서 침착하고 조직적으로 대응했다. 아니, 이 이야기는 농담이다. 사실 업계는 질겁했다. 소송과 의회 조사가 잇따랐고 많은 아이가 법정으로 소환되었다. 그리고 헤비메탈 밴드 메탈리카의 라스 울리히Lars Ulrich는 33만 5000명의 불법 저작권 침해자들(아마 이들도 메탈리카의 팬이지 않았을까?) 명단을 온라인 음악 파일 공유 서비스인 냅스터Napster 사무실에 전달했다. 그러다가 스티브 잡스가 음악업계의 구원자로 등장했다. 히트한 노래 한두 곡을 듣기 위해 앨범 전체를 구입할 필요가 없어졌다. 한 곡당 1달러에 좋아하는 노래만 골라 살 수 있게 되었다! 음악 레이블들은 이것이 아주 익숙한 비즈니스 모델(히트곡을 계속 밀어주는 방식)임을 알아차리고는 떼 지어 이 서비스에 등록했다.

물론 결과적으로 이 모델은 오래 지속하지 못했다. 일시적으로 저작권 침해를 막고 레이블들이 단기적으로 안심하게 해 주었지만, 베스트셀러 40곡만 끈질기게 밀어붙이는 낡은 제도를 영속화시켰다. 게다가 업계 전체의 수익이 계속 감소해 결국 임무 수행에 필요한 자금이 떨어졌으며, TV와 영화 제작사들도 스웨덴의 비트토렌트 파일 공유 사이트인 파이러트베이Pirate Bay 같은 불법 다운로드 사이트들에 의해 세계 각지에서 시달리기 시작했다.

당시에는 아무도 알아차리지 못했지만 몇몇 똑똑하고 유능한 신생 기업들이 스트리밍과 간편한 월간 구독을 통해 실제로 온라인 미디어의 합법적인 소비를 손쉽게 만들기 시작했다. 2007년부터 영화 스트리밍을 시작한 넷플릭스는 10년 만에 1억 명의 스트리밍 구독자를 확보했다. 넷플릭스보다 거의 10년 늦게 설립된 스포티파이는 9년도 안 되어 5000만 명 이상의 유료 구독자를 확보해 오늘날 세계 음악계 매출의 20퍼센트 이상을 차지하고 있다. 결국 스트리밍 사이트들은 온라인 저작권 침해 전쟁에서 승리했고 훨씬 더 신뢰할 수 있는 비즈니스 모델도 제시하게 되었다.

그리고 우리는 지금 이 자리까지 와 있다. 이제 흉측한 DVD 선반이 거실에서 괜찮은 모습으로 보이도록 애쓰지 않아도 되고, 더 이상 긁힌 CD도 없고, 황금 시간대에 방영하는 좋아하는 프로그램을 보려고 일터에서 집까지 부리나케 달려가지도 않는다. 그런 건 다…… 5년 전에나 하던 일이다. 나는 1980년대에 자랐는데 라디오에서 어떤 노래를 듣고 마음에 들면 쇼핑몰로 달려가 그 노래가 담긴 테이프를 사서(테이프 하나에 15달러였는데 당시로서는 상당히 큰 액수였다) 다시 집으로 달려와 노래를 들었다.

록 밴드 U2의 《더 조슈아 트리The Joshua Tree》처럼 앨범에 수록된 곡들이 다 좋다면 운이 좋은 것이다. 만약 영국의 싱어송라이터 겸 드러머 필 콜린스의 《노 재킷 리콰이어드No Jacket Required》처럼 그렇지 못하다면 운이 나쁜 셈이다. 어느 쪽이든 15달러를 주고 산 테이프는 6개월쯤 지나면 물먹은 화장지 같은 소리를 낼 것이다. 오늘날의 알고리즘과 스포티파이 재생 목록은 음악을 발견하는 완전히 새로운 층을 만들어 냈다. 옛날에는 얼터너티브 록 밴드 'R.E.M.'과 인디 록 밴드 더스미스를 알고 있는 세련된 아이가 그런 발견 계층이었다. 여러분 반에 그런 친구가 없었다면 운이 나빴던 셈이다.

오늘날 우리는 많은 면에서 예전 스튜디오 시스템의 전성기와 비슷하게 느껴지는 미디어의 새로운 황금기에 있는 듯하다. 대체로 아티스트들은 여전히 더 많은 돈을 받아야 하지만, 탐구해야 할 음악은 어마어마하게 많고 발견해야 할 새로운 영화와 프로그램도 수두룩하다. 블록버스터 마인드셋에서 벗어난 새로운 스트리밍 서비스는 누구나 이해할 수 있는 대중적인 엔터테인먼트를 추구하려고 머리를 싸맬 필요가 없다. 미니밴 광고를 따내려고 걱정할 필요가 없다. 더 스마트하고 자극적인 프로젝트를 위해 위험을 감수할 수 있다.

황금 시간대의 텔레비전에서 넷플릭스의 〈기묘한 이야기〉나 〈오렌지 이즈 더 뉴 블랙〉, 아마존 프라임비디오Prime Video의 〈트랜스페어런트〉 같은 드라마를 보는 일을 상상이나 할 수 있었겠는가? 넷플릭스는 현재 자체 콘텐츠 제작에 연간 80억 달러를 투자하고 있다. 어마어마한 액수이기 때문에 애널리스트 커뮤니티에서 활동하는 이 회사 비평가들을 완전히 미쳐 팔짝 뛰게 만든다. 그들은 '이런 투자를 지속하는 것은 불가능하다, 3~4년 뒤에 다른 회사에 매각될 가능성이 높다, CEO인 리드 헤이스팅스는 거만하고 연락도 잘 닿지 않는다'고 비판한다. 그들은 넷플릭스가 다른 회사와 제휴하거나 프로그램 제작 중에 마법을 부리는 방법을 알아내지 못한다면, 이 작업에 너무 많은 비용이 소요되어 결국 넷플릭스가 성공하지 못할 것이라고 말한다. 할리우드가 하던 일은 할리우드 사람들에게 맡기고 '플랫폼을 활용하는' 실리콘 밸리의 특색에 충실하라고 충고하기도 한다.

그렇다면 넷플릭스 경영진은 어떻게 생각하고 있을까? 첫 번째 단서는 넷플릭스가 현재 전 세계에 1억 2000만 명의 구독자를 보유하고 있다는 사실이다. 이 숫자에 연간 100달러를 곱하면 평균 120억 달러의 수입이 생긴다. 이 회사는 자체 콘텐츠 제작을 위해 수입의 많은 부분을 재투자하려고 애쓰고 있다. 하지만 어떻게 그 지출을 정당화할 수 있을까? 〈배트맨 대 슈퍼맨: 저스티스의 시작〉 같은 대작 영화의 비즈니스 모델은 상당히 단순하다. 스튜디오는 이 영화를 제작하기 위해 2억 5000만 달러를 쓴 다음 시장에 내놓는다. 그리고 혹시 제작비의 서너 배쯤 되는 돈을 회수하면 성공작으로 간주한다. 만약 아무도 영화를 보러 가지 않는다면 그냥 망하는 것이다.

하지만 그래도 할리우드는 여전히 할리우드다(스티븐 스필버그는 자신의 도움으로 탄생한 블록버스터 괴물을 한탄하면서, 미래에는 〈아이언 맨〉을 보려면 40달러를 지불해야 하는 반면 새 자동차는 단돈 7달러에 구입할 수 있을 것이라고 예측했다). 여러분은 영화를 제작하기 위해 돈을 쓰지만, 시장은 그런 여러분에게 보상을 해 줄 수도 있고 해 주지 않을 수도 있다(그건 그렇고 〈배트맨 대 슈퍼맨〉을 보느라 쓴 돈을 돌려받고 싶다).

넷플릭스가 새롭게 선보이는 프로그램의 비즈니스 모델은 기본적으로 더 안정적이다. 이들은 〈글로〉나 〈그 땅에는 신이 없다〉의 새 시즌에 5000~6000만 달러를 투자한다. 그렇다면 넷플릭스는 어떻게 자신들이 '판매하지 않는' TV 드라마나 영화에 투자하는 일을 정당화할 수 있을까? 이번에도 포트폴리오 효과를 다시 살펴보자. 넷플릭스가 프로그램의 성공 여부와 상관없이 개성이 뚜렷한 콘텐츠에 투자하는 것은 첫째로 신규 가입자를 유치하고, 둘째로 기존 가입자의 수명을 연장하는 데 도움이 된다. 그 프로그램들은 일회성으로 사라지지 않는다! 그것들이 전부 합쳐져 포트폴리오의 전반적인 가치를 높인다. 고객 확보 비용을 낮추고(더 많은 사람이 가입함에 따라), 가입자의 총가치를 늘리는(오랫동안 구독을 유지하는 가입자들이 늘어남에 따라) 데도 중요하다. 넷플릭스는 수익성이 없던 가입자가 수익성 있는 가입자로 전환하는 데 걸리는 시간을 정확하게 알고 있다. 새로운 프로그램 제작에 엄청난 돈을 쓰는 것은 넷플릭스가 장기적인 수익성을 높이기 위해 기꺼이 단기적인 손해를 감수할 깃임을 뜻한다.

하지만 앞으로 더 충격적인 사실들을 접하게 될 것이다. 근사하고 새로운 미디어 이야기들과 그것들이 알려 주는 교훈을 살펴보자.

크런치롤과 다존, 더 이상 예전 방식의 틈새시장은 없다

현재 전체 미국인 중 약 3분의 2가 스트리밍 동영상 서비스에 가입해 있다. 이 수치만 봐서는 아직 잘 모르겠다고? 그렇다면 다시 이렇게 말해 보자. 규모가 가장 큰 전국 방송망부터 가장 작은 케이블 채널에 이르기까지 지구상의 모든 동영상 콘텐츠 제공자들은 SVOD, 즉 구독형 동영상 서비스subscription video on demand로 전환하고 있는 중이다. 인도의 발리우드Bollywood 영화, 영국 코미디, 한국 드라마 등 모든 장르에 스트리밍 미디어 서비스가 존재한다. 온라인 생중계 방송livestreaming도 또 하나의 거대한 성장 분야다. 현재 한 달에 거의 100만 명의 시청자를 끌어모으고 있는 비디오 게임 스트리밍 사이트인 트위치Twitch의 폭발적인 인기를 보라. 이런 회사들은 가입자를 통해 얻을 수 있는 예측 가능하고 꾸준한 수입 덕분에, 예측할 수 없는 광고 시장에서 90일마다 한 번씩 투자액을 고민하지 않고 미래를 위한 투자(꾸준히 사랑받는 훌륭한 백리스트 콘텐츠를 외부에서 구해 오든 아니면 오리지널 콘텐츠를 자체 개발하든)를 할 수 있다.

주오라는 유명 케이블 네트워크부터 지역 공급업체에 이르기까지 온갖 종류의 구독형 동영상 서비스업체와 함께 일하는데, 운 좋게도 세계 최초의 전문 온라인 동영상 구독 서비스 회사와 함께 일하게 되었다. 이 회사의 이름은 크런치롤Crunchyroll이다. 100만 명이 넘는 가입자가 〈카우보이 비밥〉 〈드래곤볼 Z〉 같은 인기 있는 아니메anime(이런 용어에 어두운 이들을 위해 설명하자면 일본에서 제작한 TV용 애니메이션을 뜻한다) 프로그램이나 영화 〈블레이드 러너 2049〉의 아니메 프리퀄prequel(원작 이전의 이야기를 담은 속편―옮긴이) 같은 독점 콘텐츠를 보기 위해 크런치롤에 돈을 지불한다. 크런치롤은 실제로 일본을 제외한 모든 지역에서 상당한 규모를 자랑한다. 그들은 해외 판권을 전문으로 하며 브라질부터 보츠와나에 이르기까지 180개 이상의 나라에 시청자를 보유하고 있다.

크런치롤은 2006년 해적 사이트로 시작했다. 해적 행위는 용납할 수 없지만, 2009년에 공식적인 구독 서비스를 새로 선보일 때까지 크런치롤은 두 가지 이점을 누렸다. 초기에 브랜드 인지도를 높이고 팬들이 무엇을 좋아하고 싫어하는지 알아차리는 예리한 감각을 얻은 것이다. 이 회사는 넷플릭스가 여전히 DVD 사업에 매진하던 당시에 최초의 전문 온라인 동영상 구독 서비스 회사였다. 그리고 넷플릭스와 마찬가지로, 오늘날 크런치롤은 가입자들을 통해 얻는 수입의 상당 부분을 신규 콘텐츠 투자와 일본의 애니메이션 산업 지원에 재사용한다.

현재 크런치롤의 '고객 콘퍼런스'는 대규모 코믹콘Comic-Con 행사 같은 모습으로 진행된다. 〈먼데이 나이트 풋볼〉을 진행하는 인기 스포츠 아나운서나 〈성범죄 수사대: SVU〉에 나오는 검시관처럼 옷을 차려입은 수천 명의 열혈 팬이 컨벤션 센터를 가득 메우게 만드는 네트워크 방송사가 존재하리라고 상상할 수 있는가? 나도 상상이 안 간다.

현재 이 회사는 역사상 가장 큰 인기를 끈 아니메를 구입한 사람들을 전부 합친 것보다 더 많은 구독자를 보유하고 있다. "틈새시장에 파고들려면 특정한 측면에서 반드시 차별화를 이루어야 하는데, 우리는 커뮤니티를 통해 그런 차별화에 성공했습니다. 우리는 구독층의 마음을 사로잡는 일에 전념하는 대규모 브랜드 팀을 보유하고 있습니다." 크런치롤의 마케팅 책임자인 리드 드레이머스Reid DeRamus는 《서브스크라이브드매거진Subscribed Magazine》의 편집자들에게 이렇게 말했다. "게임, 트위치의 게임 동영상 방송, e스포츠, 코믹콘 행사에는 공통점이 많기 때문에 사용자층도 많이 겹칩니다. 우리 사이트에는 아주 열렬한 아니메 팬이 많은데, 처음에는 이들이 크런치롤의 성장을 이끌었지만 우리는 더 폭넓은 대중의 마음을 끌 수 있는 작품도 다수 보유하고 있습니다. 그러니까 이제 더 이상 열혈 아니메 팬들만을 위한 사이트가 아닌 거지요. 그들 모두가 아름답게 조화를 이루는 곳입니다."[1] 여러분도 틈새시장을 헤쳐 나가려면 커뮤니티를 구축하는 것이 중요하다.

이런 수십 개의 장르별 구독형 동영상 서비스 채널에 빠진 것이 뭘까? 그야 물론 스포츠다. 팬들이 자기가 좋아하는 모든 팀과 리그의 경기 생중계를 한곳에서 다 볼 수 있고 거기에 해설과 하이라이트 프로그램까지 곁들인 '스포츠계의 넷플릭스' 같은 존재가 되기 위해 치열한 경쟁이 현재 벌어지고 있다. 지금은 퍼폼 그룹Perform Group이 소유한 영국의 스포츠 전문 스트리밍 사이트인 다존DAZN이 선두를 달리고 있다. 2015년 설립된 이 사이트는 이미 독일, 스위스, 일본, 캐나다에서도 서비스를 제공하고 있으며, 월 20달러만 내면 1년에 8000가지 이상의 스포츠 경기를 볼 수 있는데 이는 표준 케이블 패키지 요금보다 훨씬 저렴한 가격이다. 이 회사 CEO인 제임스 러시턴James Rushton은 "우리는 언제나 소비자의 구독 양상을 주시해 왔습니다"[2]라고 말한다.

다존의 운영 방식도 크런치롤과 매우 유사한데, 복잡한 디지털 판권을 탐색하면서 다양하고 새로운 해외 시장에 매력적인 콘텐츠를 제공하고 있다. 캐나다인은 대부분 NFL(미국 미식축구)을 좋아한다. 일본인 중에는 NBA(미국 프로농구)를 좋아하는 이들이 많다. 많은 독일인은 영국 프로축구를 사랑한다. 다존은 그런 서비스가 부족한 시장을 충족시킨다. 재원 충당이 잘되고 있어서 최근에는 20억 달러 가까운 비용을 내고 일본 프로축구 1부 리그의 국내 중계 판권을 구입했고, 독일에서는 거대 케이블 회사들을 따돌리고 영국 프로축구 리그와 챔피언스리그 중계권을 획득했다.

생각해 보라, 월 구독료 20달러의 스트리밍 사이트가 스카이스포츠 Sky Sports 같은 유럽의 유명 케이블 네트워크를 상대로 스포츠 중계 판권을 놓고 경쟁하고(그리고 이기고) 있는 것이다. 덕분에 챔피언스리그 경기 중 일부는 인터넷으로만 볼 수 있게 되었는데, 이는 유럽에서 처음 있는 일이다! 다존은 인터넷으로 연결된 오늘날의 세상에서 저평가된 국제 시청자들을 대상으로 한 시장에 누구나 차지할 수 있는 엄청난 기회가 존재한다는 사실을 안다. 이런 틈새시장에 존재하는 수천 개의 넷플릭스가 꽃을 피우게 해 주자.

유료 가입자 해지는 오히려 케이블업계에 좋은 소식이다

스포츠는 케이블 번들 상품을 하나로 묶어 주는 접착제 역할을 한다고들 생각했다. 하지만 이제는 더 이상 그렇지 않다. 소셜 네트워크에 실황 중계가 등장하고, 많은 메이저 리그 팀이 자체적인 구독형 동영상 서비스를 제공하고 있다. 스포츠 전문 유료 TV 채널인 ESPN이 겪는 문제가 무엇인지는 다들 잘 알고 있다. 2011년부터 스트리밍 서비스로 시장이 옮겨 가면서 1300만 명이 넘는 가입자가 감소했는데, 이는 ESPN이 터무니없이 비싼 텔레비전 중계권료를 내려고 많은 빚을 진 직후에 벌어진 일이었다.

내가 이 글을 쓰는 동안 ESPN은 이런 시스템의 문제들을 해결하고자 정리 해고를 단행하고 있다. 안타까운 일이다. 그렇지만 곧 ESPN 전용 구독형 동영상 서비스가 도입될 것이다. "유료 방송 서비스를 해지하는 가입자 수가 급속히 늘어난 근본 원인을 파악하기는 어렵지 않습니다. 이건 수요(항상 존재했던 수요)의 문제가 아니라 공급의 문제죠. 유료 방송을 해지하고 싶어 하거나 유료 TV 서비스를 아예 거부하는 사람들에게 마침내 선택권이 주어진 것입니다." 애널리스트 크레이그 모펫Craig Moffett은 테크놀로지 전문 온라인 뉴스 매체인《리코드Recode》와 가진 인터뷰에서 이렇게 말했다.[3]

디지털TV리서치Digital TV Research의 조사에 따르면 캐나다와 미국의 구독형 동영상 서비스 수익은 2021년 240억 달러에 이를 것이라고 하는데, 이는 불과 5년 전의 26억 달러에서 크게 증가한 수치다. 밀레니얼 세대와 X세대(1960년대 초반에서 1980년대 초반 사이 출생자) 가운데 거의 절반은 전통적인 TV를 전혀 보지 않는다. 이런 수치 때문에 미디어 기업의 중역 회의실에는 절망적인 분위기가 팽배하지만, 나는 이런 유료 방송 가입자 이탈이 케이블업계에서 지금까지 벌어진 일들 가운데 가장 잘된 일이라고 생각한다.

지금은 직관에 어긋나는 주장처럼 들릴 것이다(구글에서 '케이블업계cable industry'를 검색하면 자동 완성으로 '죽어 가는dying'이라는 낱말이 뜰 정도도). 하지만 현명한 미디어 기업들은 동축 케이블coax에서 이더넷ethernet으로 전환하는 과정에서 엄청난 이익을 얻을 준비가 되어 있다. 왜 그럴까? 일단 디지털로 전환하는 일이 완료되면, 이 기업들은 자기네 고객층에 새로운 서비스를 제공하기 위해 핵심 자산(인프라, 선로, 인력)을 활용하는 완전히 새로운 방법을 모색할 수 있을 것이다. 이것은 우리가 여태껏 생각도 못 해 본 일들이다.

미디어 리서치 회사인 케이건Kagan의 최근 보고서에 따르면, 현재 미국에는 광대역broadband 즉 고속 데이터 통신망만 사용하는 가정이 1900만 곳 이상인데 2022년에는 그 수가 거의 2배로 늘어나리라 예상된다. 그렇다, 케이블업계 공급자들은 가입 수익 면에서는 타격을 입었지만 예전부터 늘 고속 데이터 통신망으로 얻는 마진이 더 컸다. 이런 고객들은 어디에도 가지 않는다는 사실을 기억하자. 다만 기존과 다른 디지털 서비스를 요구할 뿐이다. 단기적으로는 번들 패키지에 작별을 고하는 것이 괴로울 수도 있지만(대부분의 케이블 가입자들은 이용 가능한 채널의 9퍼센트만 시청하고 있는 것이 현실이기도 하다), 결국에는 더 집중된 수익 흐름이 생길 것이다. 사람들이 동영상 콘텐츠에 대한 흥미를 잃은 것이 결코 아니다!

케이블 회사들은 여전히 우리 집 거실로 직접 연결되는 선로와 거대한 기반 시설, 수많은 직원(컴캐스트Comcast, 콕스Cox, 타임워너Time Warner는 20만 명이 넘는 직원을 고용 중이다)을 보유하고 있다. 더 스마트한 사용량 기반 요금 청구와 클라우드 기반 업데이트를 통해 동영상 콘텐츠 서비스의 반응성과 가치를 높일 수 있다. 그들은 또 케이블로 연결되어 있는 가정들의 운영 체제 노릇을 할 기회도 가지고 있다. 몇 년 안에 우리는 과거의 '케이블 회사'를 이용해 경보 서비스를 업그레이드하거나, 새로운 냉장고 설치 일정을 잡거나, 지붕널이 느슨해졌음을 알아차리거나 할 수 있을 것이다.

10년 전까지만 해도 수익을 전혀 올리지 못했던 구독형 동영상 서비스 사업이 지금은 140억 달러가 넘는 수익을 창출하고 있다. 미국의 온라인 쇼핑객 가운데 거의 절반이 스트리밍 미디어 서비스에 돈을 지불한다. 정말 놀라운 일이다. 구독형 동영상 서비스가 효율성 단계로 전환하면서 이제 기회 단계도 조금씩 엿볼 수 있게 되었다. 프랑스의 몰로토프Molotov 등 여러 미디어 스타트업들은 강력한 검색 툴과 검색 알고리즘을 사용하는 클라우드 기반의 DVRdigital video recorder(디지털 동영상 저장·전송 장치) 서비스를 통해 우리의 TV 시청 방식을 변화시킬 것이다. 윌 스미스 같은 과거의 '유명 영화배우'들은 구독형 동영상 서비스 라이브러리에서 새로운 프로젝트를 선보이기 시작할 것이다. 월트디즈니스튜디오 회장과 드림웍스애니메이션 CEO를 지낸 제프리 캐천버그Jeffrey Katzenberg 같은 더 과거의 '영화 제작자'들은 흥하거나 망하거나 둘 중 하나인 화려한 블록버스터를 제작해야 한다고 스스로를 채찍질하는 대신 최고의 완성도를 자랑하는 구독 기반의 단편 동영상 시리즈를 제작하기 시작할 것이다.

스티브 잡스의 오판 대 프린스의 미래 실험

오늘날 미국에서는 3000만 명이 넘는 사람들이 음악 스트리밍 서비스에 돈을 지불하고 있으며, 그런 서비스들이 현재 미국 음악 산업의 절반 이상을 차지하고 있다. 이런 식의 음악 청취와 검색은 온갖 종류의 긍정적인 부수 효과를 발휘한다. 15년 동안 계속해서 감소 일로를 걷던 소매 판매량이 2017년 들어 증가한 것이다. 예전에 소니뮤직의 CEO로 일했던 에드거 버거Edgar Berger는 유료 스트리밍 가입의 가능성뿐 아니라 음악 사업 전반에 대해 눈에 띄게 낙관적인 반응을 보였다. 그는 《빌보드Billboard》와 인터뷰하면서 이렇게 말했다. "현재의 궤도상, 음악업계는 필연적으로 성장할 것입니다. 유료 구독이 시장의 지배적인 형태가 되고 소비자들도 이쪽으로 이끌려 오리라는 데는 의심의 여지가 없습니다. 음악업계는 동시에 3가지 전환을 관리하고 있습니다. 물리적 환경에서 디지털 환경으로, PC에서 모바일로, 그리고 다운로드에서 스트리밍으로 전환되는 거죠. 이런 맥락에서 볼 때 이 업계는 상당히 잘 돌아가고 있으며, 유료 구독 모델을 통해 우리는 이곳에 계속 존재할 사업을 구축하고 있습니다."

아이튠즈 스타일의 다운로드 서비스가 몰락한 것에 대해 이야기하자면, 스티브 잡스는 대부분의 상황을 제대로 파악했지만 스트리밍 서비스에 대해서는 오판한 것으로 유명하다. 그는 2002년에 《롤링스톤》과

인터뷰할 때 "음악을 구입하는 구독 모델은 파산했습니다"라고 말했다. "구독 모델의 재림을 꾀할 수는 있겠지만 성공하지 못할 겁니다."[4]

같은 해에 영국의 싱어송라이터 데이비드 보위는 그보다 훨씬 예지력 있는 성명서를 발표했다. "음악은 흐르는 물이나 전기처럼 진화할 것이다."[5] 보위는 디지털 구독 서비스를 통해 팬들과 직접 관계를 맺은 초기의 선각자였다. 그는 독자적인 ISPInternet Service Provider(인터넷 서비스 사업자)인 보위넷BowieNet을 만들어 팬들에게 거기에서만 들을 수 있는 음악과 사진, 동영상, 그리고 인터넷 공간과 이메일 주소까지 제공했다. 이렇게 변화가 다가오는 사실을 지켜본 또 다른 아티스트가 있을까? 바로 미국의 싱어송라이터 프린스다.

프린스는 2001년 밸런타인데이에 온라인 음악 구독 서비스인 NPG 뮤직클럽NPG Music Club을 출범시켰다. 어떤 면에서 이것은 회원제 음악 스트리밍 서비스 타이달Tidal의 전조라고 할 수 있다. 프린스의 전속 밴드인 뉴파워제너레이션New Power Generation의 이름을 따서 명명한 NPGMC는 5년 동안 팬들에게 새로 발매된 음악뿐 아니라 콘서트장의 가장 좋은 좌석이나 리허설 또는 공연 애프터 파티 같은 행사에 참가할 수 있는 혜택을 주는 월간 또는 연간 회원권을 제공했다. 우리가 진행하는 〈서브스크라이브드Subscribed〉 팟캐스트에 프린스의 디지털 프로듀서인 샘 제닝스Sam Jennings가 출연한 적이 있었다. 샘은 프린스가 자신의 서비스에 큰 가치를 부여하려고 얼마나 애썼는지 자세히 설명해 주었다.

"회원들은 매달 서너 곡의 신곡과 라이브 버전, 리믹스, 기타 별의별 것들을 다 받았습니다. 거기에 오디오 쇼도 있었죠. 우리끼리 오디오 쇼라고 부르기는 했지만 기본적으로 팟캐스트였어요! 프린스가 자기 스튜디오에서 녹음한 한 시간짜리 라디오 프로그램인데, 그걸 팬들이 다운로드받을 수 있게 해 준 겁니다. 우리 목적은 그런 식으로 지속적인 경험을 제공해 팬들이 그 경험의 일부가 되고 싶어 하도록 만드는 거였죠. 팬들은 음악 파일을 얻고 다운로드도 받았지만 한편으로는 더 큰 경험에 투자하고 있었습니다. 바로 가입자들 스스로 커뮤니티를 만든 겁니다. 문제는 어떻게 해야 그들이 고객이 아니라 회원 같은 기분을 느끼게 만들까 하는 것이었습니다."[6]

그리고 청취자들이 단순한 회원으로 머물지 않고 창작 과정에까지 참여한다면 어떻게 될까? 미국의 래퍼 카녜이 웨스트는 2016년에 새 앨범을 발표했다. 그런데 사실 이 앨범은 완전히 마무리된 상태가 아니었다. 그는 앨범을 공개한 상황에서 계속 가사를 수정하고, 노래 순서를 바꾸고, 이런저런 것들을 더하거나 뺐다.

나중에 더 자세히 설명하겠지만, 테크놀로지업계에서는 카녜이의 앨범 《더 라이프 오브 파블로》를 최소 기능 제품minimum viable product, MVP이라고 부를 것이다. 고객의 피드백을 받아 최소한의 기능을 구현해 낸 제품이라는 뜻이다. 경멸적인 용어처럼 들릴 수도 있지만, 최소 기능 제품은 사실 엄청나게 중요하다. 기업들은 시장에 뭔가를 출시한 뒤에야 비로소 고객의 피드백을 수집할 수 있고, 이 데이터를 이용해 지속적인 배포 주기를 반복하고 개선하게 된다. 최소 기능 제품은 클라우드 소프트웨어 개발의 기본 원칙인데, 카녜이는 이것을 자신의 작곡 과정에 적용해 냈다.

앨범처럼 정적인 제품이 음악 스트리밍처럼 유동적인 서비스로 바뀌면 어떻게 될까? 온갖 흥미로운 일들이 벌어질 것이다. 오늘날에는 반복적으로 수익을 창출할 수 있는 안정적이고 믿을 만한 원천이 되어 주는 창작자 후원 사이트인 패이트리언 같은 플랫폼들에서 혜택을 얻는 뮤지션들이 수천 명이나 된다.

에릭 리스Eric Ries의 '린 스타트업Lean Startup' 방식과 무척 비슷하게, 이 뮤지션들도 실험과 검증 학습, 수정과 개선 반복iteration을 통해 작품 개발 주기를 단축한다. 또 고객의 반응을 통해 작품 개발에 도움이 되는 정보를 얻는 피드백 선순환 구조를 만든다. 이렇게 플랫폼에다 작품을 내놓는(그리고 구독자들이 거기다 돈을 내도록 내버려 두는) 방식을 통해, 뮤지션들은 작품이 완성될 때까지 기다리지 않고도 자신의 판매 경로를 성공적으로 키운다(물론 그들은 이런 식으로 말하지는 않겠지만!). 대신에 그들은 계속 진행되는 배포 주기의 일부로서 최적화하는 방식으로 자신의 음악을 손볼 수 있다.

마지막으로 끊임없는 반복과 실험의 장점을 예증한 뮤지션이 있다면 바로 프린스다. 그는 NPG뮤직클럽을 폐쇄한 뒤 팬들에게 다음과 같은 이메일을 보냈다. 나는 그 메일에 그의 예술적 재능과 수그러들지 않는 호기심, 그리고 다시 시작하기 위해 기꺼이 과거를 버리려는 의지가 훌룽하게 담겨 있다고 생각한다. 그리고 전체적으로 창작의 자유에 대한 훌륭한 증거물이기도 하다.

사랑하는 패밀리 여러분에게,

NPG뮤직클럽이 생긴 지 벌써 5년이 넘었습니다. 그 시간 동안 우리는 서로에 대해, 그리고 우리가 뛰어든 이 새로운 온라인 세상에 대해 많은 것을 배웠습니다. 우리 패밀리와 함께할 수 있었던 운 좋은 회원들은 이곳을 아티스트가 꿈꿀 수 있는 최고의 음악 클럽으로 만들었습니다. 그리고 우리가 함께한 모든 것(콘서트, 축하 행사, 리허설, 토론, 그리고 잊을 수 없는 음악)은 뉴파워제너레이션이 이룰 수 있는 진정한 모습을 보여 주었습니다. 여러분 자신과 음악에 대한 여러분의 사랑을 우리에게 나눠 준 데 대해 진심으로 감사를 전합니다. 정말 축복받은 시간이었습니다.

NPG뮤직클럽이 2006년에 웨비상Webby Award을 수상하자 NPG 내부에서는 다음에 우리가 무엇을 해야 할까를 놓고 토론이 벌어지기 시작했습니다. 끊임없이 변화하는 이 실험의 다음 단계는 무엇일까요? 과거의 업적은 의심할 나위가 없고 우리는 지금까지 이룬 모든 것에 진심으로 고마움을 느낍니다. 그러나 지금과 같은 형태의 NPGMC로는 한계치까지 왔다는 느낌이 듭니다.

한계 없이 무한한 가능성만이 펼쳐진 세상 속에서 다시 한 번 믿음의 도약을 하며 새롭게 시작할 때가 온 것일까요? 이건 NPG에 속한 우리가 대답해야 하는 질문입니다. 그리고 이런 고민의 과정에서 우리는 다음 공지가 있을 때까지 클럽 활동을 중지하기로 했습니다.

NPG뮤직클럽은 우리의 첫 번째 단계였습니다. 여기서 얻은 교훈은 영원히 지속될 것입니다. 이제 훌륭한 반성과 재조정의 시간이 왔습니다. 미래에는 무한한 기회만이 존재하고 우리는 그 기회를 완전히 정복할 생각입니다. 여러분도 우리와 함께하고 싶지 않습니까?

서로 사랑하세요. NPG뮤직클럽은 영원할 것입니다.[7]

4장

비행기, 기차, 자동차를 구독하다

자동차를 휴대전화처럼 약정해 쓴다

현대자동차에서 새롭게 선보인 하이브리드 자동차 아이오닉은 구입하지 않고 월 275달러에 구독해 이용할 수 있다. 마치 휴대전화 요금제 선택과 비슷하다. 인터넷으로 모델을 선택하고 24개월이나 36개월 플랜 중 하나를 정한 뒤 업그레이드할 사항을 고르고 대리점에 가서 차를 가져오면 된다. 가격 흥정도 없고, 대출도 없고, 백오피스 부문의 귀찮은 권유도 없다. "우리 목표는 모바일 기기를 소유하는 것만큼 쉽게 자동차 소유권을 누릴 수 있게 하는 겁니다." 현대자동차의 제품 계획 담당 부사장인 마이크 오브라이언Mike O'Brien은 이렇게 말한다. "자동차 구매를 위해 거쳐야 하는 단계들, 그러니까 융자받을 곳을 찾고, 협상을 통해 거래를 진행하고, 보상 판매에 대해 고민하는 등의 단계들은 다 매우 복잡합니다. 특히 밀레니얼 세대와 대화를 나눌 때는 더 그렇죠."[1] 개인적으로 나는 "매우 복잡한"이라는 표현을 "의도적으로 길고 복잡하게 만든"으로 바꾸고 싶다.

요즘 현대자동차처럼 자동차 구독 서비스를 실시하는 회사들이 많다. 포르쉐의 패스포트Passport 구독 프로그램은 6가지 자동차 모델을 이용할 수 있으며 정비, 보험, 자동차세 그리고 등록비까지 다 포함해서 월 2000달러부터 시작한다. 캐딜락은 한 달에 1800달러를 내면 현재 출시되어 있는 차량 라인업을 모두 이용할 수 있게 해 주며, 1년에 최대

18번이나 차를 바꿀 수 있다. 포드의 캔버스Canvas 프로그램 가입자들은 월간 마일리지 플랜을 선택하고, 휴대전화의 데이터 플랜처럼 사용하지 않은 마일리지는 다음 달로 이월시킬 수 있다. 한 달에 600달러를 내면 볼보의 콤팩트 SUV XC40을 이용할 수 있는데, 여기에는 차까지 직접 패키지를 배달해 주는 등 고객의 모든 요구에 부응하는 컨시어지 서비스concierge service가 포함되어 있다. 이 가격에 급유만 제외하고 보험, 정비, 마모 부품 교체, 24/7(연중무휴) 고객 지원 서비스 등 모든 내역이 포함된다.

볼보 CEO는 2023년까지 차량 5대 중 1대가 구독 방식을 통해 공급될 것으로 예상한다. 이에 따라 사용자들이 영리 목적으로 자동차를 빌리거나 남에게 빌려줄 수 있게 하는 자체적인 차량 공유 네트워크에 공을 들이는 중이다. 볼보 미국 지사의 제품 및 테크놀로지 커뮤니케이션 책임자인 짐 니콜스Jim Nichols는 《컨슈머리포트》에 이렇게 말했다. "우리가 자체 조사한 결과, 넷플릭스나 애플의 아이폰 (업그레이드) 프로그램 등 사람들이 현재 많이 이용하는 여러 구독 프로그램과 유사한, 번거롭지 않고 정액제로 이용할 수 있는 상품을 찾는 고객들이 많습니다."[2]

그런데 잠깐만, 차량 구독 프로그램은 그냥 리스를 다른 말로 표현한 것 아닌가? 아니다. 리스는 특정 차량만 이용할 수 있는 반면, 구독은 다양한 차량을 이용할 수 있게 해 준다. "필요에 따라 앱을 이용해 다른 차량으로 바꾸기만 하면 됩니다." 포르쉐 웹 사이트에는 이렇게 적혀 있다. 여러분은 자동차가 아니라 회사와 계약하는 것이다. 리스와 또 다른 차이는 구독의 경우 차량 소유와 관련된 모든 성가신 측면(등록, 보험, 정비)이 사라진다는 점이다. 리스를 할 때는 직접 보험에 가입해야 한다. 또한 대부분의 자동차 구독 프로그램은 한 달 단위로 가입할 수 있는 옵션을 제공한다.

웹진 《슬레이트Slate》의 크리스티나 보닝턴Christina Bonnington에 따르면 "이론적으로, 1년 중 일에 몰두하는 열 달 동안은 자동차 없이 대중교통을 이용하다가, 여행을 자주 다니는 두 달 동안만 자동차 구독 프로그램을 이용하면"[3] 된다. 구독은 가입 기간이 끝나도 차량을 구입할 수 있는 옵션을 제공하지 않는데, 내 생각에는 이것이 상당히 큰 장점인 듯하다. 자동차를 좋은 상태로 유지하는 것은 이용자가 아니라 자동차 제조업체가 할 일이다.

자동차 소유를 비싸고 부담스럽게 여기는 것은 비단 밀레니얼 세대만이 아니다. 내가 대학을 갓 졸업했을 때 타고 다니던 중고차는 고장이 나자마자 내 예금 계좌를 파산시켜 버리겠다고 위협하는 시한폭탄 같은 존재였다. 현재 미국의 자동차 대출 시장은 규모가 1조 달러에 달하는 거대한 괴물이다. 내 예상으로는 그 돈 대부분이 향후 10년간 구독 모델과 자동차 서비스에 투입될 것이다. 자동차 회사들은 서비스에 대한 소비자 선호도의 급격한 변화에 분명하게 대응하는 동시에 또 한 가지 심각한 붕괴 현상에도 대응하고 있다. 그것이 무엇일까? 당연히 우버 이야기다.

차량 공유의 탄생과
우리가 아는 교통수단의 종말

증거를 대 보겠다. 수오라를 설립하고 처음 두어 해 동안 구독 모델이 단순히 소프트웨어 회사만을 위한 것이 아니라는 사실을 다른 이들에게 납득시키려고 애쓰는 과정에서 집카라는 회사에 매료되었다. 2000년 설립된 집카는 가입자들이 분, 시간, 또는 일 단위로 자동차를 예약할 수 있게 해 준다. 이 회사는 자동차 렌트나 이삿짐 포장·보관·트럭 대여 회사 유홀U-Hou의 대안이라고 홍보했다. 이 또한 간단하고 직관적인 신규 서비스였다. 집카는 미국의 25개 주요 도시에 수천 대의 자동차를 분산시켜 놓았다. 여러분은 가까운 집카를 찾아 인터넷으로 예약하고 자신의 회원 카드를 차에 달린 센서에 인식시킨 후 자동차를 이용하면 된다. 이 서비스는 큰 인기를 끌었다. 2012년까지 75만 명 이상의 운전자가 이 교통수단을 이용하고 시간당으로 돈을 지불했다. 일례로 우리 회사가 설립 초기에 뉴욕에서 행사를 개최했을 때 직원 중에 차를 가진 사람이 아무도 없다는 것을 알게 되었다. 이는 뉴욕에 사는 사람들에게는 별로 놀라운 일이 아니다. 하지만 정말 놀라웠던 점은 우리가 설문조사를 실시한 사람들 가운데 80퍼센트가 집카 회원이었다는 사실이다. 물론 집카를 이용하려면 그 도시에 거주해야만 하는 등 상당한 제약이 따르기는 한다. 하지만 우리는 이 개념의 다음 개정판(차를 소유하고 싶지는 않으니까 탈 수만 있게 해 줘요)이 점점 더 나아지리라는 것을 알고 있다. 그 경험을 통해 우리는 자동차를 소유할 필요가 없는 미래 세계를 볼 수 있었다.

현재는 우버와 리프트를 이용하는 사람 수가 6000만 명을 넘어섰다. 이런 차량 공유 서비스는 완전히 새로운 소비자 우선순위를 제시한다. 휴대전화를 꺼내기만 하면 A지점에서 B지점까지 갈 수 있는데 굳이 뭐하러 자동차를 사겠는가? 전기나 인터넷을 이용하는 것과 같은 방법으로 교통편을 이용할 수 없을 까닭이 뭔가? 하지만 잠깐, 우버는 월 이용료를 내지 않으니 구독 서비스가 아니라고 말할지도 모른다. 나는 그 생각에 동의하지 않는다. 내가 볼 때 우버는 틀림없이 디지털 구독 서비스 같기 때문이다. 우버는 사용자의 ID와 결제 정보를 모두 가지고 있고, 사용량을 기반으로 가격을 책정하기 때문에 사용한 만큼만 돈을 내면 된다. 그들은 여러분의 이용 내역(집, 회사, 자주 가는 목적지)을 알고 있고 이 정보를 바탕으로 적절한 맞춤 서비스를 제공한다. 그리고 스포티파이와 제휴한 덕분에 심지어 여러분이 좋아하는 음악까지 알고 있다.

그리고 그거 아는가? 실제로 우버는 월정액 서비스를 제공한다. 현재 우버는 여러 도시에서 정액제 가입 서비스를 테스트하고 있다. 사용자들이 매달 월 회비를 내면 가격 인상에 대한 우려 없이 할인된 요금으로 여러 번 차량을 이용할 수 있다. 다시 말해 우버는 안정적인 수익을 얻는 대가로 이용 요금을 깎아 주려는 것이다. 이 때문에 단기적인 수익에 타격을 입을 수도 있다. 하지만 이들의 목표는 생긴 지 얼마 안 되어 변동이 극심한 이 시장에서 장기적인 고객 충성도를 확보하는 것이다. 그리고 차량 공유가 갈수록 일상화되고 있는 상황에서는 이런 고객 충성도가 점점 더 중요해진다. 샌프란시스코 광역 도시권인 이곳 베이에어리어Bay Area에서는 우버와 리프트 시장이 정말 유동적이다. 나는 두 가지 서비스를 번갈아 가며 이용하는 경우가 많다. 심지어 두 회사의 로고를 모두 전면 유리에 붙이고 다니는 차량도 많이 봤다. 나 역시 브랜드 충성도가 매우 낮은 편이다.

이제 이것을 내가 아마존 프라임에서 한 경험과 비교해 보자. 다른 이용 가능한 전자상거래업체들도 모두 존중하지만, 그중에서 아마존과 주로 거래하는 이유는 대부분 아마존 프라임 때문이다. 이들이 무료 배송으로 나를 사로잡은 뒤로 지금은 음악과 영화, 그리고 온갖 종류의 서비스를 다 이용하고 있다. 다른 데로 옮기지 않을 생각이다. 우버와 리프트는 모두 지속적인 소비 패턴에 대해 할인 서비스를 제공함으로써 똑같은 잠금 효과를 얻으려고 경쟁하고 있다. 다시 말해 내 출퇴근 길을 따라다니는 것이다. 리프트의 공동 창업자이자 회장인 존 짐머John Zimmer는 《뉴욕타임스》와 가진 인터뷰에서 이렇게 말했다. "차를 소유하는 데 따르는 비용은 1년에 9000달러나 됩니다. 우리가 버튼만 누르면 필요할 때마다 언제든 교통수단을 이용할 수 있고, '바퀴 달린 방'에 머무는 것 같은 경험도 할 수 있는 월 500달러짜리 요금제를 제공한다고 가정해 봅시다. 이 차량 공유 서비스를 이용하면 출근길에 커피를 한 잔 마시고 싶거나 퇴근길에 골든스테이트 워리어스 팀의 농구 경기를 보고 싶어도 문제없습니다. 기본적으로 바텐더가 있는 스포츠 바 같은 곳에 있는 셈이니까요."[4]

바퀴 달린 휴대전화, 자동차

오늘날 일반적으로 인정받는 실리콘 밸리의 지혜는 소프트웨어가 필연적으로 하드웨어를 능가하게 되리라는 것이다. 마이크로소프트가 IBM을 이기고, 자동차가 바퀴 달린 휴대전화로 바뀐 것처럼 말이다. 리튬 배터리가 연소 엔진을 대체함에 따라 자동차 하드웨어가 상품화되고 정보 서비스 분야에 새로운 성장 시장이 열린다. IT 연구 자문 회사 가트너Gartner는 2020년까지 2억 5000만 대의 커넥티드 자동차connected car가 출시될 것으로 전망한다.[5] 이 말은 곧 도로를 달리는 차 3대 중 1대는 인터넷에 연결된다는 뜻이다. 그때쯤 되면 현재 2700만 달러 규모인 디지털 의료 진단, 정보와 오락이 결합된 인포테인먼트infotainment 채널, 향상된 내비게이션 시스템 산업 규모가 470억 달러에 이르리라 예상된다. 어느 시점이 되면 차량 자체보다 차량과 관련된 데이터와 서비스의 가치가 더 높아질 수도 있다(휴대전화처럼!). 예를 들어 1996년 컨시어지 서비스로 시작된 GM(제너럴모터스)의 온스타OnStar는 현재 1200만 대 이상의 차량에 탑재되어 있으며, 2016년에는 15억 회 이상 고객과 상호 작용했다.

대부분의 실리콘 밸리 경영진들은 오늘날의 일반 자동차 회사들이 1985년의 IBM과 많이 닮았다고 생각한다. '빅 블루Big Blue'라는 별명으로 불리던 IBM은 그해에 직원을 40만 명 이상 고용했다(현재 애플 직원 규모의 3배가 넘는다). 가장 근접한 경쟁사인 디지털이큅먼트코퍼레이션Digital Equipment Corporation의 직원 수는 그 4분의 1밖에 안 되었다. 그리고 애플은 역사상 가장 악명 높은 이사회의 결정에 따라 스티브 잡스를 해고하면서 곤경에 처해 있었다. 당시에는 개인용 컴퓨터 시장이 상당히 규모가 작았는데 IBM PC가 그 시장을 지배했다. IBM PC와의 호환성이 업계의 철칙이었다. 이 회사는 확실하게 시장 우위를 점하고 있었다. IBM은 완벽한 하드웨어를 갖추고 있었으므로 필요한 것은 적절한 그래픽 사용자 인터페이스graphical user interface, GUI뿐이었다.

같은 해, 약 2000명의 직원을 둔 마이크로소프트는 윈도우Windows를 도입했다. 이것이 IBM PC 사업의 종말을 알리는 시작이었다. 1990년대 초가 되자 IBM에서 만든 PC는 규칙이 아니라 예외가 되었고, 업계는 윈도우를 중심으로 돌아갔다. 1996년 말 마이크로소프트의 시가 총액은 980억 달러였고 IBM은 800억 달러였다. 애널리스트인 호레이스 데디우Horace Dediu는 "플랫폼을 통제하지 못하는 PC 하드웨어는 보잘것없는 마진과 치열한 경쟁에 시달리고, 누군가의 운명을 좌우할 능력이 없는 단순한 상품에 불과하다"[6]라고 말했다. IBM은 사용자 경험을 마이크로소프트의 손에 넘겨줌으로써 전쟁에서 졌다. 기존의 자동차 회사들도 자신들의 대시보드 인텔리전스dashboard intelligence 즉 정보 관리 체계 지능을 애플이나 구글, 페이스북에 넘겨줄 경우 마찬가지 일이 발생할 것이다. 그리고 제조업과 3D 프린팅 분야가 극적으로 발전하고 있으니, 어쩌면 완전히 새로운 자동차 스타트업들이 중국 공장에서 자체적으로 자동차를(휴대전화처럼!) 대량 인쇄할 수 있지 않을까?

아니, 그렇지 않다. 이미 밝혀진 것처럼 안전하고 멋진 자동차를 대량으로 생산하기는 정말 어려운 일이다. 테슬라 CEO 일론 머스크Elon Musk에게 물어보라. 아니면 애플이나 구글에 물어봐도 좋다.

실리콘 밸리 대 디트로이트? 디트로이트에 걸겠다

이른바 '빅3'로 불리는 GM, 포드, 크라이슬러는 자동차 산업의 미래를 건설하는 데서 실리콘 밸리에 비해 몇 가지 뚜렷한 제도적 이점을 지닌 것으로 확인된다. 첫째, 그들에게는 유통망이 있다. 이 회사들이 운영하는 거대한 대리점 네트워크는 엄청 우세한 자산이다. 둘째, 그들의 사업 규모는 복제가 불가능하다. 2016년에 미국에서는 1700만 대 이상의 자동차가 팔렸다(테슬라의 전기 자동차는 10만 대 정도가 팔렸다). 차량 공급자를 찾고 조립하는 데는 광범위한 규제가 따르며 마진도 크지 않다. 기업들은 전체 생산 과정이 원활하게 진행되도록 하기 위해 공장과 유통망에 수십억 달러를 투자해야 한다.

또 이 3대 자동차 회사는 재원 규모도 엄청나다. GM과 크라이슬러가 2009년 파산에서 회복한 뒤, 빅3는 새로운 일자리와 시설에 300억 달러 이상을 투자했다. 미국 자동차업계는 연료 효율이 높은 전기 자동차와 자율 주행 자동차에 초점을 맞춘 연구 개발에 연간 180억 달러를 지출한다. GM의 최고 경영자인 메리 배라Mary Barra는 "몇 년이 아니라 몇 분기만 지나면" GM이 완벽한 자율 주행 자동차를 대량으로 생산하게 될 것이라고 말한다. 이 자동차 회사들은 수십 년 동안 자동차를 만들면서 브랜드를 구축해 왔고 결과적으로 몇 가지 엄청난 이점을 누리고 있지만 이들에게도 적신호가 나타나고 있다. 자율성과 접근성 기반의 소비가 대중화될 때까지 운전자들의 성향을 제대로 파악하지 못한다면 경쟁자들에게 패하고 말 것이다.

마지막으로 빅3는 현재 자신들을 자동차 제조업체가 아닌 교통 문제 해결사로 이미지를 재정립하는 중이다. 그들은 자동화가 실현되리라는 사실을 안다. 앞으로는 개별적인 차량 판매는 줄고 자동차를 대량으로 관리하는 업무가 늘어나리라는 사실, 또 앞으로 계속 이런 새로운 공유 서비스를 위한 차량을 만들게 되리라는 사실을 알고 있다. 그리고 진정한 '서비스형 이동성mobility as a service, MaaS'은 단순히 운전만이 아니라 모든 종류의 운송 모드를 이용하게 될 거라는 사실도 알고 있다. 그리고 이것을 엄청난 기회로 여긴다.

일상적인 교통수단은 여전히 취약점이 많고 이용에 고충이 따른다. 대부분의 사람들은 최소한의 수고만 들이고도 침대에서 사무실 책상까지 이동했다가 다시 침대로 돌아올 수 있기를 바란다. 우리가 샌프란시스코에서 개최한 '서브스크라이브드' 콘퍼런스에 참석한 포드의 연결성 및 이동성 담당 이사인 제이미 앨리슨Jamie Allison은, 포드의 새로운 임무가 "침대에서 침대까지" 여행을 최대한 간단하게 만드는 것이라고 이야기했다.

이는 포드가 출퇴근용 차량 공유 서비스인 채리엇Chariot에 적극적으로 투자하고 자사의 자전거 공유 프로그램을 대폭 확대한 이유를 설명해 준다. A에서 B로 가는 여정의 많은 부분은 벌금, 통행료, 리스, 교통위반 딱지, 수리 등 너무나 지루하고 번거로운 일련의 거래를 협상하는 과정으로 이루어져 있다. 이런 일들을 하나의 ID로 한꺼번에 처리할 수 있다면 어떨까?

"우리는 물리적 거래보다 서비스 쪽으로 진화하고 있습니다." 앨리슨은 '서브스크라이브드' 콘퍼런스에서 이렇게 말했다. "예전에는 고객 경험이 단편화되어 있었습니다. 차량 구입이나 리스는 서로 다른 한 가지씩의 상호 작용이었죠. 그리고 차를 몰다가 서비스를 받아야 할 필요가 생기면 대리점에서 다른 형태의 상호 작용을 해야 했고요. 최근까지만해도 자동차가 인터넷과 연결되어 있지 않았기 때문에 고객은 자신이 어떤 상태에 있는지 제대로 알 수가 없었습니다."[7]

고객 경험의 단편화에 대한 앨리슨의 말은 전적으로 옳다. 대형 자동차 제조업체들은 오래전부터 서비스 관련 업무를 수천 개의 대리점과 정비 공장에 맡기는 경우가 많았다. 오늘날 포드는 그 부분을 개선하기 위해 적극적으로 노력하고 있다. 앨리슨이 지적한 것처럼, "포드패스FordPass는 원활한 고객 체험을 위한 포털"이다. 포드패스 앱 사용자는 추운 날 아침에 길에 세워 둔 차의 엔진을 예열하고, 주차 장소를 찾아 예약하고, 정비 받을 날을 미리 예약하고, 근처에 있는 주유소를 찾고, 모바일 결제를 할 수 있다.

헨리 포드가 한 말 중에 "내가 사람들에게 무엇을 원하는지 물었다면, 그들은 더 빨리 달리는 말馬을 원한다고 했을 것이다"라는 명언이 있다. 오늘날 포드는 더 많은 자동차를 판매하는 것만으로는 이동성 문제를 해결할 수 없다는 사실을 알고 있다. 지금은 전 세계 인구의 절반 이상이 도시 지역에 살고 있으며 2050년까지 전체 인구의 3분의 2가 도시에서 살게 될 것이다.

현재 포드는 2조 3000억 달러 규모의 세계 자동차 시장에서 약 6퍼센트의 시장 점유율을 차지하고 있지만, 5조 4000억 달러 규모의 교통수단 정비 시장에서는 입지가 거의 전무한 상태다. 그들은 이 두 가지 시장이 상호 배타적이지 않으며, 무엇보다 이용자의 요구를 먼저 고려하고 거기서부터 거꾸로 일을 해 나간다면 앞으로 엄청난 기회가 있으리라는 사실 또한 안다.

우리 모두 각자 원하는 대로 날 수 있다

여러분은 잘 인식하지 못할지 모르지만 항공업계에서도 이와 비슷한 변화가 진행되고 있다. 다들 비행 경험이 어떤지는 잘 알고 있을 것이다. 한마디로 끔찍하다. 나처럼 출장 때문에 비행기를 자주 타는 사람에게도 비행기 좌석에 앉는 것은 결코 즐거운 경험이 아니다. 인터넷에서 서프에어Surf Air를 한번 검색해 보기 바란다. 전에 이 회사 회장이자 CEO였던 제프 포터Jeff Potter는 항공사와 휴양지 클럽을 운영했는데, 이 두 가지 개념을 하나로 결합시키기로 했다. 그 결과 '항공계의 넷플릭스' 또는 '하늘의 우버'라는 별칭으로 불리는 서프에어가 탄생했다. 이 회사 회원들은 월정액 요금을 내고 무제한으로 비행기를 탈 수 있는데, 현재는 미국 서부와 유럽에서만 운항 중이지만 빠른 속도로 성장하고 있다.

이 회사는 고객의 필요와 요구에서 시작해, 최상의 성과를 얻기 위해 문제점들을 과감하게 공략하고, 그 과정에서 충성스러운 가입자 기반을 키워 성공적인 비즈니스를 구축한 또 하나의 전형적인 사례다. 서프에어를 이용할 때는 휴대전화를 꺼내 비행기들이 언제 출발하는지 확인한 다음 좌석을 예약한다. 회원인 여러분은 이미 신원 확인이 끝난 상태이므로 그냥 비행기에 탑승하기만 하면 된다. 항상 미국 서해안 지역으로 출장을 다니는 우리 회사 사람들에게 서프에어는 엄청난 혁신이었다. 항공업계는 수십 년 동안 더 많은 자율성과 자신의 경험을 스스로 통제하려는 고객들의 요구에 대응해 왔기 때문에 혁신을 위한 준비가 잘되어 있는 상태다. 비행기로 여행하는 사람들이 출발 직전에 항공권을 구입하려고 할 경우 늘 바가지를 쓴다. 왜 여행 계획의 유연성 때문에 이런 불이익을 받아야 하는가? 그리고 공항에서 대기하면서 쓰는 시간도 생각해 보라. 비행기 여행의 비효율성은 공항 내 소매업계에는 이득이 될 수도 있지만, 사람들은 그 시간을 딴 데 쓰고 싶어 한다. 전 세계적으로 비행기를 자주 타는 사람이 2억 명 이상인데, 고객의 선호도는 자꾸 변하므로 누구나 이 고객들을 차지할 수 있다.

현재의 항공업계가 활용하고 있는 뻔뻔한 수수료 부과 전략은 결국 자체 무게 때문에 무너질 것이다. 이는 추가 비용과 수익 뽑아내기만 우선시하면서 고객의 가치는 평가 절하하는 제품 중심 마인드셋이 낳은 우울한 결과다. 미래의 비행 경험은 어떤 모습일까? 우선 자동차와 기차가 거기에 포함될 수 있을 것이다. 유나이티드항공이 여러분에게 같은 브랜드에 속한 우버 차량을 보낼지 모르는데, 이 차량에는 여러분이 예약한 호텔과 항공편 세부 정보, 클릭 한 번으로 쭉 뜨는 모든 엔터테인먼트와 식사 옵션을 미리 선택할 수 있는 드롭다운 메뉴drop-down menu, 도착지의 트램이나 경전철이나 LRT 같은 경철도light rail 정보 등이 포함된 모니터가 달려 있다. 아마 이 차가 여러분 집에 도착하는 시간은 비행기의 실제 출발 시간과 연동되어 있을 것이다. 그리고 차 안에서 넷플릭스 드라마 〈나르코스〉를 몰아 보기 시작하면 비행기에 탄 뒤에도 아까 중단한 부분부터 다시 볼 수 있을 것이다. 그리고 공항에 도착하면

클리어Clear 같은 서비스를 이용해 탑승권과 엄지 스캐닝만으로 보안 검색대를 빠르게 통과할 수 있다. 여러분의 기본적인 ID 정보가 상세한 생체 측정 사항과 이미 결합되어 있기 때문이다. 아마 비행기를 자주 타는 이들이 해마다 일정한 금액을 내고 회원으로 가입하면 이런 서비스들을 모두 이용할 수 있을 것이다.

"사업적인 관점에서 보면, 우리 모두 항공사들이 오랫동안 애써 왔다는 걸 잘 압니다." 예전에 서프에어에서 상업 계획 담당 부사장을 지낸 맥 컨Mac Kern은 이렇게 말한다. "이건 상품 기반 사업일 뿐 아니라 매우 자본 집약적인 사업입니다. 가격은 하락하고 경쟁이 매우 치열해집니다. 회원 가입 모델은 예측 가능한 수익을 제공하는데, 이는 일반 통신업체의 수익 구조와는 또 다릅니다. 비행기 문이 닫힐 때까지는 해당 비행이 수익이 날지 알 수 없거든요(그래도 그 시간에 반드시 비행을 해야 합니다!) 하지만 회원 가입을 받으면 월초마다 그 달에 얼마나 많은 매출을 올릴지 정확히 알 수 있습니다. 그러면 우리가 얼마나 많은 비행을 할 수 있는지 정확히 알게 되므로 효율적으로 운영 규모를 확장할 수 있습니다. 이런 통찰력은 항공업계에서는 기본적으로 마법과 같습니다. 지금까지 아무도 못 했던 일이니까요."

오늘날 항공사, 통신사, 스트리밍 음악 서비스, 신문사는 모두 같은 종류의 질문을 하고 있다. 이 새로운 서비스(또는 루트)가 우리 구독자들에게 어떤 가치가 있는가? 우리가 예상했던 것과 동일한 지원을 받고 있는가? 우리 회원들은 얼마나 오랫동안 가입을 유지할까? 성장 효율은 어떨까? 사용 패턴으로 볼 때 어디에다 더 많은 재원을 투여해야 하는가? 서비스 제공자를 바꿀 위험이 있는 사람은 누구인가? 현재 서프에어 회비는 월 2000달러 정도여서 특히 돈이 많고(아니면 판공비를 많이 쓸 수 있고) 비행기를 자주 타는 사람들을 주 고객으로 삼고 있지만, 이 모델이 자동차업계를 변화시킨 것과 같은 방식으로 항공업계 전체로 퍼져나가는 모습이 보이기 시작할 것이다. 이는 시간문제일 뿐이다.

⟳ 기차가 모든 운송 서비스와 싸워 이기는 길

운송업계의 경쟁은 수직 경쟁에서 수평 경쟁으로 바뀌었다. 그러니까 이제 자동차 회사들만 다른 자동차 회사를 뒤쫓는 것이 아니고, 더 이상 항공사들끼리만 경쟁하는 것도 아니라는 이야기다. 경철도는 차량 공유 업체들과 경쟁하고, 차량 공유 업체는 저가 항공사들과 경쟁을 벌인다. 모든 기업이 언제 어디서나 여행할 수 있기를 바라는 승객들을 뒤쫓고 있다. 1938년에 설립된 SNCFSociété Nationale des Chemins de fer Français(프랑스국영철도회사)를 예로 들어 보자. 유럽에 배낭여행을 가 본 사람이라면 SNCF를 이용한 적이 있을 것이다. 그리고 도시에서 일하는 많은 프랑스 젊은이에게 SNCF는 주말에 집으로 돌아갈 수 있는 믿음직한 방법이었다. 하지만 지난 몇 년 동안 이 회사는 새로운 차량 공유 서비스, 장거리 버스, 할인 항공사 등과 치열한 경쟁을 벌였다.

SNCF는 경쟁력을 유지하려면 이런 새로운 운송 플랫폼들 모두와 경쟁을 벌여야 한다는 사실을 깨달았다. 그래서 특정 대상을 목표로 한 새로운 구독 서비스를 시작하기로 했다. 16세부터 27세까지 젊은이들의 경우 한 달에 79유로만 내면 SNCF를 이용해 원하는 곳 어디든 갈 수 있다. 일단 아이디어가 떠오르자 SNCF는 단 8개월 만에 이 프로그램을 출시했다. 말도 안 되게 빠른 속도다. 승객들이 카드를 이용한 기존의 고객 보상 프로그램에 가입하려면 3주가 걸렸다. 하지만 이 새로운 제도는 5분 만에 가입이 완료된다. 결과는 충격적이었다. 지금은 7만 5000명의 프랑스 젊은이가 이 기차를 타고 다닌다. SNCF는 연간 성장 목표를 단 두어 달 만에 달성했다.

"무제한 구독 모델은 통신, 스포츠 홀, 영화업계의 현실이 되었습니다." 부아주 SNCFVoyages SNCF의 총책임자인 라셸 피카르Rachel Picard 는 이렇게 말했다. "젊은이들은 더 많은 자유를 원합니다. 그들은 여행을 좋아하지만, 필요한 사항을 늦게 결정하고 싼 요금을 위해 미리 예약하지 않는 경향이 있습니다. 우리의 아이디어는 이겁니다. 이런 새로운 소비 방식과 여행 습관에 적응하기 위해 온라인 구독을 사용하면 어떨까? 그들에게 무제한 승차권을 제공해 주면 어떨까?" 왜 안 되겠는가? SNCF 는 기존의 월간 회원 카드 프로그램을 통해 얻은 행동 데이터를 바탕으로 새로운 가입 계획을 세울 좋은 아이디어를 얻었다. 그리고 적절한 백엔드 시스템을 이용해 이 이니셔티브를 신속하게 시작할 수 있었다.

생각해 보라. 설립한 지 80년 된 국영 철도 회사가 블라블라카BlaBlaCar 같은 운송 스타트업과 경쟁하고 있는 것이다. 블라블라카는 승객들을 장거리 여행을 하는 자동차의 빈 좌석과 연결시켜서 승객과 운전자가 여행비를 분담할 수 있게 해 주는 방식으로 프랑스에서 큰 성공을 거둔 차량 공유 플랫폼이다. SNCF는 세일즈포스의 고객 관계 관리 기능, 주오라의 구독 관리 기능, 슬림페이SlimPay의 지불 기능, 아리아드넥스트AriadNEXT의 문서 확인 기능 등 클라우드 기반의 다양한 솔루션을 활용해 이런 일을 해냈다. SNCF는 몇 가지 새로운 소프트웨어 서비스의 도움을 받아 민첩하게 대응하는 '현존하는' 대기업의 또 다른 예다. 그리고 젊은이들을 겨냥한 서비스였기에 소셜 미디어 모니터링과 마케팅에 많은 자원을 투입했다. SNCF는 처음부터 트위터와 페이스북이 자신들의 고객 서비스 플랫폼이 되리라는 사실을 알고 있었다. 그리고 결과적으로 수천 명의 젊은이가 가족과 사랑하는 사람들을 더 자주 만나게 되었다.

기차, 자전거 공유, 지하철, 셔틀 서비스, 자동차 서비스 등은 모두 수평 경쟁 속에 갇혀 있다. 하지만 스마트 파트너십과 플랫폼은 출퇴근하는 사람들이 이 모든 운송망에 자신의 ID를 원활하게 그리고 직관적으로 건네도록 해 준다. 단지 경로만 관리하는 것이 아니라 A에서 B까지 가는 문제를 해결해 주는 서비스가 승자가 될 것이다. 헬싱키는 민간과 공공 교통망을 혼합해 즉각적으로 여행 일정을 생성하고 날씨가 좋을 경우 건강에 더 좋은 경로를 추천해 주기까지 하는 휨Whim이라는 이동성 계획 앱을 실험하고 있다. 《이코노미스트》에서 언급한 것처럼 "소유가 아닌 이용에 익숙해진 도시 젊은이들은 서비스형 운송 개념을 자연스럽고 매력적이라고 여긴다. 게다가 시내에서 자동차를 운전하는 데 드는 비용이 계속 늘고 있다. 주차 또한 갈수록 어려워진다. 많은 도시 거주자가 자동차 소유의 편리함이 그만한 가치가 있는지에 대해 의문을 제기하고 있다. 1983년부터 2014년 사이에 20~24세 미국인 중 운전면허를 소지한 사람의 비율이 92퍼센트에서 77퍼센트로 감소했다."[8]

이런 이야기들이 우리에게 해 줄 수 있는 말이 있다면, 운송수단은 힘들고 귀찮지만 꼭 필요한 일련의 처리 과정에서 직관적인 서비스(결국 우리 일상생활 속에 자연스럽게 스며들)로 빠르게 진화하고 있다는 것이다. 특정한 차량을 중심으로 특정한 산업을 일군다는 발상 자체에 의문이 제기되고 있다. 자동차 회사들이 자전거와 셔틀 회사를 사들이고 있는 상황에서, 이들이 다음에는 항공사를 사지 않을 것이라고 누가 장담할 수 있겠는가? 한편 항공사 임원들은 서비스 제공사를 바꾸는 고객, 고객 유지, 고객 생애 가치 같은 문제를 놓고 디지털 미디어 전문가들과 의견을 교환하고 있다. 철도 회사들은 고객 세분화를 넘어 개별 고객 자체에 대해 생각하고 있다. 상황이 갈수록 혼란스러워지고 있는데, 상당히 흥미롭다.

5장

옛날에 신문사라 불리던
회사들이 있었다

독자들이 지원하는
새로운 매체의 시대가 온다

신문업계의 종말에 대해서는 이제 더 이상 말이 필요 없을 정도다. 최근 시장 조사 기업인 닐슨스카보로Nielsen Scarborough의 연구에 따르면, 현재 미국 성인 중 1억 6900만 명 이상이 매달 신문을 인쇄물, 인터넷, 또는 모바일 장비를 통해 읽는다고 한다. 이는 성인 인구의 70퍼센트에 해당하는 수치다. 로이터저널리즘연구소에서 발간하는 《로이터디지털뉴스 리포트》의 가장 최근에 발표한 자료에 따르면 《뉴욕타임스》 《월스트리트저널》 《뉴요커》 모두 2017년에 수십만 명의 새로운 디지털 가입자를 확보했다고 한다. 월간지 《베너티 페어》는 단 하루 만에 1만 3000건의 새 구독 신청을 접수한 적도 있다.

밀레니얼 세대가 콘텐츠 요금을 전혀 지불하지 않았던 때를 기억하는가? 로이터통신에 따르면 미국의 18~24세 젊은이들이 인터넷 뉴스 구독료를 내는 비율이 2016년에는 4퍼센트였는데 2017년에 18퍼센트로 급증했다고 한다. 예를 들어 《뉴요커》는 1년 전 같은 기간에 비해 밀레니얼 세대에 속하는 신규 가입자 수가 2배 이상 증가했고, 《애틀랜틱》의 경우 18~40세 신규 구독자 수가 130퍼센트나 늘었다. 심지어 무료 언론 매체들도 유료 기여자 수가 늘었다. 《가디언》 현장에는 뉴스를 무료로 제공한다고 명시되어 있는 관계로, 회원제 형태의 자발적기부를 실험해 왔는데 큰 성공을 거두었다. 2017년 3월까지 《가디언》은 월 6~60파운드의 가격으로 23만 개가 넘는 회원권을 팔았으며 일회성 기부금도 16만 번이나 받았다. 로이터통신에 따르면 온라인 뉴스에 돈을 지불하는 미국인 수가 그 어느 때보다 많아졌다고 한다. 전체 인구의 16퍼센트 정도 되는데 2016년부터 2017년 사이에 7퍼센트가 증가했다.

물론 이 신문사들의 사업 규모가 새롭게 증가한 것은 항상 논란을 몰고 다니는 어떤 국가 원수 덕분이라며 감사할 수도 있다. 하지만 이것은 정치 분야에 국한된 이야기가 아니다. 디지털 구독은 더 광범위한 퍼블리싱 산업publishing industry을 심오한 방식으로 변화시키고 있으며, 독자들의 지원과 지지를 받는 새로운 유형의 매체들이 인기를 얻고 있다(퍼블리싱 산업은 흔히 출판업으로 불려 왔지만 오늘날에는 책과 신문 같은 전통적인 분야뿐 아니라 웹 사이트, 블로그, 비디오 게임, 스트리밍 등 훨씬 폭넓은 분야를 포괄하는 산업을 가리킨다―옮긴이).

예를 들어 테크놀로지업계에서는 제시카 레신Jessica Lessin의 날카롭고 예리한(그리고 구독 전용인) 디지털 미디어 《인포메이션The Information》이 이제 실리콘 밸리에서 두 번째로 규모가 큰 테크놀로지 전문 기자 팀을 보유하고 있다. 벤 톰슨Ben Thompson은 자신이 만드는 《스트레터처리Stratechery》라는 훌륭한 뉴스레터를 받아 보려고 기꺼이 1년에 100달러씩을 지불하는 수천 명의 독자를 보유하고 있다. 빌 비숍Bill Bishop은 중국의 시사 문제를 다루는 《시노시즘Sinocism》이라는 이메일 뉴스레터를 발송하는데 3만 명이 넘는 독자들이 1년에 118달러를 내고 이 뉴스레터를 받아 본다. 한편 《버즈피드BuzzFeed》《매셔블Mashable》《데일리비스트The Daily Beast》《바이스Vice》처럼 벤처 자금을 지원받는 눈에 띄는 '디지털 네이티브digitally native' 타이틀들도 수익을 내려고 애쓰고 있다. 왜 그러는지 알겠는가?

↻ 광고로 지탱하던 저널리즘의 쇠퇴와 몰락

신문 산업이 죽음의 소용돌이에 빠져 있다는 것이 지배적인 의견이던 때를 기억하는가? 《뉴요커》는 2008년에 "신문이 죽어 가고 있다"라고 말했다. "경제적인 활력, 편집의 질, 깊이, 인력, 그리고 전체적인 신문의 수까지 감소하고 있다는 증거를 도처에서 찾아볼 수 있다. 이것이 미래에 미칠 영향은 복잡하다."[1] 온라인 벼룩시장으로 불리는 생활 정보 사이트 크레이그리스트Craigslist의 급성장, 2008~2009년에 걸친 대침체, 그리고 곤두박질치던 인쇄물 광고 시장 등이 모두 언론계의 학살을 모의하고 있었다. 그와 동시에 《버즈피드》나 《바이스》처럼 멋지고 새로운 광고 중심 뉴스 사이트들에 자금을 지원하는 벤처 투자가들은, 저널리즘을 수행하는 새로운 방식과 관련해 신문업계에 강의를 할 수 있게 되어 매우 기뻐했다. 광고 수입으로 운영되는 국지적 독점에 작별을 고하고 물류비가 전혀 안 드는 무료 콘텐츠를 환영하라는 것이었다. 인쇄기와 배달 트럭이라는 무거운 짐에서 벗어난 새로운 디지털 뉴스 사이트가 '넓게 확장하면서' 폭발적으로 늘어나는 디지털 광고 수입을 쓸어 담을 것이라고 했다(잠깐만, 이건 신문사들이 20년 전에 무료 사이트를 개설하게 된 바탕이 된 생각 아니던가?).

왜 독자와 퍼블리싱업자 모두 광고 기반 비즈니스 모델 대신 콘텐츠 서비스에 대한 유료 구독을 받아들이는 걸까? 여러 가지 이유가 있겠지만 질 낮은 광고 상태가 큰 이유 중 하나다. 광고가 왜 끔찍한가에 대한 수천 가지의 잠재적인 이유 가운데 3가지만 이야기해 보겠다.

첫째, 사람들은 광고를 좋아하지 않는다. 미디어 전문 사이트 미디어포스트MediaPost에 따르면 전체 미국인 중 4분의 1가량은 광고 차단 소프트웨어를 사용하기 때문에 퍼블리싱업체들이 연간 거의 160억 달러의 비용 손실을 입는다고 한다. 로이터저널리즘연구소가 전 세계 7만 명의 독자를 대상으로 설문 조사를 실시한 결과 약 4분의 1이 날마다 광고 차단 소프트웨어를 사용하고 있었다(그리스의 침투율이 36퍼센트로 가장 높고 가장 낮은 한국은 12퍼센트였다).[2] 그리고 '스마트 타기팅smart targeting'과 웹 사이트의 진짜 콘텐츠와 비슷한 형식으로 제작된 '네이티브 광고native advertising'를 둘러싼 많은 논란에도 불구하고, 우리는 여전히 자기 자신이나 본인의 일상과 관련이 없는 수천 개의 상업 메시지에 파묻혀서 살아가고 있다.

둘째, 디지털 광고는 사업적인 관점에서도 이해하기가 어렵다. 미국

인터넷광고협의회Interactive Advertising Bureau, IAB에 따르면, 2016년에 지출된 온라인 광고비 가운데 49퍼센트는 구글, 40퍼센트는 페이스북, 그리고 나머지 11퍼센트가 '기타 모든 사이트'에서 집행되었다. 토킹 포인트 메모Talking Points Memo라는 웹 사이트를 운영하는 조시 마셜Josh Marshall은 이렇게 설명한다. "광고 수익과 관련된 (디지털) 발행물publication이 너무 많습니다. 30개의 발행물과 25개의 수익 창출 기회가 있다고 가정해 봅시다. 발행물들은 이 기회를 차지하기 위해 필사적으로 싸울 겁니다. 그러다가 독점적인 플랫폼이 등장해 25개의 기회 중에서 5~10개를 차지해 버립니다. 문제가 뭔지 보일 겁니다. 30개의 발행물이 15개의 기회를 놓고 경쟁하느라 난리가 나겠죠. 결국 상당수의 발행물들이 사라지거나 자금을 조달할 다른 방법을 찾아야 합니다."[3] 그리고 소설《헝거 게임Hunger Games》과 같은 이런 시나리오는 불황이 닥쳐 광고 시장이 쇠퇴하면 빠르게 붕괴될 수 있다.

　마지막으로 광고는 콘텐츠 제공자들을 클릭 유도 공장으로 바꾸는 등 온갖 종류의 은밀한 효과를 발휘한다. 광고는 이런 경주를 끝까지 후원한다. 정치 전문지《폴리티코Politico》의 전 사장 짐 반데헤이Jim VandeHei는 이를 '쓰레기 덫'이라고 부른다. 《인포메이션》의 제시카 레신은 이렇게 말한다. "나는 여전히 살아남기 위해서는 광고가 필요 없는 사업을 하는 것이 훨씬 더 안전하다고 믿습니다. 그러면 독자에게 100퍼센트의 가치를 전달하려고 집중할 수밖에 없거든요. 이건 장차 뉴스 퍼블리싱업체들이 독자들에게 제공하는 정보가 과거보다 더 똑똑하고, 더 많은 지식을 담고 있고, 더 타당한 정보가 될 수 있는 유일한 방법입니다."[4]

사실 내가 하고 싶은 주장은, 과거에 신문사들이 주제별 광고와 광고 수입에 빠져 있을 때 그들의 비즈니스 모델은 인쇄와 디지털 양쪽 모두 근시안적인 제품 중심 마인드셋에 의해 주도되었고 그로 인해 독자들이 엄청난 피해를 입었다는 것이다. 늘 그렇듯이 목표는 최대한 많은 독자층을 인쇄 부수에서 페이지 뷰로 이동시켜 광고 인벤토리(온라인상 광고 지면)를 활성화시키는 것이다. 12파운드짜리 쿠폰과 두꺼운 브로슈어가 딸려 오는 것이 특징인 일요판 신문을 샅샅이 훑어보거나 팝업 광고와 슬라이드 쇼로 도배된 '무료' 신문 웹 사이트를 살펴보려고 애쓰는 것은 매우 암울한 일이다.

광고 수입은 악명 높을 정도로 일관성이 없다는 사실을 감안한다면, 대체 무슨 일이 벌어지고 있는 걸까? 퍼블리싱업체들이 망가진 광고 시스템을 면밀히 살펴보는 동안 새로운 세대의 소비자들이 등장했다. 이들은 적시에 적절하고 집중적으로 유지되기만 한다면 서비스(스포티파이, 넷플릭스, 식품 정기 구매, 생산성 향상 앱 등)를 구독하는 일을 더 편안하게 받아들인다.

스포티파이와 OTT(인터넷 기반 콘텐츠 제공) 서비스가 훨씬 더 강력한 발판을 마련하고 있는 북유럽 국가들의 경우 온라인 뉴스에 돈을 지불하는 사람들의 비율이 가장 높다는 것은 놀랄 일이 아니다(노르웨이 15퍼센트, 스웨덴 12퍼센트, 덴마크 10퍼센트, 핀란드 7퍼센트). 패이트리언 같은 플랫폼은 사람들이 다달이 정기적으로 돈을 지불하면서 수백 개의 새로운 동영상 프로그램과 팟캐스트를 직접 구독할 수 있게 도와준다. 스트리밍 서비스에 기꺼이 돈을 지불하려는 사람들과 온라인 콘텐츠에 돈을 지불하는 사람들 사이에는 강한 연관성이 있다. "다른 온라인 서비스들은 기본적으로 사람들이 구독 방식을 이해할 수 있게 해 주는 문법을 제공합니다." 2017년판 《로이터디지털뉴스리포트》의 주 저자인 닉 뉴먼Nic Newman의 말이다. 이는 한때 수익의 절반 이상을 광고에 의존했던 업계의 두드러진 변화다.

광고는 절대 사라지지 않겠지만, 디지털 구독 서비스가 일반화됨에 따라 독자와 퍼블리싱업체 모두 독자와 직접 관계를 맺을 때의 이익을 인식하기 시작했다. 유료 독자에게만 전체 콘텐츠를 볼 수 있게 허용하는 방식인 '페이월paywall'이 늘 논쟁거리가 됐던 시절을 기억하는가? 오늘날 회원제 플랜 및 스마트 페이월과 함께 찾아온 사용자 행동에 대한 통찰을 이용해, 퍼블리싱업체들은 1000뷰당 광고 비용을 뜻하는 CPMcost per mile이나 슬라이드 쇼 클릭 같은 공허한 측정 기준에서 벗어났다. 그리하여 사용자가 해당 사이트에서 보낸 시간처럼 더 가치 있는 참여 기준을 지향하게 되었다. 구독은 광고의 타당성을 높이고 따라서 가치도 더 높아진다.

"광고를 부차적인(하지만 여전히 중요한) 수익원으로 만드는 건 대부분의 뉴스 퍼블리싱업체들에게 가장 중요한 전략적 목표입니다." 뉴소노믹스 Newsonomics라는 훌륭한 웹 사이트를 운영하는 매우 날카로운 업계 비평가 켄 닥터Ken Doctor는 이렇게 말한다. "충분한 고품질 콘텐츠와 우수한 디지털 제품이 뒷받침해 준다면 독자 수익은 광고보다 훨씬 더 안정적입니다."[5] 물론 인쇄물 광고 모델에서 디지털 구독 운영 모델로 대부분 바뀌면서 신문업계는 여전히 어려움을 겪고 있지만, 오늘날의 소비자들은 모든 종류의 스마트 디지털 서비스를 지원하는 데 점점 더 익숙해지고 있다. 로이터저널리즘연구소의 보고에 따르면, 이미 스트리밍 미디어 서비스에 돈을 지불하고 있는 미국인은 온라인 미디어에 돈을 내지 않는 사람들에 비해 온라인 뉴스에 돈을 지불할 가능성이 5배나 높다고 한다.

인쇄물 대 디지털의 대립 구도는 근거 없는 믿음이다

오늘날 성공한 발행물은 특집 기사나 배너 광고, 슬라이드 쇼 등을 통해 돈 버는 방법을 고민하는 데서 벗어나 독자의 필요와 요구에 우선순위를 두는 쪽으로 옮겨 가고 있다. 몇 년 전 소액 결제와 관련한 논쟁을 통해 우리는 이런 '포맷에 대한 맹목'이 어떻게 작동했는지 알아볼 수 있다. 신문사에서는 독자들에게 기사 하나당 5센트 또는 10센트를 청구할 예정이었는데, 내가 보기에 전혀 말도 안 되는 생각이었다. 이는 전체 브랜드는 무시하고 개별 콘텐츠에다 프리미엄을 붙이는 식이다(현재

무료 뉴스 서비스인 페이스북 인스턴트 아티클스Facebook Instant Articles를 둘러싸고 동일한 논쟁이 진행 중이다). 사실 신문사에는 충성스러운 독자가 많은데 바로 집에서 신문을 배달받아 보는 고객들이다. 런던 사람들이 자기가 구독하는 신문에 충성하는 방식을 보라. 최근에 같은 비행기를 탄 어떤 영국인이 《가디언》을 달라고 부탁하는 것을 우연히 들었다. 승무원이 《가디언》은 없다고 사과하면서 대신 《데일리텔레그래프The Daily Telegraph》를 주겠다고 하자, 그는 "내가 왜 그런 생선 싸는 종이를 읽어야 하죠?"라고 대꾸했다. 신문사는 충성스러운 독자들은 괜찮은 기사를 읽으려고 기꺼이 돈을 지불한다는 사실을 깨달았다. 그리고 기차에서 종이 신문을 들고 씨름하기보다 휴대전화로 간단하게 돈을 내고 보는 것을 선호하기 때문에 디지털 구독이 갑자기 정말 중요해졌다. 왜 어떤 포맷의 신문은 돈을 내고 봐야 하고 어떤 포맷은 돈을 내지 않아도 되는지, 정말 말이 안 된다.

'인쇄물 대 디지털'이라는 대립 구도는 늘 잘못된 선택이었다. 《버즈피드》나 《복스Vox》처럼 디지털에서 탄생한 미디어가 마법처럼 간접비가 필요 없는 우주에서 운영되는 동안, 침몰하는 인쇄물 광고의 닻은 신문사를 바다 저 밑바닥까지 끌고 내려갔다는 것이 지배적인 생각이었다. 그러나 '인쇄물 대 디지털'이라는 논쟁 자체가 콘텐츠의 물리적인 전달 포맷이 콘텐츠 자체보다 더 중요하다고 가정하고 있다. 《월스트리트저널》의 핵심은 물리적인 신문이 아니라 이 회사의 기자들, 브랜드, 문화, 도달 범위, 가치 등이다. 이것의 진정한 가치(그리고 필수적인 비용)는 형식이 아니라 내용에 있다. 그리고 사람들은 그 내용을 위해 돈을 지불한다.

여러분의 브랜드와 자신을 동일시하는 충성 고객이 있다는 전제에서 시작해, 이를 풍부한 디지털 경험을 통해 고객을 더 깊이 몰입시킬 수 있는 기회로 여긴다면, 여러분의 새로운 비즈니스 모델은 변덕스러운 광고 시장에 덜 의존하는 대신 안정적이고 반복적인 구독 수익에 더 의존하게 될 것이다.

실제로 현명한 퍼블리싱 그룹들은 대부분 기존의 인쇄물 구독자의 충성도를 활용해 디지털 수익 모델로 전환하고 있다. 또 유연한 가격 책정, 패키지 모델, 번들 형식의 추가 기능도 활용한다.

이 퍼블리싱업체들은 켄 닥터가 말한 "기존에 신문사로 알려졌던 회사들"인데, 독자들을 위한 새로운 경험을 창조하는 전문적인 미디어 조직으로 신속하게 전환하고 있다. 이들은 핵심적인 지적 자산을 뉴스UKNews UK가 도입한 무료 스포티파이 계정이나 월스트리트저널플러스WSJ+가 도입한 무료 경제경영서 다운로드 같은 사소한 특전에서부터 골프 티타임, 크루즈, 콘퍼런스에 이르기까지 다양한 보완 서비스와 결합시킨다. 그리고 어떤 경우에는 실제로 인쇄 기반을 따라잡는 새로운 디지털 수익 모델을 찾아내기도 한다.

열광적인 구독자 네트워크, 타오르는 혁신에 기름을 붓다

1949년 5월에 첫 호가 발행된 자동차 잡지 《모터트렌드Motor Trend》를 예로 들어 보자. 요새는 TENThe Enthusiast Network이라는 회사가 이 잡지를 발행하고 있다. 이 잡지는 몇 년 전부터 자사 웹 사이트 동영상을 유튜브에 올리기 시작했다. 10억 회 이상의 조회수와 50억 명 이상의 무료 가입자를 기록한 후, 2016년에 월 5.99달러의 요금을 받는 구독 스트리밍 플랫폼인 모터트렌드 온 디맨드Motor Trend on Demand를 출범시켜 〈로드킬 개러지Roadkill Garage〉 〈헤드 투 헤드Head 2 Head〉 같은 프로그램을 비롯해 수백 시간 분량의 독점 콘텐츠를 제공한다. 오늘날 《모터트렌드》의 수익 중 인쇄판 판매에서 나오는 수익은 전체의 절반 이하이며, 구독형 동영상 서비스를 통해 발생하는 반복적 수익이 곧 전체 수익의 20퍼센트를 차지하리라 예상한다.

이것은 "한때 자동차 잡지로 알려졌던" 회사 입장에서 매우 놀라운 변화다. 로쿠Roku, 애플TV, 아마존 같은 곳에 자신들이 만든 오리지널 콘텐츠를 판매할 뿐 아니라 다양한 가격 모델과 구독 플랜, 상품 판매, 《모터트렌드》 이벤트 참여권, 심지어 인쇄 잡지 무료 구독권 배포에 이르기까지 다양한 실험을 계속하고 있다!

"이 논리는 무시할 수 없습니다. 이게 현대 미디어의 지형이 나아가고 있는 방향입니다." TEN의 콘텐츠 총책임자인 앵거스 매켄지Angus MacKenzie는 온라인 미디어 전문 웹진 《디지데이Digiday》와 한 인터뷰에서 이렇게 말했다. "오직 광고에만 의존하는 비즈니스 모델은 갈수록 줄어들고 있습니다. 구독 플랫폼은 소비자가 뒷받침해 주는 비즈니스 모델을 제공하는데, 이건 기존의 잡지와 거의 비슷합니다."[6]

모든 성공적인 구독 서비스와 마찬가지로 TEN도 예측 가능한 반복적 수익을 활용해 자사 고객에게 전적으로 집중한다. 인기 있는 주제들을 바탕으로 새롭고 독특한 기능을 만들기 위한 공간을 창출한다(《뉴욕타임스》는 현재 십자말풀이 앱을 통해 상당한 수익을 얻고 있고, 최근에는 새로운 유료 요리 앱을 출시했다). 그러면서 상품화라는 좋지 못한 덫도 피하고 있다. 우리는 런던에서 열린 '서브스크라이브드' 콘퍼런스에서 승마 애호가들을 위한 잡지 발행자를 만났는데, 그는 매우 핵심적인 의견을 밝혔다. 연 20파운드짜리 잡지 구독권 판매 외에도 말을 소유한 독자들(그들은 갈수록 대회와 액세서리에만 열중하고 있다)을 대상으로 할 수 있는 다른 사업들이 있다는 이야기였다.

이런 이니셔티브 중 일부는 성공하고 일부는 실패하지만, 이 일의 목표는 광고주의 이익을 위해 편집 상품을 역설계하는 것이 아니라 합법적인 독자 참여를 유도하는 데 있다.

똑똑한 가격 정책,
《파이낸셜타임스》와 《이코노미스트》

큰 사건이 터지면 즉시 대응할 수 있는 기민한 가격 정책도 이런 변화의 핵심이다. 《파이낸셜타임스》는 브렉시트Brexit 투표가 진행되는 주말 동안 웹 트래픽이 급증할 것을 알고 어떻게 했을까? 브렉시트 소식과 관련된 기사는 전부 페이월 방식을 중단하고 수많은 신규 독자에게 맞춤형 구독 기회를 제공했다. 그 결과 평소 주말에 비해 디지털 구독 매출이 600퍼센트나 급증했다. 오늘날 《파이낸셜타임스》는 90만 명이 넘는 구독자를 보유하고 있으며 수익의 75퍼센트 이상이 디지털 구독자들에게서 나온다.

《파이낸셜타임스》의 최고커머셜책임자CCO인 존 슬레이드Jon Slade는 《디지데이》와 인터뷰하면서 이렇게 말했다. "우리는 실시간으로 마케팅을 시작했습니다. 구매 패턴과 사교 기회를 유심히 지켜보았고, 스토리를 시도하고 지배하기 위해 상당히 공격적인 방식으로 마케팅 예산을 쓰는 방법 등을 고려하고 있었습니다. 그리고 그것이 사용자 참여 팀이 기울이는 노력과 상충하지 않도록 했습니다. 그래서 사용자 참여와 편집, 마케팅과 구입 사이에 지속적인 대화가 진행되었습니다." 이처럼 《파이낸셜타임스》는 탁월한 저널리즘에서만큼이나 구매를 위한 노력에서도 많은 혁신과 창조를 보여 준다. 《파이낸셜타임스》는 또 독자들의 참여도를 측정하기 위한 간단하면서도 훌륭한 공식을 가지고 있다. 소매 부문에서 빌려 온 그 공식은 모든 독자를 대상으로 최신성(마지막으로 방문한 것이 언제인가?), 빈도(얼마나 자주 방문하는가?), 양(얼마나 많은 기사를 읽는가?)이라는 3가지 요소에 대한 점수를 매기는 것이다. 점수가 낮은 독자들은 이탈 위험이 있으므로 프로모션 그룹에서 할인 제안을 내세우면서 접근할 수 있다.

《이코노미스트》도 구매를 유도하기 위한 창의적인 가격 책정 전략을 이용해 비슷한 성공을 거두었다. 이들은 몇 년 전에 인상적인 내기를 했다. 무료 디지털 콘텐츠를 인쇄판 구독에 덧붙여 주는 일반적인 관행을 따르는 대신 디지털 콘텐츠에도 요금을 부과하기로 결정한 것이다. 안 될 이유가 뭐 있겠는가? 대부분의 대형 퍼블리싱업체들은 독자적인 디지털 작업에 많은 노력을 쏟는다. 그러니 그만한 가치가 있지 않겠는가? "우리 생각은 사람들이 인쇄 전용 패키지가 아닌 인쇄 및 디지털 패키지를 선택하게 함으로써 구독 갱신 수익을 늘리는 것이었습니다. 그래서 무료로 나눠 주는 대신 실제로 요금을 부과하기 시작했죠."[7] 이코노미스트 그룹의 제품 담당 부사장 겸 비즈니스 시스템 책임자를 역임한 수브라타 무커르지Subrata Mukherjee가 설명했다. 이것은 훌륭한 조치였다. 인쇄판에 디지털판을 추가 구독하려는 사람들을 통해 수익이 25퍼센트 증가했다. 《이코노미스트》는 지금 더 많은 사람을 깔때기 안으로 끌어들이기 위해 광고 차단 프로그램을 설치한 이들에게 구독권을 제공하거나 학생들을 위한 특별 패키지, 자주 찾는 이들을 위한 인센티브 등 다양한 방법을 실험하고 있다.

이제 신문업계에서는 구독 모델의 장점을 강의할 필요가 전혀 없는 듯하다. 사실 애초에 구독 모델을 발명한 것이 신문사 아니었던가. 물론 이 업계가 무척이나 고통스러운 시간을 겪었다는 사실을 알고 있다. 나는 더 많은 신문사 경영자들이 디지털 고객을 유치하고 참여시키는 방법을 놓고 서비스형 소프트웨어 기업 경영진들과 이야기 나누는 모습을 보고 싶다. 신문사들은 스타트업들에게 가르쳐 줄 것이 많다. 몇 년 전 트위터에서 마크 로토Mark Lotto라는 미디어업계 임원이 이런 농담을 하는 것을 봤다. "만약 《뉴욕타임스》가 160년 전이 아니라 5년 전에 설립되었다면, 기업 가치가 400억 달러는 되었을 거라는 사실을 반년마다 한 번씩 떠올리게 된다." 이 농담에는 진정으로 가치 있는 요소가 담겨 있다. 사실 비즈니스 모델의 관점에서 보면 《뉴욕타임스》는 신문이라기보다 서비스형 소프트웨어 회사에 훨씬 더 가까워 보이기 시작했다고 생각한다.

《뉴욕타임스》는 '유니콘'이다

여러분도 아마 '유니콘unicorn'이라는 말을 들어 봤을 것이다. 상상 속의 뿔 달린 말 이야기가 아니라, 운용 가능한 현금과 자유로운 대출을 이용한 기록적인 투자 라운드에 힘입어서 10억 달러 이상의 가치를 지니게 된 실리콘 밸리의 소프트웨어 회사들 말이다. 물론 그중 일부는 '다운 라운드down round'(회사 가치가 이전보다 낮아진 경우), 할인된 가격에 인수, 순탄치 않은 기업 공개 등으로 인해 우리 곁을 떠났다. 이런 회사들은 대부분 구독 매출을 통해 운영된다. 《뉴욕타임스》가 신문사가 아니라 서비스형 소프트웨어 회사라면 현재 가치 평가액인 40억 달러의 2배는 될 것이라고 확신한다.

이 글을 쓰는 지금 《뉴욕타임스》의 주가는 5년 만에 최고치를 기록하고 있는데, 그 이유는 요즘 이 회사의 수익 중 60퍼센트 이상이 독자들에게서 직접 나오기 때문이다. 전통적으로 신문사는 구독 수입보다 광고 수입에 훨씬 많이 의존했다. 그러던 중 《뉴욕타임스》는 다양한 수입원이 눈에 띄게 '크로스오버'되는 순간에 도달했다. 이렇게 혼합된 수익원은 2020년까지 8억 달러의 디지털 매출을 창출한다는 목표를 달성하는 데 도움이 되는 강력하고 지속 가능한 비즈니스 모델의 기반을 형성한다(이미 디지털 매출이 6억 달러를 돌파했으며 전체 구독 수익은 10억 달러가 넘는다). 그리고 2017년 2/4분기에는 사상 처음으로 디지털 전용 구독 수익이 인쇄물 광고 수익을 초과했다. 앞으로 이 비율이 더 커질 것으로 예상한다. 그리고 요리 앱과 십자말풀이 앱을 포함해, 오늘날 이 신문사는 260만 명이 넘는 유료 디지털 구독자를 보유하고 있다. 이런 수치를 보이는 서비스형 소프트웨어 기업에 어느 정도의 가치를 부여할지 벤처 캐피털 회사들에게 물어보라!

《뉴욕타임스》는 대부분의 간행물이 전면에 내세우는 구독률/광고 수익률을 뒤집는 데 성공했는데 이는 정말 잘된 일이다. 덕분에《뉴욕타임스》는 변덕스러운 경제 상황 변화에(그리고 그 후의 광고 시장 변동에도) 영향을 받지 않게 되었다. 그와 동시에 헌신적이고 전문적인 이용자들에게 콘텐츠 접근 권한을 주고 대신에 요금을 받을 수 있게 되었다. 전체 디지털 이용자의 약 4퍼센트가 콘텐츠 비용을 지불한다. 나는 이를 96퍼센트의 성장 잠재력으로 본다. 그런데 이는 실리콘 밸리에 있는 많은 서비스형 소프트웨어 회사가 오랫동안 알고 있던 교훈이기도 하다. 대부분의 수익은 소수의 핵심 사용자들에게서 나온다는 사실 말이다.

테크놀로지업계에서 이와 가장 유사한 것은 '프리미엄freemium, free+premium'모델이다. 이 모델은 많은 사용자를 매우 빠르게 확보하기 위해 기본적인 서비스와 제품 버전은 무료로 제공한 뒤, 기능이 향상된 고급 기능과 특수 기능은 유료로 이용하는 지불 플랜을 사용하도록 장려한다. 유료 사용자 수는 항상 프리미엄 고객층의 일부겠지만, 서비스가 좋은 경우에는 이 핵심 그룹이 여러분의 사업을 지탱할 수 있다. 이 말이 진짜인지는 웹 기반 파일 공유 서비스인 드롭박스나 클라우드 기반 협업 툴 서비스인 슬랙Slack에 물어보면 안다. 밝혀진 대로 충성도 높은 신문 구독자들은 향상된 경험을 위해 기꺼이 돈을 지불하려고 한다. 마이클 J. 울프가 발표한 최신 액티베이트 보고서에 따르면, 유명 신문을 구독하는 미국인 중 43퍼센트는 현재 구독하는 신문에 더 많은 돈을 지불할 용의가 있다고 한다. 이는 웹진《슬레이트》의 '슬레이트 플러스

Slate Plus'나 《뉴욕타임스》의 '타임스 인사이더Times Insider',《애틀랜틱》의 '마스트헤드Masthead' 같은 회원제 프로그램이 왜 인기가 높은지 설명해 준다.

《뉴욕타임스》는 현재 195개 나라에서 해외 구독자를 확보하고 있다. 이는 260만 명이 넘는 유료 디지털 전용 뉴스 구독자의 15퍼센트를 차지하며, 국내 구독자보다 더 빠른 속도로 증가하고 있다. 이 신문사는 호주 같은 영어권 시장으로 국제적인 확장을 꾀하려고 노력해 왔고 최근에는 스페인어 서비스도 시작했다. 그들은 1000만 명의 디지털 구독자를 확보하겠다는 야심 찬 목표를 달성하려면 해외의 부유한 독자들을 목표로 삼아야 함을 깨달았다. 이런 성장을 위해서는 다양한 통화와 지불 유형을 신속하게 처리할 수 있는 능력이 필수다.

구독 매트릭스를 공부하는 학생인 나는 물론 더 많은 것을 알고 싶다. 《뉴욕타임스》는 새로운 독자층을 확보하는 데 얼마나 효과적으로 임하고 있는가? 고객 확보 비용은 얼마고, 구독자 기반에서 월별 이탈률은 얼마나 되는가? 구독자 1명당 평균 참여 수준은 어떻게 되는가? 이런 세부 사항을 공개적으로 알려 주지는 않지만, 결론은 《뉴욕타임스》가 정적인 광고보다는 똑똑하고 반복적 수익 기반의 서비스형 소프트웨어 플랫폼을 훨씬 닮았다는 것이다. 《뉴욕타임스》는 또 페이스북, 구글, 애플 등과 콘텐츠 공유 협정을 맺는 일에서 상당히 신중한 것으로도 유명한데, 나는 이것이 좋은 태도라고 생각한다. 세 회사 모두 유료 구독을 장려하기 위한 메커니즘을 연구하고 있지만, 만약 내가 퍼블리싱업체라면 지금 보유하고 있는 소비자와 지불 데이터를 다른 회사에 넘겨줘야 하는 협약을 맺는 데 의구심을 품을 것이다.

"우리는 이 가게를 내줄 생각이 없습니다."《뉴욕타임스》의 이용자 및 플랫폼 담당 부사장인 리베카 그로스먼-코언Rebecca Grossman-Cohen 은 《디지데이》에 이렇게 말했다. "우리는 건전한 구독 사업을 구축하기 위해 뭐가 필요한지 잘 알고 있는데, 그건 바로 독자들과의 관계 구축입니다. 그러려면 독자들과 직접 연결되어 있어야 하죠. 그런데《뉴욕타임스》와 어울릴 수도 있고 어울리지 않을 수도 있는 가벼운 광고들이 붙어 있는 기사들을 자잘하게 늘어놓기만 한다면 그런 진지한 관계를 구축하기가 더 어려워질 겁니다."[8] 맞는 말이다. 이는 많은 퍼블리싱업체가 애플의 30퍼센트 '아이튠즈 세금'(수수료)을 거절한 것과 같은 이유다. 상당한 수익 감소는 마음 아프지만, 그래도 애플이 모든 지불 및 인구 통계 데이터를 가지고 있는 데 격분한 것이다. 그것은 가게를 통째로 내주는 것과 마찬가지다.

《뉴욕타임스》에는 벤처 캐피털의 자금 지원이 쏠리고 있다.《리코드》가 최근 지적한 것처럼《뉴욕타임스》의 디지털 페이월 사업은 페이스북만큼 빠르게 성장하고 있고 구글보다 성장 속도가 빠르다. 이 신문사는 구독 수익, 해외 확장 노력, 다층적인 서비스 제안, 프리미엄freemium 서비스, 고객 행동 통찰, 중요한 총 유효 시장total addressable market, TAM 등 실리콘 밸리의 기본적인 모범 사례를 모두 따르고 있다. "아주 간략하게 설명하자면 우리는 구독을 최우선으로 하는 사업체입니다."《뉴욕타임스》CEO인 마크 톰슨Mark Thompson은 이렇게 말한다. "우리가 구독자에게 집중하는 것은 매우 중요한 부분에서 우리를 다른 수많은 미디어 조직과 차별화시킵니다. 우리는 클릭률을 극대화하려고 하지도 않으며, 구독자들을 상대로 별로 이윤이 많지 않은 광고를 판매하려고 애쓰지도 않습니다. 페이지 뷰를 놓고 벌이는 가축전에서 이기려고 하지도 않죠. 《뉴욕타임스》에 어울리는 건전한 비즈니스 전략은 전 세계 수백만 명의 독자가 기꺼이 돈을 지불할 수 있을 만큼 강력한 저널리즘을 제공하는 일이라고 생각합니다."[9] 나는 이 말을 들으면서 아마존 CEO 제프 베조스와 비슷하다는 느낌을 많이 받았다! 그리고 이 문제와 관련해 왜 대형 벤처 캐피털 회사들이, 구글이나 페이스북과 광고료를 놓고 무리한 경쟁을 벌이고 있는 디지털 저널리즘 벤처 대신 이렇게 디지털 구독이라는 고정적인 기반을 갖춘 유명 신문사로 몰려가지 않는지 의아해졌다. 정말 수수께끼가 아닐 수 없다.

미디어 전문가인 피터 크레이스키Peter Kreisky가 예전에 나한테 했던 이야기가 있다. 그의 말처럼 여기서 얻을 수 있는 더 보편적인 메시지는, 품질이 뛰어난 저널리즘은 정보에 근거한 통찰에 관심이 많고 이를 얻기 위해서라면 언제 어디서나(특히 자신의 휴대전화와 태블릿을 통해) 기꺼이 돈을 지불할 헌신적인 독자 집단으로부터 확고한 지지를 받을 것이라는 사실이다. 마이클 J. 울프가 최근 발표한 액티베이트 보고서에 따르면, 미국 독서 인구 중 약 4분의 1이 지금 당장 뉴스를 읽기 위해 돈을 지불하고 있다면, 적어도 이 시장에 속한 다른 4분의 1은 패스워드 공유와 소셜 미디어를 통해 적극적으로 뉴스를 찾고 있을 것이라고 한다. 이는 상당히 많은 잠재적인 새 유료 구독자가 존재한다는 뜻이다. 《모터 트렌드》 같은 상업지뿐 아니라 《뉴욕타임스》《파이낸셜타임스》《이코노미스트》 같은 퍼블리싱업체의 경우에도, 무조건적인 규모 확대가 아니라 자기네 이용자들의 유료화를 위해 전심전력을 다해 달린다. 이는 명확하고 해방감을 느끼게 하는 깨달음이다. 모든 이를 위한 모든 것이 될 필요는 없다. 여러분은 그저 자신의 독자들에 대해서만 알면 된다.

6장

물고기 삼키기:
테크놀로지업계의 부활에서
배우는 교훈

가격 인상 수익에 의존하던 어도비의 새로운 길 찾기

2011년 11월 어도비의 최고재무책임자CFO인 마크 개릿Mark Garrett은 수십 명의 월스트리트 애널리스트에게 회사 수익을 최대한 빨리 줄이기 위해 최선을 다하겠다고 말했다. 물론 팽팽한 긴장감이 감도는 발언이었다. 어도비는 막대한 수익을 창출하는 크리에이티브 제품군Creative Suite 소프트웨어 판매를 중단하고 디지털 구독 모델로 전환하려고 했다. "수익이 빨리 줄수록 우리 회사나 투자자의 상황이 더 좋아질 겁니다. 수백만 명의 사람이 다달이 우리에게 돈을 지불하는 건 수익의 관점에서 볼 때 매우 매력적이기 때문입니다."[1] 총수익이 사라지는 것이 아니라 미래로 밀려났고, 개릿의 팀은 그들이 그런 변화를 계획하고 달성하려는 이유와 방법을 설명하느라 많은 애를 썼다.

어도비가 구독 모델로 전환하기로 결정한 이유는 무엇일까? 2011년에 이 회사의 라이선스 소프트웨어 사업은 캐시 카우Cash cow(수익 창출원)로, 34억 달러 이상의 수익을 올렸고 그중 97퍼센트가 매출 총이익gross margin이었다. 대부분의 경영 관리 팀이라면 이런 엄청난 숫자에서 별 문제를 찾기 어려울 것이다. 그러나 실은 몇 가지 골치 아픈 문제가 있었다. 사업이 성장한 것은 주로 가격 인상의 결과였을 뿐 전반적인 사용자층은 증가하지 않았다. "기존의 영구 라이선스 모델로 판매한 유닛 수는 연간 약 300만 개였는데 오랫동안 동일한 상태를 유지했습니다." 당시 어도비의 디지털 미디어 수석 부사장이었던 데이비드 와드와니David Wadhwani가 2014년 '서브스크라이브드' 콘퍼런스에 참석해 한 말이다. "우리는 평균 판매 가격을 인상함으로써 수익 성장을 견인하고 있었습니다. 그러니까 직접 가격을 인상하거나 사람들이 더 상위 제품을 구매하도록 유도한 겁니다."[2]

그리고 다른 적신호도 몇 가지 나타났다. 어도비는 18~24개월마다 한 번씩 제품 업데이트를 제공하는 정책을 내내 유지했는데 기기, 브라우저, 모바일 앱 등이 발전하면서 고객들의 콘텐츠 생성 요구 사항이 그보다 훨씬 빠르게 변경되고 있다는 사실을 깨달았다. 어도비는 충분히 빠르게 움직이지 못하고 있었다. 그리고 2008년 경기 대침체로 다들 타격을 입었지만, 어도비는 재정적인 완충제가 없어서 반복적 수익률이 높은 다른 소프트웨어 회사들보다 훨씬 더 큰 어려움을 겪었다. "불경기 동안 다른 소프트웨어 회사들의 상황을 살펴본 결과, 반복적 수익이 많은 회사들은 성장률과 가치 하락이 낮았습니다"라고 개릿은 전했다. "우리는 두 가지 모두 큰 폭의 하락세를 보였습니다. 매출액은 약 20퍼센트 감소했고 기업 가치는 더 큰 폭으로 하락했죠."[3]

어도비는 분기별 목표 수익을 맞추기 위해 갈수록 더 열심히 애썼다. 그들은 마케팅을 강화했지만 필요한 수익을 올리지 못했다. 제품 업데이트를 최대한 강화했지만 거의 소용이 없었다. 이 시점에서 사용자층이 실제로 줄어들기 시작했고 동시에 인스타그램, 온라인 동영상 등 디지털 퍼블리싱digital publishing이 폭발적으로 증가했다. 어도비는 비유적으로나 실질적으로나 상자 안에 갇힌 형국이었다. 경영진에게는 두 가지 선택권이 남았다. 하나는 여전히 인쇄물 퍼블리싱을 지배하고 있던 자사의 크리에이티브 제품군을 디지털 퍼블리싱 이후 진행될 새로운 사업 부문을 위한 은행 계좌로 취급하는 것이었다. 다른 선택 방안은 크리에이티브 제품군에 더 전념하면서 어도비의 핵심적인 독점 사업권을 두 세계를 모두 수용할 수 있게 바꾸는 것이었다. 그러자면 지속적인 혁신과 디지털 서비스, 그리고 사용자 기반을 유기적으로 증가시키기 위한 저렴한 월별 비용 등이 필요했다.

2011년 11월의 그 회의에서 어도비의 구독 서비스 전환을 홍보하는 마크 개릿의 이야기는 명확하고 체계적이었다. 그리고 다음 날 주가가 대폭 하락했다(그래도 어도비 경영진이 걱정했던 것만큼은 아니었다).

소프트웨어업계의 핵겨울을 넘어서

오늘날 테크놀로지업계는 3조 달러라는 엄청난 규모를 자랑하면서 연 4퍼센트의 건전한 성장세를 보이고 있다. 벤처 캐피털 자금은 10년 만에 최고치를 기록했는데, 2017년에 약 840억 달러가 투자되어 2007년에 비해 100퍼센트 증가했다. 이처럼 투자 규모가 1995년부터 2000년에 걸친 닷컴 시대의 아찔한 최고치에 근접하기 시작하는 가운데, 그때와 달리 이제는 투자의 대부분이 토대가 견실한 기존 기업들을 대상으로 이루어지고 있다. 벤처 캐피털 회사 레드포인트벤처스Redpoint Ventures의 파트너로 일하는 토마스 퉁구스Tomasz Tunguz의 말에 따르면 지난 10년 사이에 공개 소프트웨어 기업의 대차대조표상 현금 가치가 20배 증가했다고 한다. 그리고 공개 소프트웨어 기업들의 시가 총액은 같은 기간 동안 28배나 증가했다. 물론 기복이야 있기 마련이겠지만, 테크놀로지업계는 의심할 여지없이 성장세에 있으며 역동적이고 점점 다양해지는 산업이다.

하지만 항상 이렇지는 않았다! 10~15년 전에 어도비는 침체를 맞은 유일한 소프트웨어 회사가 아니었다. 업계 전체의 성장세는 지지부진하거나 하락하고 있었다. 2001년 닷컴 버블의 붕괴로 인해 10년간의 이득이 사라졌고 '소프트웨어 핵겨울'이라는 말까지 나왔다. 시벨 같은 수십억 달러 규모의 소프트웨어 회사들이 인수되거나 폐업했다. 벤처 투자가들은 신생 소프트웨어 기업에 대한 자금 조달을 거부했다. 실리콘 밸리의 간선도로인 샌드힐로드Sand Hill Road에는 잡초만 무성하게 우거져 바람결에 흔들렸다(어쨌든 비유적으로는). 월스트리트는 소프트웨어업계가 완전히 성숙했으며 이 업계 기업들은 일반적인 오래된 공익사업체처럼 (세상에!) 배당금을 지불하기 시작해야 한다고 선언했다. 금융 분석가들은 소프트웨어 산업을 경제가 다시 나빠지면 기업들이 최소화하려 드는 '재량 지출discretionary spending' 영역으로 간주해야 한다고 주장했다.

2003년 《하버드비즈니스리뷰》에 실린 〈IT는 중요하지 않다IT Doesn't Matter〉[4]라는 기사는 당시에 지배적이던 분위기를 잘 요약하고 있다. 이 기사를 쓴 니컬러스 카Nicholas Carr는 기본적으로 소프트웨어업계 전체를 미화된 배관공 무리라고 칭했다. "이제 데이터 저장, 데이터 처리, 데이터 전송 같은 IT의 핵심 기능들을 누구나 저렴한 비용으로 이용할 수 있게 되었다. 이것들은 그 강력한 힘과 존재감 때문에 이제 잠재적 전략 자원에서 생산의 필수 요소로 탈바꿈하기 시작했다. 그리하여 오늘날 사업을 하려면 누구나 지불해야 하는 필수 비용이 되었지만, 아무도 이를 통해 차별화를 이루어 내지는 못한다." 오라클이 순전히 관성에 의존해 시장 점유율을 유지하려고 여러 휘청거리던 기업들을 흡수한 것처럼 기업 합병이 성행했다. 스티브 발머Steve Ballmer가 이끌던 마이크로소프트는 2007년 아이폰이 출시되었을 때 웃어넘기며 무시했는데, 그 뒤로 10년간 틀에 박힌 모습만 보였다.

거대한 테크놀로지 공룡들이 절룩거리면서 간신히 멸종 위기를 헤쳐 나가고 있을 때, 이들보다 기민하게 움직이는 서비스형 소프트웨어 기업들이 등장했지만 그들에 대해서는 회의적인 시선이 많았다. 그들은 중소기업만을 위해 일했다. 그들이 만든 전화선과 모뎀을 통한 인터넷 접속 방식인 '다이얼업 소프트웨어dial-up software'는 대규모 시스템에 맞게 구성하거나 통합하기가 불가능했다. 그러니 사세가 기울어 재정난에 시달리는 회사들이나 관심을 보이는 일시적인 유행에 지나지 않았다. 그리고 누가 자기 데이터를 다른 사람의 서버에 넣어 놓고 안심할 수 있단 말인가? 하지만 이 포유류들은 세일즈포스의 리드를 받으면서 꾸준히 성장을 거듭했는데, 그 후 또 한 번의 치명적인 소행성 충돌을 겪었다. 바로 2008년의 경기 대침체였다. 그런데 불황을 겪던 기업들의 눈에 갑자기 이런 서비스형 소프트웨어 대안이 훨씬 매력적으로 보이기 시작하면서, '별로 중요하지 않은 시스템만 클라우드에서 운영한다'던 기업들의 지배적인 태도가 '우리는 클라우드를 최우선으로 한다'로 바뀌었다. 요즘 갈수록 많은 최고정보책임자CIO들이 회사 내 전사적 자원 관리 시스템의 터무니없이 비싼 업그레이드 비용을 못마땅한 눈길로 노려보면서, 시장에 훨씬 저렴하고 스마트한 서비스형 소프트웨어 대안이 존재하는데 왜 이렇게 고민해야 하는지 의아해한다.

오늘날에는 구독이 IT업계의 지배적인 비즈니스 모델이라는 사실을 다들 알고 있다. 가트너는 2020년까지 소프트웨어 공급업체 중 80퍼센트 이상이 구독 기반 비즈니스 모델로 전환하리라 예상한다.[5] 최근 세계적인 대형 경영 컨설팅 회계법인 딜로이트Deloitte의 보고서에 언급된 것처럼, 거대 테크놀로지 기업들은 구독 모델을 제공하지 않을 수 없다. "갈수록 많은 고객이 더 융통성 있는 지불 모델을 요구함에 따라 많은 기업, 심지어 업계 전체의 지속적인 생존 능력이 위협받고 있다. 소비기반consumption-based 서비스 제공을 시도조차 못하는 기업들은 노쇠화의 길을 걸을지도 모른다."[6] 이 업계 전반에서 영구 라이선스 또는 유지보수 매출이 둔화하거나 감소하고 있다. 기업 내 서버에 직접 설치해 쓰는 온프레미스 소프트웨어는 이제 성장 여지가 없는 반면, 지난 10년 사이에 설립된 젊은 서비스형 소프트웨어 회사들은 실질적인 시장 점유율 증가를 경험하기 시작했다. 이와 더불어 하드웨어 시장 또한 변하고 있는데, 원격 온라인 컴퓨팅 서비스인 아마존 웹 서비스Amazon Web Services의 성공으로 인해 IT 구매자들은 덩치가 크고 가격이 비싼 설비 투자 비용capital expenditures, CAPEX 중심의 설치에서 운영 비용operating expenditure, OPEX 중심의 임대 계약으로 전환해야겠다는 확신을 얻었다. 대기업들은 시장이 지금 어디로 향하고 있는지 볼 수 있기 때문에 이를 따라잡기 위해 애쓰고 있다.

오늘날 혁신적인 기업들은 점점 반복적 수익을 올릴 수 있는 비즈니스 모델을 추구하고 있으며, 그 과정에서 전사적 자원 관리 시스템을 상품 총계정 원장commodity general ledger으로 개편하고 있다. 낡고 다루기 힘든 '획일적인' 전사적 자원 관리 모델은 오라클에 온갖 비용은 다 내면서도 아무것도 특별히 잘 처리되지 않는다는 사실을 갈수록 더 강하게 의미하고 있다. 고객 서비스, 비용 계산, 예측, 청구서 발부 같은 한 가지 핵심 기능을 훌륭하게 처리하는 데 주력하는 '간편한' 서비스형 소프트웨어 공급업체를 이용하는 회사들이 점점 늘고 있다. 출장과 비용 관리 서비스 회사인 컨커Concur는 하루 종일 출장비 생각만 한다. 세일즈포스는 고객 관계 관리와 동의어다. 아비소Aviso는 최신 인공 지능 기계 학습machine learning 기술을 판매 예측에 활용하고 있다. 우리 회사 주오라는 구독료 청구, 상거래, 금융 관련 문제에만 집중하고 있다. 이런 서비스형 소프트웨어 솔루션은 육중한 오라클 제품을 설치했을 때보다 훨씬 민첩하고 효과적으로 작동한다.

그렇다면 공룡은 어떻게 살아남을 수 있을까? 이를 알려면 물고기 이야기를 해야 한다.

물고기 모델: 혁신하려면 물고기를 삼켜라

전통적인 소프트웨어 기업들이 왜 그렇게 가파른 오르막길을 마주하게 되었는지 이해하려면 물고기 모델fish model에 대해 알아야 한다. 토머스 라Thomas Lah와 J. B. 우드J. B. Wood는 《서비스형 테크놀로지 전술: 수익성 좋은 구독 사업을 키우는 법Technology_as_a_Service Playbook: How to Grow a Profitable Subscription Business》이라는 멋진 책에서 이런 전환 기간을 가리켜 "물고기 삼키기"라고 했다. 수익 곡선이 다시 올라가기 전에 일시적으로 운영비 곡선 아래로 내려가기 때문이다.

물고기는 전통적인 기업들이 자신들의 수익원을 자산 구매 모델에서 구독 모델로 바꾸기 시작할 때 벌어지는 일이다. 이 시나리오에서는 대규모 선금 거래 수익이 선불 결제 없는 반복적 구독 수익으로 대체됨에 따라 몇 분기 연속으로 총수익이 줄어드는 경험을 하게 된다. 회사는 수익 감소와 동시에, 수익성 높은 '모든 것의 서비스화everything as a service, XaaS'에 필요한 여러 가지 새로운 기능과 조직에 투자해야 한다. 차트 왼쪽처럼 수익이 비용보다 많은 전통적이고 안정적인 수익 체계가 비용이 수익을 초과하는 격동의 기간으로 대체된다.[7]

따라서 아래와 같은 물고기 모양이 된다.

라와 우드의 지적처럼, 분기별 성과를 좇는 경영진 대부분은 이런 물고기 형태를 좋아하지 않으며 차라리 가능하면 완전히 피하고 싶어 한다. 이사회와 투자자들을 신경 써야 하기 때문이다. 월스트리트는 전통적인 제품 단위 기반unit-based 회사들의 성장률을 따질 때 당연히, 다음 회계 연도로 귀속되는 이연 수익deferred revenue, 移延收益이 아니라 엄격한 일반 회계 기준에 따른 실현 이익GAAP-realized profit에 근거해 계산한다. 그런데 예를 들어 세일즈포스가 연간 수익을 보고하면서 이연 수익이 그중 60퍼센트를 차지한다면 이는 내년에는 수익 목표액의 절반

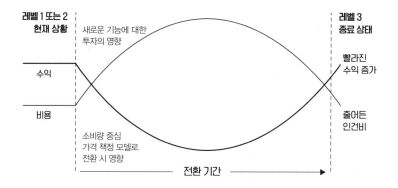

이상을 은행에 넣어 둔 상태에서 시작한다는 뜻이다. 그러면 월스트리트는 이 두 번째 수치를 보고할 수 없는 회사보다 세일즈포스 같은 회사에 기업 가치 평가에서 훨씬 높은 배수multiple를 줄 것이다. 하지만 전통적인 회사의 경영진은 낡은 일반 회계 기준Generally Accepted Accounting Principles 원칙에 갇혀 있으므로 결국 구식 모델을 옹호하게 된다. "새로 등장한 기업이 시장을 혁신하는 동안 수익성 높은 기존 회사들은 가만히 지켜보고만 있는 듯하다. 이들은 심지어 고객이 떠나고 수익이 줄어들기 시작하는데도 수익성 높은 경제 구조를 혁신하는 문제에 대해 말을 아낀다."

이것이 바로 2011년에 어도비 경영진이 직면한 과제였다. 그들은 자신들이 커다란 물고기를 삼켜야만 한다는 사실을 알았다.

그래서 어떻게 했을까? 경영진이 이 모델을 추구하기로 결정한 뒤부터, 어도비는 과도할 정도로 커뮤니케이션에 전념했다. 가장 중요한 목표는 논란을 투명하게 잠재우는 것이었지만, 핵심 지지층마다 조금씩 다른 메시지가 필요했다. 우선 직원부터 시작했다. 상당한 규모의 조직 변화가 진행되어야 했기 때문이다. 일부 장기근속 직원들이 겁에 질리면 다들 틀림없이 그들에게 감정 이입을 하게 된다. 간단한 판매 거래를 처리하던 재무 팀은 갑자기 매달 300~400만 명에게 청구서를 발송하게 되었다. 제품 개발 팀은 1년에 한 번씩 진행하던 기능 업데이트를 월간 업데이트로 전환하고 가동 시간이나 장애 복구, 보안 같은 새로운 과제들도 해결해야 했다. 경영진은 영업 팀을 위해 〈수익 중독자revenue addicts〉라는 유쾌한 자기계발 동영상을 제작했는데, 이 영상의 목표는 영업 사원의 마인드셋을(그리고 수수료 구조를) 분기별 성과에서 장기 예약으로 바꾸도록 하는 것이었다.

다시 뉴욕에서 열린 악명 높은 애널리스트 회의로 돌아가 보자. 2011년에는 조직의 관성, 근시안적인 마케팅, 시스템상의 제약, 정적인 제품 성향 등으로 인해(또는 이 전부로 인해) 확실하게 자리를 잡은 기존 소프트웨어 회사 중에서 구독 모델로 전환하는 데 성공한 사례가 거의 없었다. 경영진들은 대개 예측 가능한 똑같은 질문들 앞에서 무력해지고 말았다. 선불이 아니라 시간이 지나서 수익을 얻는다면 최종 결산 결과가 나빠지지 않을까? 구독 체제로 바꾸면 마진이 낮아지지 않을까? 어떻게 영업 팀을 설득해 이것을 팔게 할 수 있을까? 투자자들은 어떻게 반응할까? 당시 디지털 구독과 관련한 성공 사례는 대부분 젊은 서비스형 소프트웨어 회사들이, 평범하지만 수익성 높은 사업 부서를 지원하기 위해 필사적으로 노력하는 오래된 회사들의 시장 점유율을 빼앗아오는 식이었다.

어도비는 이 시기에 두 가지 중요한 문제에 직면했다. 월스트리트에 자신들의 비전을 납득시켜야 했을 뿐 아니라, 사람들이 이를 받아들일 수 있도록 자신들의 재무 모델을 고쳐 달라고 요청해야 했다. 30년 동안 제품 판매 단위를 기준으로 어도비를 분석해 왔는데 이제 곧 그것이 불가능하게 되었다. 개릿은 월스트리트가 공시 의무나 기업의 일반 회계 기준 재무와 관련이 없는 완전히 새로운 지표를 받아들여야 한다고 주장했다. 이를 위해 어도비는 과거보다 훨씬 많은 재무 정보를 공유했고 향후 가입자 및 연간 반복적 매출annual recurring revenue, ARR 증가의 명확한 목표 '기준'도 알렸다. 앞서 말했듯이 결과는 엇갈렸지만(한 번은 나스닥에서 어도비로 전화를 걸어 주식 거래를 중단하고 싶으냐고 묻기까지 했다) 경영진은 회사의 가장 중요한 유권자인 고객에게 가까이 다가가야 한다는 사실을 알고 있었기에 이 계획을 고수했다.

여기서 어도비 팀은 고객들에게 시간을 주는 현명한 결정을 내렸다. 디지털 구독을 홍보하는 한편, 2012년 5월에는 기존의 영구 라이선스 모델 형식으로 크리에이티브 제품군을 출시해 1년간 병행 판매했다. 2013년 5월에 디지털 구독으로 전환했을 때도 기존의 영구 라이선스 제품을 완전히 없애지 않았다. 그냥 고객들에게 기존 제품을 더 이상 업데이트하지 않을 예정이라고 자세히 고지했을 뿐이다. 데이비드 와드와니는 새 소프트웨어 공개 및 기존 소프트웨어의 기능 강화 등을 소개하기 위해 해마다 열리는 어도비 맥스Adobe MAX 창의성 콘퍼런스에서 2시간 동안 기조연설을 하면서 고객들에게 솔직하게 이야기했다. 고객들의 우려를 인정하고, 회사가 이런 선택을 하게 된 이유를 찬찬히 설명하고, 여기에서 얻게 될 이익도 이야기했다. 그런 다음 5만 명 이상의 고객들과 직접 만나는 지속적인 홍보 활동이 뒤따랐다.

처음에는 구독 수익이 거의 없던 어도비 크리에이티브 클라우드Adobe Creative Cloud는 3년 만에 거의 100퍼센트 구독 모델로 바뀌었다. 어도비의 디지털 구독 전환은 오늘날 경영대학원에서 모범 사례로 가르칠 정

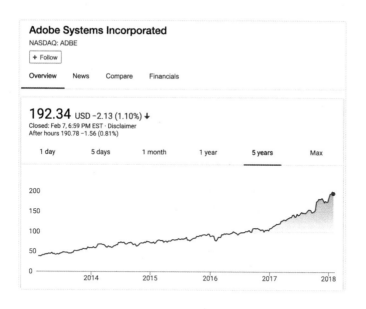

Adobe Systems Incorporated

NASDAQ: ADBE

+ Follow

Overview   News   Compare   Financials

192.34 USD −2.13 (1.10%) ↓
Closed: Feb 7, 6:59 PM EST · Disclaimer
After hours 190.78 −1.56 (0.81%)

1 day   5 days   1 month   1 year   **5 years**   Max

200
150
100
50
0
2014   2015   2016   2017   2018

도다. 어도비는 마이크로소프트, 오토데스크Autodesk(컴퓨터 지원 설계), 인튜이트Intuit(재무 관리), PTC(컴퓨터 지원 설계) 등에 영감을 준 '교과서적' 본보기를 제공했다. 어도비가 이런 전환을 시도하겠다고 발표했을 때 이회사의 주식 거래 가격은 약 25달러 선이었다. 그 이듬해에는 회사 수입이 거의 35퍼센트나 감소했다. 현재 어도비의 주식은 190달러 이상의 가격으로 거래되고 연간 25퍼센트의 성장률을 자랑하며 연간 반복적 매출만 약 50억 달러에 달한다(2011년에는 연간 반복적 매출이 사실상 제로에 가까웠다). 그리고 총수익의 70퍼센트 이상이 반복적으로 발생하는 수입이니 정말 놀라운 일이다.

PTC는 어떻게 '물고기 삼키기'에 성공했나

오늘날에는 소프트웨어 산업 전체가 어도비의 선례를 따르고 있다. 일례로 오토데스크는 2015년 2월에 영구 라이선스 구조에서 벗어나 사용한 만큼 요금을 내는 구독 플랜으로 전환하겠다고 발표했다. 클라우드 구독자 수가 기록적으로 증가한 2016년 8월에는 오토데스크의 주가가 사상 최고치까지 뛰어올랐다. 당시 오토데스크 CEO였던 칼 베이스Carl Bass의 말에 따르면 "고객들과 파트너들이 융통성이 뛰어나고 훌륭한 사용자 경험을 보장하는 모델을 받아들인" 결과였다. 1986년에 주식이 상장된 마이크로소프트가 2017년 7월에 사상 최고치의 주가를 기록한 이유는 무엇일까? '상업용 클라우드' 사업을 통해 2018 회계 연도 목표였던 연간 잠정 매출액 200억 달러를 근접 달성했고, 오피스 365 상업용 Office 365 Commercial 사업이 수익 창출 면에서 기존의 라이선스 사업을 넘어서면서 성공적인 서비스형 소프트웨어 기업으로 전환한 덕분이다. (마이크로소프트는 2018년 말 시가 총액 1조 달러를 돌파했다—옮긴이) 구독 체제로 전환하는 데 성공해 기업 가치가 높아지고 더 많은 주주 가치까지 창출한 소프트웨어 회사는 IBM, 시만텍Symantec(보안), 세이지Sage(전사적 자원 관리), HP 엔터프라이즈HP Enterprise(정보 기술), 클릭Qlik(분석) 등 수없이 많다.

그리고 또 한 가지 큰 이유는? IT 구매자는 설비 투자 비용보다 운영 비용을 선호한다. 과거에는 소프트웨어 회사들이 테크놀로지 투자를 위한 설비 투자 비용capex을 선호했다. 이를 통해 일정 기간 동안 자본 투자에 대한 무형 자산 상각 및 감가상각을 이용할 수 있기 때문이다. 그러나 클라우드로 테크놀로지가 전환됨에 따라 설비 투자 비용보다 운영 비용을 선호하는 보완적인 변화가 나타나고 있다. 운영 비용은 선행 투자가 비교적 적거나 아예 없는 상태에서 사용하는 서비스에 대해 사용량만큼만 돈을 내는 모델이라는 장점을 가지고 있다. 이는 기업이 정확하게 지불한 돈만큼 서비스를 받을 수 있기 때문에 더 확실한 가치를 누릴 수 있는 주춧돌일 뿐 아니라, 현금을 확보해 성장을 견인할 수 있는 전략이기도 하다. 대기업의 경우에는 융통성도 없고 혁신의 병목 지점이나 다름없는 값비싼 IT 인프라에 갇혀 있기보다 민첩성을 높일 수 있는 훨씬 좋은 방법이기도 하다.

그래도 일부 기업은 다른 기업들보다 이런 전환 과정을 잘 관리하고 있다. PTC가 특히 이 부분에서 두각을 드러내고 있으므로, 그들의 사례를 한번 살펴보자. PTC는 세계 50대 소프트웨어 기업 중 하나다. 이 회사의 고객들은 항공기 설계, 건물 설계, 운동화 제작, 도구 제작, 새로운 의료 진단 기술 개척 등의 일을 한다. PTC는 몇 년 전에 수익 하락을 겪었다(들어 본 것 같지 않은가?). 2015년 2분기에는 3억 3000만 달러의 매출을 기록했는데, 1년이 조금 지난 뒤에는 2억 8800만 달러로 떨어졌다. 같은 기간의 수익은 1740만 달러 흑자에서 2850만 달러 적자로 급격하게 하락했다. 하지만 2016년 2월에 28달러까지 떨어졌던 PTC의 주가

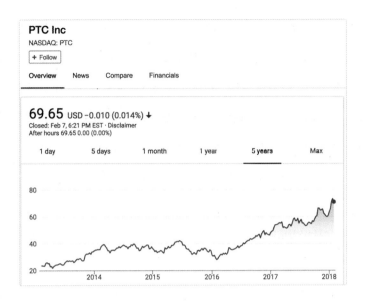

가 이 글을 쓰고 있는 지금 2년도 안 되어 135퍼센트나 상승했다. 그리고 그 2년도 안 되는 기간 동안 주주 가치shareholder value는 40억 달러 이상 늘었다.

　몇 년 전에 PTC도 자신들이 2011년에 어도비가 처했던 것과 유사한 상황에 놓여 있음을 알게 되었다. 전통적인 소프트웨어 분야에 속한 다른 기업들처럼 한 자릿수 초반의 낮은 성장세를 보이고 있었던 것이다. PTC는 매 회계 연도를 제로에서 시작해야 했다. 한 번에 하나씩 꼬박꼬박 거래를 진행해 수익을 올려도 12개월이 지나면 다 사라져 버렸다. 전반적인 매출 증가는 물론 좋은 생각이었지만 그렇더라도 분기별 이익을 희생시킬 수는 없었다. PTC는 자신들도 모르는 새에 엄격한 일반 회계 기준 기반의 평가 모델에 얽매이게 되었다. 그 결과 많은 투자자들은 이 회사가 사업의 지속성과 수익성을 담보해 주는 서비스 유지·보수 수익maintenance revenue을 배당금 형태로 투자자들에게 넘겨줄 수밖에 없는, 성숙기에 접어든 그저 그런 회사가 아닌가 생각했다. PTC의 시가 총액은 매출액 대비 1~3배 수준에 묶여 있는 상황이었다.

그와 동시에 PTC는 자체 조사 분석을 통해 고객의 90퍼센트 이상이 구독 기반 가격 정책에 대한 욕구를 공유하고 있다는 사실을 알아냈다. 어쩌면 이는 '어도비 효과'가 작용한 것일지도 모른다. 크리에이티브 전문가인 이 고객들은, 악몽 같은 설비 투자 프로젝트에 비해 다달이 지출하는 운영 비용은 재무 팀에 신속하게 승인을 받을 수 있어서 좋아했다. 상사에게 투자 수익률을 입증하기도 쉬운데("사용한 양이 이만큼이고, 그래서 지출액은 이렇습니다.") 수백만 달러의 비용이 들어가는 프로젝트를 진행할 때는 이렇게 하기가 훨씬 어렵다. 요식 체계의 폐해는 줄어들고 힘든 IT 통합도 필요 없다. 그래서 PTC는 영구 라이선스에서 클라우드 기반 구독으로 전환하는 광범위한 시스템 변화를 발표하면서 이런 전환이 성장세에 다시 불을 붙이고, 마진을 늘리고, 장기적인 주주 가치를 극대화할 것이라고 자신 있게 예측했다. 그리고 결국 3타수 3안타를 기록했다.

PTC는 2015년 10월에 새로운 여정을 시작하면서, 투자자들과 애널리스트들에게 5년 안에(2021 회계 연도까지) 매출 16억 달러, 10퍼센트 매출 성장, 30퍼센트대 초반의 영업 마진, 구독을 통한 매출 예약의 70퍼센트 발생을 목표로 한다고 말했다. 어도비가 비슷한 발표를 했을 때와는 대조적으로 애널리스트들을 상대로 한 PTC의 발표는 꽤 인기를 끌었다. 2015년 9월 말에 주당 32달러였던 PTC의 주가는 11월 초에 주당약 37달러로 올라 평가액이 15퍼센트 늘어났다. 그런데 불과 1년 뒤에는 상황이 훨씬 더 좋아졌다. PTC는 전환 상황에 관한 최신 정보를 알리면서 2021 회계 연도 목표치를 상향 조정했다. 또 순수 구독 예약 목표도 70퍼센트에서 85퍼센트로 높였다. 이런 목표 조정은 전환 과정이 PTC의 초기 계획보다 원활하게 진행되고 있음을 입증해 주는 2016 회계 연도 수익 실적이 나온 직후에 이루어졌다.

애널리스트들에게 발표한 두 가지 내용을 다시 비교해 보자. 2015년에 PTC는 2021 회계 연도까지 10퍼센트의 지속적인 성장을 이루어 매출 16억 달러를 달성하고, 안정적인 구독 매출 70퍼센트, 30퍼센트대 초반(20퍼센트대 중반에서 상승)의 비 일반 회계 기준 운영 마진, 4억 5000만 달러의 잉여 현금 흐름을 만들어 낼 수 있을 것이라고 예측했다. 그러다가 2016년에는 이 추정치를 수정해 18억 달러의 매출, 지속적인 10퍼센트 이상의 성장률로 매출 증가, 85퍼센트의 안정적인 구독 매출을 통한 소프트웨어 매출의 95퍼센트 반복적 발생, 30퍼센트대 초반의 비 일반 회계 기준 운영 마진, 5억 2500만 달러의 잉여 현금 흐름이 생길 것으로 예측했다. 와! PTC도 어도비와 같은 방식으로 생선을 삼킨 모양이다. 이 회사는 반복적 매출이 반복적 비용보다 많아지는 전설적인 변곡점에 도달했다. 이 시점이 지나면 고객당 비용 대비 수익을 따지는 유닛 이코노믹스unit economics는 일정 수준에서 급격히 성장하는 하키스틱 모양 성장세를 닮게 된다. 2016 회계 연도 초에 잡은 PTC의 구독 연간 계약 금액annual contract value, ACV 계획은 4300만 달러였다. 그런데 원래 목표의 거의 3배에 달하는 1억 1400만 달러를 달성했다.

PTC는 구독 방식으로 전환하는 추세를 확인하고는 현명하고 단호한 혁신으로 이에 대응했다. 이 회사 경영진은 구독 모델이 매출 발생을 지연시켜 분기별 일반 회계 기준 지표에 단기적인 영향을 미칠 수 있다는 사실을 잘 알고 있었다. 다른 회사들은 이런 역학 관계에 허를 찔려 당황했지만, PTC는 이를 받아들이고 공개적인 투자 커뮤니티에 진행 상황을 계속 알렸다. 그 결과 PTC는 성장을 추진하면서 수익성이 크게 개선되었고 주주 가치의 새로운 영역을 발견했다.

여기에서 《하버드비즈니스리뷰》에 실린 〈기업들이 서비스형 소프트웨어 비즈니스 모델로의 전환을 발표했을 때 투자자들은 어떻게 반응했나How Investors React When Companies Announce They're Moving to a SaaS Business Model〉라는 기사의 두 가지 요점을 소개하겠다.[8] 첫째, 어도비처럼 한꺼번에 모든 것을 걸 필요는 없다. 이 조사에 따르면, 소프트웨어 공급업체가 서비스형 소프트웨어 상품을 영구 라이선스 모델과 병행해 제공한다는 사실을 명확하게 밝히면 이 업체의 주식에 대한 투자자들의 평가가 평균 2.2퍼센트 증가한다고 한다. 둘째, 혼자서 다 감당할 필요는 없다. 서비스형 소프트웨어 상품을 제작할 때 클라우드 인프라 및 플랫폼 공급업체와 협력할 것임을 시사하는 내용을 발표하면 회사 가치가 평균 2.9퍼센트 상승했다.

시스코, 하드웨어 회사의 '물고기 삼키기'

변화하는 것은 소프트웨어 회사들만이 아니다. 하드웨어 회사들도 떼 지어 구독 모델을 택하고 있다. 네트워크 간에 데이터 패킷을 전달하는 장치들인 라우터(이동형 공유기)와 스위치(허브보다 성능이 향상된 것)를 판매 하는 시스코Cisco를 예로 들어 보자. 대부분의 인터넷은 시스코 하드웨 어에서 실행된다. 예전에 시스코의 비즈니스 모델은 상당히 단순했다. 수천 개의 회사에 대량의 데이터 장비를 판매해 엄청난 돈을 벌었다. 하 지만 4~5년 전, 클라우드 컴퓨팅 때문에 고객들이 전처럼 이 회사의 하 드웨어를 많이 찾지 않는 탓에 심한 역풍을 맞았다. 기업들 내부에 있던 데이터 센터가 모두 클라우드로 옮겨 갔기 때문이다.

　뉴스레터 《스트레터처리》의 발행인 벤 톰슨은 클라우드 컴퓨팅의 매 력을 아주 깔끔하게 요약한다. "공용 클라우드의 진정한 가치는 당장의 비용 절감이 아니라…… 일이 잘 풀리지 않으면 즉각 목에 맷돌을 단 것 처럼 심각한 부담이 될 수 있는 대규모 자본 투자와 달리, 사용한 만큼 만 돈을 내면 되는 무한히 확장 가능한 융통성 있는 인프라를 기반으로 구축되었다는 사실에서 생기는 선택성의 가치다." 시스코는 기업들에게 수천 개의 무거운 맷돌을 팔아야 하는 위험에 직면해 있었다. 그리고 이 런 맷돌은 저렴한 가격으로 승부하는 경쟁사와 소프트웨어 기반의 대안 들 때문에 일반 상품화될 위기에 처해 있었다. 시스코 경영진은 하드웨어 사업이 침체되어 있는 동안 회사의 성장이 대부분 보안이나 협업과 관련된 새로운 서비스업체 인수를 통해 이루어졌다는 사실을 깨달았다. 성장을 돈으로 샀던 것이다.

여러분이 만약 철도 산업에 종사한다면 선로 부설 사업과 화물 운송 사업 중 어느 쪽에 더 관심이 가는가? 하나는 불연속적인 거래(실제로 필요한 새 철도가 몇 개인가?), 다른 하나는 지속적인 가치를 나타낸다. 시스코의 새로운 경영진은 서비스에 모든 것을 투자하기로 결정했는데 이는 기본적으로 구독을 의미한다. 하지만 라우터와 스위치를 어떻게 구독 방식으로 판매할 수 있을까? 하드웨어 안에 있는 데이터, 즉 선로가 아닌 화물에 집중하는 것이다. 시스코의 최신 제품군인 카탈리스트Catalyst 하드웨어 세트에는 기계 학습 및 분석 소프트웨어 플랫폼이 포함되어 있어서, 기업들이 네트워크 프로비저닝provisioning(계정 권한 설정 및 네트워크 리소스 할당) 시간을 단축하고 보안 침입을 방지하고 운영비를 최소화하여 심각한 비효율성 문제를 해결하도록 도와준다.

시스코의 파트너사인 테크링크TekLinks의 영업 담당 부사장 마이크 지로드Mike Girouard는 "고객들에게 운영 비용에 대해 설명하고, 기술 업데이트와 관련해 매끄럽지 못했던 부분을 제거할 수 있는 선택권이 생겼습니다"라고 말한다. "설비 투자 비용의 관점에서 볼 때 하드웨어가 더 저렴해지고, 소프트웨어 운용도 가능해집니다. 현금 흐름이 원활해지고, 고객의 불편도 줄어듭니다. 시스코가 사용량에 따른 지불 방식으로 전환하는 모습을 볼 수 있는데, 그게 더 자연스럽죠. 이를 통해 고객들

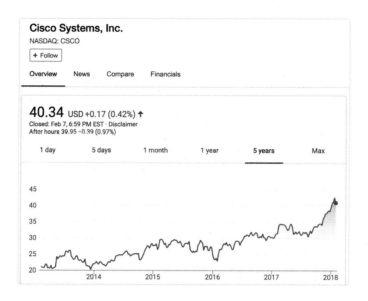

과 우리 회사의 리스크가 분산되고, 시스코와 우리 회사는 고객들과 더 긴밀한 관계를 맺게 됩니다."[9]

시스코는 소프트웨어와 서비스를 통해 성장을 추구하는 반면, 믿을 만하지만 상대적으로 매출이 저조한 하드웨어 사업은 관리만 하는 방식을 취하지는 않는다. 제품 판매에서 성과 판매로 방향을 전환하기 위해 폭넓고 체계적인 방식으로 구독 모델을 받아들이고 있다. 새로운 클라우드 기반 관리 서비스는 갑작스러운 호황과 불황이 교대로 찾아오는 신제품 주기의 영향을 완화하는 데 도움이 된다. 연간 매출 목표를 달성하기 위해 한 해의 운명을 좌우하는 연말 세일 매출에 매달리는 유통업체처럼 행동할 필요도 없다. 지금은 시스코 매출의 거의 3분의 1이 반복적 매출인데, 최고재무책임자인 켈리 크레이머Kelly Kramer가 기쁘게 지적한 것처럼 이는 회사의 일반 회계 기준 수익에 단기적으로 영향을 미친다. 다시 한 번 말하지만, 기준 매출 감소는 바람직한 일이다. 이는 사업 구조가 미래를 향하고 있음을 알려 주는 징후다. 시스코는 지금 물고기를 삼키고 있다.

공을 세웠으면 마땅히 공로를 인정해 주어야 한다. 어도비는 새로운 길을 열었다. 2011년 11월 애널리스트들을 대상으로 한 그 희대의 발표는 현대 비즈니스 역사의 전환점이 되었다. 오늘날 시장은 성장 엔진으로서의 구독 모델에 대해 훨씬 세련된 태도를 취하고 있다. 어도비와 PTC의 전환 사례에서 드러난 공통점은 무엇일까? 라와 우드가 말했듯이, 성공적인 기업 전환은 몇 가지 공통된 주제를 공유한다. "전환 목표를 매우 명확하게 전달했고, 일정을 준수하려고 노력했다. 매우 적극적인 수익 극대화 정신을 받아들였고, 재무제표를 투명하게 공개했다. …… 서비스형 테크놀로지로 변화를 시도하려는 기업들이 더 큰 목소리로 더 공개적으로 적극성을 드러낼수록, 과도기에도 주가가 떨어지지 않고 유지될 가능성이 더 높다."

오늘날 테크놀로지 분야는 다시금 호황을 누리고 있다. 세인트루이스 연방준비위원회에 따르면, 대침체기가 끝난 뒤로 다른 민간 분야의 일자리는 11퍼센트 증가한 데 비해 테크놀로지 분야의 일자리는 20퍼센트 증가했다고 한다.[10] 2015년에는 테크놀로지 분야 고용자 수가 460만 명을 돌파해 2000년도의 최고치를 경신했다. 나는 이것이 기정 사실이었다고 생각하지 않는다. 2003년 소프트웨어 산업의 한계를 지적하는 기사를 썼던 니컬러스 카의 생각이 옳았을 수도 있다고 본다. 소프트웨어 상품화가 만연한 탓에 테크놀로지 산업은 글로벌 경제에서 꾸준하지만 낙후된 부문으로 밀려나는 중일 수도 있었다. 1996년까지 테크놀로지업계 일자리는 대부분 제조업이었다. 첨단 유행에 맞는 분위기를 자랑하는 스타트업 사무실이 아니라 조립 공장으로 일하러 갔던 것이다. 오늘날에는 테크놀로지업계 근로자 중 거의 80퍼센트가 서비스 분야에서 일한다. 업계가 이런 변화를 포용하면 성장을 이룰 수 있다.

7장

사물인터넷과
제조업의 서비스형 진화

"흙을 얼마나 파내고 싶으십니까?"

주오라 설립 초기에는 다 함께 저녁을 먹고 와인을 마시면서, 세상에서 구독이 불가능한 것이 뭔지 생각해 내느라 머리를 쥐어짜는 일이 많았다. 구독 방식으로 이동 중인 미디어와 소프트웨어는 금세 떠올릴 수 있었지만, 이는 전부 컴퓨터나 인터넷과 관련된 것들이었다. 건물이나 산업용 장비, 건축 자재처럼 정말 무거운 것들은 어떨까? 예를 들어 냉장고는 어떻게 구독할 수 있을까? 마룻바닥은? 굴착기는? 지붕은? 결국에는 이런 것들에 대한 구독도 지원하게 되었지만, 초기에는 그냥 재미있는 이론상 논의에 불과했다. 우리가 그 모든 것에 긍정적으로 답할 수 있었던 비밀은 제품의 품질과 가용성, 책임 등을 보장하는 서비스 제공에 관한 서비스 수준 협약service-level agreement, SLA을 이끌어 냈기 때문이다. 이 방식은 모든 분야에 두루 적용된다. 그리하여 예컨대 냉장고 대신 신선하고 차가운 식품을 보장하고, 지붕 대신 태양 에너지의 확실한 공급원을 보장하며, 굴착기 대신 일정량의 흙을 신속하게 제거하는 작업을 보장한다.

요즘에는 당시 저녁 식사 자리에서 나눈 대화가 전부 현실화되고 있는데, 특히 건설 중장비 서비스 수준 협약과 관련된 부분이 두드러진다. 공사 현장의 경우를 살펴보자. 어떤 건물을 지을 때 가장 먼저 하는 작업 중 하나는 기초를 다지려면 얼마나 많은 흙을 파내야 하는지 알아내는 일이다. 작업 현장 조사는 매우 비효율적인 과정이다. 수작업으로 조사하면 대개 20~30퍼센트의 오차 범위가 발생하고 이는 장비 임대, 자재 구매, 인력 채용, 준공 계획 등에 영향을 미친다. 매킨지에 따르면 대형 건설 프로젝트는 일반적으로 처음 정해진 예산보다 비용이 최대 80퍼센트 정도 더 소요되며, 원래 계획했던 준공 일자보다 작업 시간이 20퍼센트나 더 늘어나곤 한다. 또 조사를 완료하기까지 몇 주나 걸릴 수도 있다. 그리고 관련 정보가 여러 청사진과 데이터베이스에 분산되어 있어서 실수가 발생하기 쉽다.[1] 그런데 최근 이 모든 상황이 막 바뀌고 있는 참이다.

고마쓰제작소小松製作所, KOMATSU는 30분 안에 현장 조사를 마칠 수 있다. 1921년 설립된 고마쓰제작소는 세계에서 가장 오래된 건설 장비 및 광산 장비 제조업체 중 하나다. 이 회사는 2년 전 자율 주행 자동차의 핵심인 새로운 레이더 기술을 활용해 현장 조사 과정에서 수작업과 어림짐작을 배제하는 스마트 건설Smart Construction이라는 새로운 서비스를 시작했다. 고마쓰 팀이 작업 현장에 도착해 가장 먼저 하는 일은 근사하게 생긴 드론 여러 대를 하늘로 띄우는 것이다(유튜브에 멋진 관련 동영상이 몇 개 올라와 있다).[2] 드론은 작업 현장의 3D 지형 분석 모델을 센티미터 단위로 자세하게 작성한다. 고마쓰는 정확한 면적과 제거해야 하는 흙의 양을 계산하기 위해 2차원 화상을 3차원 화상으로 만드는 이 3D 렌더링을 작업 현장 청사진과 매핑시켜 질감과 색을 입힌다. 그리고 사람을 상대로 체스를 두는 인공 지능 프로그램과 비슷한 방식을 사용해, 이 새로운 가상 작업 현장에서 실행 가능한 시나리오 수천 가지를 시뮬레이션하여 가장 좋은 방법을 정한다. 그 결과 자재와 장비, 노동력, 그리고 최종 순간에 할 일까지 자세히 기록된 작업 일정 등을 포함한 프로젝트 계획이 완성된다.

그중에서도 노동력 부분이 특히 흥미롭다. 고마쓰는 일본 국내의 고령화하는 노동력 문제에 대처하고 있다. 미국의 경우에도 기계를 이용한 제조에 대한 수요는 높지만 자격 있는 장비 관리자가 부족하다. 그래서 고마쓰는 반자동화된 포클레인, 불도저, 굴착기 등을 프로젝트 계획에 포함시켜 이 거대한 로봇들이 사람 대신 프로젝트를 관리하게 한다. 747기 조종사가 한 번 비행할 때마다 비행기를 '직접 조종하는' 시간이 7~10분에 불과한 것처럼, 장비 관리자도 대부분의 시간은 감독만 한다. 그리고 〈스타워즈〉의 한 장면처럼 현장 감독들은 3D 가상 작업 현장 앞에 앉아 진행 상황을 실시간으로 확인하고(회전, 줌인, 줌아웃 등) 원하는 계획 변경 사항을 시뮬레이션해 볼 수도 있다. 정말 놀라운 일이다.

그렇다면 우리 회사는 고마쓰와 어떤 일을 할까? 중장비 제조업체 캐터필러Caterpillar와 함께 일할 때 그랬던 것처럼, "당신들에게 트럭을 몇 대나 팔 수 있을까요?"라는 질문을 "흙을 얼마나 파내고 싶으십니까?"로 바꾸도록 도와줬다. 이런 서비스를 뒷받침하는 구독 재원을 관리함으로써 토공 작업을 서비스로 전환할 수 있도록 도왔다. 캐터필러는 최근 캘리포니아주 샌프란시스코에서 열린 '서브스크라이브드' 콘퍼런스에 참석해 작업 현장이 존재하기도 전부터 고객의 업무에 관여하는 문제를 어떻게 해결했는지 설명했다.[3] 이들은 하나의 프로젝트에서 얻은 데이터를 분석해 다른 프로젝트에 활용하는 방법이나 고객이 더 많은 작업을 수주하도록 지원하는 방법 등과 관련된 중요한 질문을 던진다. 좋은 예로, 몇 년 전 1만 6000개가 넘는 장비를 보유한 고객이 캐터필러를 찾아왔다. 그들은 장비 활용률, 연료량, 유휴 시간 등 자산과 관련된 모든 정보를 하나의 화면에서 관리할 수 있기를 바랐다. 이에 캐터필러는 모든 장비를 개조했고, 1년 뒤 이 고객은 활용률이 거의 20퍼센트 가까이 증가했다고 전해 왔다.

캐터필러는 또 거대한 광산용 트럭도 제조한다. 여러분이 실물 사진을 본 적 있는지 모르겠는데 터무니없을 정도로 거대하다. 이 트럭 화물칸이 보통 크기 자동차 200대의 짐칸과 맞먹을 정도라면 상상이 가는가? 운전자는 건물 2층 반 정도 되는 높이에 앉아 있다. 겉보기에는 거대한 괴물 트럭 통카Tonka처럼 생겼지만 기본적으로는 반자동화된 굴러다니는 공장이라고 할 수 있다. 어떤 캐터필러 고객의 작업 현장에서는 이 트럭 한 대가 고장 나는 바람에 65만 달러의 비용 손실과 900시간의 가동 중단 사태를 겪었다. 현재 캐터필러는 캣 커넥트 솔루션Cat Connect Solutions이라는 분석 플랫폼을 제공해 현장 감독관이 이런 문제를 피하거나 적어도 미리 예상할 수 있게 해 준다. 감독관은 진동 패턴 등을 모니터링하고 그것을 동일한 기계의 과거 사용 데이터와 비교해 언제 정비를 받아야 하는지 파악한다. 그러면 고객은 위험한 상태에 처한 기계의 정비 일정을 미리 잡을 수 있기 때문에 관련 비용이 1만 2000달러로 줄고 가동 중단 시간도 24시간으로 단축된다. 이는 엄청나게 가치 있는 서비스다. 그렇다면 어떻게 이런 일이 가능해진 것일까? 캐터필러의 장비들이 생성한 정보 덕분이다.

전 세계 제조업체들과 OEM(주문자 상표 부착 생산) 업체들은 자신들의 서버에 새로운 부가가치 서비스가 수십 가지나 존재한다는 사실을 깨달았다. 이것이 무슨 이야기인지 설명해 보겠다.

가장 큰 변화는 제조업에서 일어난다

소매, 운송, 미디어, 테크놀로지 분야에서 진행 중인 제품에서 서비스로의 전면적인 변화와 이런 변화가 요구하는 비즈니스 관점의 변화가 이 책의 주요 내용이라면, 이런 변화를 통해 가장 많은 수혜를 입을 것으로 예상되는 업계는 바로 제조업이다. 이 이야기를 듣고 놀라는 사람들도 있을 것이다. 우리 모두는 세계 경제가 내구 소비재 중심에서 벗어나고 있다고 계속 들어 왔다. 미국 GDP에서 차지하는 비율로 볼 때, 제조업은 1950년대에 정점에 달했고 제조업계의 고용인 수는 1990년대 후반부터 꾸준히 감소해 왔다. 미국노동통계국에 따르면 현재 미국 제조업계의 고용 수준은 제2차 세계 대전에 참전하기 전과 같은 수준이라고 한다.[4] 1950년대 초에는 전체 노동자 중 약 3분의 1이 공장에서 물건을 생산했는데 지금은 그 수가 9퍼센트 미만이다. 전 세계적으로 봐도 상황이 별로 좋지는 않다. IMF에 따르면 대침체기 이후의 세계적인 생산성 하락은 "선진국, 신흥국, 저소득국을 가리지 않고 광범위하게 나타나는 현상이며 지금도 지속되고 있다."[5] 세계는 성장 동력이 고갈되고 있다.

하지만 한 가지 중요한 사실이 있다. 제조업은 여전히 규모가 엄청나다. 미국제조업협회의 보고에 따르면 2016년 제조업체들은 미국 경제에 2조 2000억 달러의 기여를 했는데 이는 전체 GDP의 12퍼센트에 해당한다.[6] 미국에는 약 1250만 명의 제조업 노동자들이 존재한다. 대침체기 이후 미국 제조업체들은 100만 명이 넘는 노동자를 고용했다. 미국은 제조업만으로도 세계에서 아홉 번째로 큰 경제 대국이 될 수 있다. 제조업은 그 정도로 규모가 크다. 우리 대부분이 알고 있는 것보다 훨씬 더 크다.

그런데 왜 제조업이 이 책에서 언급한 다른 분야들보다 훨씬 더 크고 빠르게 발전할 수 있는 것일까? 아주 빠른 시간 안에 글로벌 생산성과 산출량, 성장률을 두 자릿수로 성장시킬 제조 혁명을 목전에 두고 있기 때문이다. 제조업은 하루아침에 다시 젊어진 노인이라 할 수 있는데, 이는 길가메시Gilgamesh만큼이나 오래된 이야기다. 미국 래퍼 LL 쿨 J의 노래 가사처럼 말이다. "이걸 컴백이라고 부르지 말아요. 나는 오랫동안 계속 여기 있었으니까."

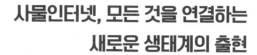

사물인터넷, 모든 것을 연결하는
새로운 생태계의 출현

지난 5년 동안 전 세계의 수천 개 제조업체들은 센서와 연결 장치에 조용히 막대한 돈을 투자해 왔다. 그들은 문, 의자, 파이프, 타일, 창문, 탁자, 보도, 콘크리트 보강용 철근, 신발, 병, 타이어, 벽돌 등 자신들이 만든 모든 물건에 센서를 설치하는 데 열심이었다. 다양한 예측에 따르면 2020년까지 10억 대 이상의 스마트 계량기, 1억 개의 커넥티드 전구, 1억 5000만 대 이상의 4G 커넥티드 자동차, 2억 대의 스마트 홈 장비, 수십억 개의 스마트 의류 장비, 9000만 개 이상의 웨어러블 장비가 생산될 것이라고 한다. 이런 제품들은 센서를 통해 어떤 기능을 할 수 있을까? 대량의 데이터를 수집해 전송한다. 이 제품들은 전부 중앙 집중식 서버에 정보를 보내므로, 기업은 분석 플랫폼을 통해 사용 패턴과 제품 개선 방법을 알아낼 수 있다(빅데이터 이야기를 하고 싶은가? 이것이 진정한 빅데이터다). 이런 생태계 전체를 가리켜 보통 사물인터넷Internet of Things, IoT이라고 한다.

사물인터넷은 센서와 인터넷 연결을 통해 물질세계를 디지털화한다. 업계에서 사용하는 전문 용어처럼 들릴지 모르지만, 이는 정확한 표현이다. 어떤 대상을 디지털화할 때는 숫자 형태의 데이터로 변환해 다른 디지털화된 대상을 탐지하고, 서로 통신하고, 반응할 수 있도록 한다.

결국 지구상에 존재하는 모든 제조된 물체는 데이터를 수신하고 전송할 수 있게 될 것이다. 이런 수십억 개의 연결 대상들에서 생성된 데이터에 기초한 분석 서비스를 통해 수조 달러 가치가 있는 시스템 효율성과 비즈니스 아이디어를 얻을 수 있다. 지금은 사물인터넷의 효율성과 생산성을 향상시키는 진단 시스템과 관련된 첫 번째 '효율성' 단계다. 하지만 모든 것이 훨씬 더 흥미로워질 것이다. 사물인터넷은 효율성을 넘어 가능성으로 진화하고 있다. 이 주제와 관련해 블루힐리서치Blue Hill Research의 스콧 페자Scott Pezza가 말한 설득력 있는 의견을 들어 보자.

현재 여러분이 데이터를 수집할 수 있는(또는 그런 기능을 새롭게 장착할 수 있는) 제품을 판매하고 있고 세상 어딘가에 그 데이터를 중요하게 여기는 사람이 있다면, 사물인터넷이 여러분의 새로운 수입원이 될 것이다. 사용하다 보면 성능이 저하되어 점검이 필요한 물리적 제품을 판매한다면, 사물인터넷을 통해 원격 모니터링 서비스나 예방적 유지·보수 서비스를 제공해 새로운 수익원을 만들어 낼 수 있다. 아니면 고객들이 모니터링과 유지·보수를 직접 수행할 수 있게 해서 제품의 매력(과 가치)을 높이는 방법도 있다. 더 많은 데이터에 액세스해 확장할 수 있는 서비스를 판매하는 일은 돈을 벌 수 있는 새로운 기회다. 그리고 만약 여러분이 상황을 감지하고, 안전한 커뮤니케이션을 활성화하고, 분석을 실시하고, 서비스 프로비저닝과 청구서 업무를 관리하고, 수익을 예측·계획하는 기술을 판매한다면, 이 시장에는 여러분이 필요하게 될 것이다.[7]

2030년이 되면 사물인터넷이 현재 중국의 경제 규모인 약 14조 달러 선까지 폭발적으로 성장하리라 예상된다. 이는 전 세계 경제의 약 11퍼센트에 해당하는 수치다. 그만큼 엄청난 수치지만 나는 사실 이마저도 줄여서 계산한 것이라고 생각한다. 현재 미국에는 자동차, 항공우주 장비, 로봇, 금속 가공, 전자, 플라스틱 등의 분야 제조업체가 약 25만 개나 된다. 물론 전 세계적으로는 수백만 개의 업체가 더 있다. 이들이 전부 사물인터넷 기업으로 변신하는 중이다. 모든 제품에 디지털 요소가 포함된다면 '무거운' 산업 장비와 '가벼운' 디지털 서비스 사이의 낡은 구분은 더 이상 중요하지 않게 된다.

2018년에는 전 세계의 산업 생산량, 즉 우리가 생산하는 모든 것을 뒷받침하는 시스템과 공장, 노동력 등이 납품 및 공급망 성능 면에서 두 자릿수의 증가를 보일 것으로 예상되는데 이는 주로 사물인터넷 덕분이다. 이런 연결성이 제조업에 혁명을 일으킬 텐데 현재 상황에서 절실히 필요한 혁명이다. 산업 시스템 연구원인 올리비에 스칼라브레Olivier Scalabre가 2016년 TED 강연에서 지적한 것처럼, 지난 150년 사이에 세계 경제가 지속적으로 성장한 시기는 모두 19세기의 증기 기관차, 20세기 초반의 대량 생산 시대, 그리고 1970년대에 시작된 공장 자동화의 첫 물결 같은 제조업 혁명에 의해 촉진되었다. 그러나 지금 우리는 장기간의 침체에서 벗어나고 있는 중이다. 스칼라브레는 이렇게 말했다.

지난번의 제조 혁명 이후로 우리가 아무것도 하지 않았던 건 아닙니다. 사실 우리는 제조업 분야에 새로운 활력을 불어넣기 위해 꽤나 어설픈 시도들을 했습니다. 예컨대 비용을 절감하고 값싼 노동력을 이용하려고 공장을 해외로 이전하려고 했죠. 하지만 이런 시도는 생산성을 높이지 못했을 뿐 아니라 값싼 노동력 또한 계속 그런 가격으로 유지되지 않았기 때문에 돈을 절약할 수 있었던 건 짧은 기간뿐이었습니다. 그래서 공장을 더 크게 짓고 제품별로 각 공장을 전문화했지요. 제품을 많이 만들어 수요에 따라 판매할 수 있도록 비축해 두자는 생각이었던 겁니다. 오늘날…… 대부분의 공장은 50년 전과 똑같아 보입니다.[8]

이런 상황들이 곧 바뀔 것이다.

 ## 제조업 진화의 강력한 네트워크, 디지털 트윈

여러분은 제너럴일렉트릭을 주방 가전 회사로 생각하며 자랐을 것이다. 하지만 오늘날 이 회사는 풍력 터빈, 제트 엔진, 석유 굴착 장치를 만든다. 또 데이터 서비스 사업도 번창하고 있는데, 아마 이 회사에서 개발자를 모집하는 광고를 본 적이 있을 것이다. 이 회사가 상시 운영하는 자산만 3조 달러가 넘는데 지금은 그 대부분이 쌍둥이, 구체적으로 말해 물리적 현실 세계를 컴퓨터 속 가상 세계에 똑같이 구현한 디지털 트윈digital twin을 가지고 있다. 최근 샌프란시스코에서 열린 '서브스크라이브드' 콘퍼런스에 제너럴일렉트릭디지털General Electric Digital 부사장인 지티스 바즈듀카스Gytis Barzdukas를 초대했다.[9] 그는 디지털 트윈은 물리적 자산이 어떻게 설계되고 구축되었는지 보여 줄 뿐 아니라 '그 자산이 운영되는 방식을 실시간으로 보여 준다'고 말했다. 예를 들어 사우스웨스트항공Southwest Airlines에서 사용하는 제트 엔진은 주로 북해를 가로질러 비행하는 본체와는 다른 디지털 트윈을 가지고 있다. 시간이 지남에 따라 이 엔진들은 서로 다른 방식으로 작동하면서 성능이 저하되며, 이를 기록한 사용 데이터가 지상으로 전송된다. 곧 지상의 엔지니어들은 증강 현실 헤드셋을 사용해 그 엔진들을 점검할 때 중첩되어 나타나는 모든 정보를 확인할 것이다. 이런 디지털 트윈은 마모 부위와 문제가 생긴 부위를 지적하고, 자산 이력을 바탕으로 문제를 해결할 방법을 제시할 것이다.

기본적으로 제너럴일렉트릭은 산업용 중장비를 위한 자체 소셜 네트워크를 운영하고 있다. 모든 전력망과 정유 공장, MRI 기계가 자체 인스타그램 계정을 보유하고 있는 것과 같지만, 우리가 보통 인스타그램에 올리는 해변이나 음식 사진이 아니라 연료 소비량, 수압, 사용 시간, 감쇠율 등을 공유한다. 바즈듀카스는 이렇게 말했다. "처음에는 소비자 인터넷이 있었고, 그러다가 기업 인터넷이 생겨났습니다. 이제 우리는 3세대 산업 인터넷으로 이동하고 있습니다. 단순히 휴대전화들을 연결하거나 기업 애플리케이션들을 연결해 구독 모델로 운영하는 수준이 아닙니다. 이제는 거대한 기계들의 차례입니다." 지금까지 제너럴일렉트릭은 이런 디지털 트윈을 60만 개 이상 만들었다. 소셜 네트워크가 세상을 바꾼 것처럼 이 3세대 산업 인터넷은 제조업을 변화시킬 것이다.

바즈듀카스가 지적한 것처럼 센서가 장착된 기존의 기계를 개량하는 작업은 비교적 간단하다. 일반적인 소비자용 휴대전화에는 조명부터 시냅스까지 모든 것을 처리하는 센서가 12~14개 정도 들어 있다. 물론 상당수 산업용 기계에도 이미 센서들이 장착되어 있다. 그러나 현재 그런 센서들을 통해 가능한 연결 수준은 깡통 2개와 끈 한 가닥만 가지고 통신을 하려고 시도하는 것과 같다. 일례로 일반적인 석유 굴착 장치에는 센서가 3만 개나 장착되어 있지만 그 센서들을 통해 생성된 정보 가운데 유의미한 방식으로 검사되는 것은 단 1퍼센트뿐이다. 석유 굴착 장치의 센서들은 단순하기 때문이다. 개별적인 이상 징후만 탐지하는 데 그치며, 예측을 위해 시스템 전체를 최적화하거나 주변 영역을 살펴보지 않는다. 따라서 사물인터넷 '구현' 단계를 위한 센서 재장착과 네트워크 연결이 앞으로 수년간 거대한 성장 산업이 될 것으로 보인다.

제품군의 모든 자산을 나타내는 광범위한 디지털 트윈 네트워크가 존재한다면 어떻게 될까? 이 네트워크의 첫 번째 수혜자는 제너럴일렉트릭 본인들이었다. 수천 개의 엔진 가운데 하나가 말을 안 듣거나 어떤 컴프레서가 이상 징후를 보인다면 어떻게 해야 할까? 비용이 많이 들고 힘든 대규모 유지·보수 과정을 통해 문제를 발견하는 것이 아니라, 디지털 트윈 네트워크가 각각의 자산과 관련된 신호를 보낸다고 상상해 보

자. 심각한 문제를 전보다 훨씬 빨리 해결할 수 있다. 제너럴일렉트릭은 효율성 개선만으로 단기간에 연 2억 달러 이상의 비용 절감 효과를 얻었다. 그리고 이 새로운 플랫폼을 프레딕스Predix라는 독립형 서비스로 전환했다. 프레딕스는 공유 데이터가 함께 작동해 성능을 개선하고 효율성을 높여 주는 애플리케이션 생태계다.

하지만 사물인터넷은 단순히 효율성과 진단만을 위한 것이 아니다. 사물인터넷은 제조업체들이 매우 심오한 방식으로 자사 비즈니스를 재구성할 수 있게 해 준다.

제품이 아니라 성과를 파는 제조업체들

이런 새로운 연결성과 네트워크 인텔리전스network intelligence, NI는 갈수록 많은 제조업체가 끝에서부터 시작한다는 것을 의미한다. 무슨 말일까? 요즘 제조업계의 선두 주자들은 최적의 최종 상태를 제공하려고 고객들과 제휴하고 있다. 일례로 의료 IT 회사는 환자의 재입원율을 일정 퍼센트까지 줄이겠다고 약속하면서 병원과 계약을 맺는다. 스페이스XSpaceX는 실험용 쥐를 특정한 선실 환경에서 국제 우주 정거장으로 보내는 계약을 NASA와 체결한 다음, 테크놀로지와 자원을 동원해 그 성과를 현실화했다. 영국에 본사가 있는 가정용 보안업체 하이브Hive는 "우리 고객들은 어두운 집으로 돌아가고 싶어 하지 않는다"라는 문구를 앞세우고는 테크놀로지와 서비스를 결합시켜 이 일을 해냈다. 서비스 수준 협약이 판매 명세서를 대체하고 있는 것이다.

이 회사들은 사물인터넷이 자사 제품들을 모르는 사람에게 판매하는 개별 품목이 아니라 전체 시스템으로 볼 수 있게 해 준다는 사실을 알아차리고 있다. 이런 시스템은 핵심적인 경쟁 우위를 구성한다. 이를 통해 고객들에게 그들이 진짜로 원하는 것, 제품이 아니라 성과를 제공할 수 있다. 젖소가 아니라 우유를 주는 것이다. 이것이 바로 건설업에 종사하는 고마쓰와 캐터필러의 이야기다. 그래서 우리는 모든 회사가 구독 경제 체제에서 지금까지와 다른 모습을 보여 주면서 번창할 수 있는 잠재력을 지니고 있다고 믿는다.

매일 수십 개의 새로운 소비자 사물인터넷 이야기가 등장하는데, 어떤 것은 바보 같고 어떤 것은 정말 매력적이다. 미국식품의약국FDA은 애플워치Apple Watch용 심전도 센서를 승인했는데, 이 센서는 정기 검사가 아닌 원격 모니터링을 통한 건강 관리 기능을 제공해 잠재적으로 수십억 달러의 의료비를 절감할 수 있게 해 준다. 가전제품 회사 월풀Whirlpool의 새로운 오븐은 요리법을 스캔해 그에 따라 음식을 조리할 줄 안다. 디즈니의 '매직 밴드magic band'를 이용하면 음식을 구입하고, 놀이 기구를 예약하고, 호텔 방에 체크인하고, 디즈니 테마파크 곳곳에 있는 특별한 '놀라움'을 열어 볼 수 있다. 조니워커 블루 라벨 위스키 병에 부착된 센서는 누가 병을 건드렸는지, 또는 이 병이 공급 과정의 어디쯤에 위치해 있는지를 알려 준다. 미식축구용 헬멧에 부착된 센서는 팀 담당 의사들이 잠재적인 머리 외상을 추적할 수 있게 해 주고, 야구 배트와 공의 관성 센서는 선수들의 기술을 향상시키는 데 도움을 준다. 크로노세러퓨틱스Chrono Therapeutics라는 디지털 기반 약품 서비스 회사는 환자들이 약품 투여량과 투여 시간 문제를 자동으로 해결해 주는 피부 패치를 이용해 약품을 투여할 수 있게 해 준다. 싱크Thync는 안전하고 낮은 수준의 전기 자극을 이용해 화학 물질 없이도 긴장을 풀어 주고 기분을 좋게 하며 숙면을 취할 수 있게 해 주는 구독 기반 웨어러블 장비 회사다. 물리적인 세계가 '깨어나기' 시작하고 있다.

사물인터넷 이야기는 산업적인 측면에서도 매력적이다. 그쪽 역시 우리 스마트 홈 테크놀로지가 다루는 것과 같은 문제들을 다루고 있기 때문이다(보안, 조명, 소리, 온도, 수도·전기·가스 등 공익사업의 소비). 다만 규모가 아주 거대할 뿐이다. 오늘날에는 전 세계 인구의 약 절반이 도시에 거주한다. 2050년이 되면 그 수치가 70퍼센트에 육박해 대략 호주 정도 크기의 도시 환경을 구성할 것이다. 이런 장소들은 건강한 삶을 위해 지속 가능한 환경을 유지하는 일이 필수적이다. 비상 대응 경로, 폐기물 수거, 대기 질, 교통 혼잡, 공공 에너지 사용 등 모든 것이 최적화되고 있다. 오늘날 바르셀로나는 IT 기반 지능형 전력망 시스템인 조명 그리드lightning grid로만 연간 3700만 달러를 절약하고 있으며, 사물인터넷 계획을 통해 4만 개 이상의 새로운 일자리를 창출했다. 지구상의 모든 제조 환경이 데이터 중심의 시험대로 바뀌고 있다.

갑자기 건물들이 서로에게 말을 걸기 시작했다. 프랑스의 플로어인모션FloorInMotion은 건물의 에너지 사용량을 관리하기 위해 사람들이 오가는 패턴을 모니터링하는 커넥티드 바닥을 제공하는데, 의료 시설의 경우 환자나 노인 입주자가 방이나 복도를 오가는 데 어려움을 겪는 것처럼 보이면 실시간으로 경보를 발한다. 에너지 관리 전문 기업 슈나이더일렉트릭Schneider Electric과 그 협력사들은 뉴질랜드의 농장들과 협력해 물 사용량을 리터 단위까지 감시하는 센서와 날씨 패턴("물을 줘야 하나요?"), 유리한 실시간 전기 요금("그리드 전기가 저렴할 때 구입해 저장하고 싶은데 어떻게 해야 하나요?")을 이용해 관개 시스템을 개량하고 있다. 공급망이 스스로 인식하고 관리하기 시작한 것이다. 항공기 및 차량 보안 전문기업 하니웰Honeywell은 인텔과 손잡고 물류 관리자들이 민감한 전자 장비 패키지를 추적만 하는 것이 아니라 간단한 부착형 센서를 통해 현재위치, 충격 및 기울기, 빛, 습도, 온도, 잠재적인 변조 등의 '상태'를 모니터링할 수 있게 해 준다. 이를 통해 육상, 해상, 항공 물류에 대한 상세한 실시간 재고 추적이 가능해진다. 이런 사례는 계속 늘어나고 있지만이 모두를 관통하는 공통점이 하나 있다. 연결성 덕에 제품 기반에서 서비스 기반으로 전환하면서 기업들은 이제 자산이 아니라 성과를 중심으로 움직일 수 있게 되었다.

애로일렉트로닉스Arrow Electronics도 사물인터넷 덕분에 가능해진 성과중심 마인드셋의 또 다른 좋은 예다. 이 회사는 1935년부터 당시로서는비교적 새로운 기술이었던 라디오 수신기를 판매하기 시작했고, 오늘날에는 56개 나라에서 240억 달러 규모의 사업을 운영 중이다. 현재 약 1만 8000명의 직원을 보유하고 있는데, 그중에는 회사가 멋진 신기술을 확장할 수 있게 해 주는 현장 애플리케이션 엔지니어와 시스템 엔지니어 수천 명도 포함되어 있다. 애로일렉트로닉스는 지난 수십 년 동안 별로 복잡하지 않으면서 수익성은 매우 높은 물류 창고 사업을 행복하게 운영하면서, 수천 개의 테크놀로지 회사를 상대로 전자 부품을 유통했다.

"전에는 그냥 우리를 찾아와서 프로세서가 필요하거나 전자 기계 부품이 필요하다고 했습니다. 수정 발진기나 수동 소자를 찾을 수도 있었고요. 이와 관련해 고객은 우리와 대화를 나누고, 우리는 고객이 원하는 것을 다른 누군가에게 구입해 거기에 약간의 마진을 붙여 판매했습니다."[10] 이 회사의 디지털 전환 책임자이자 사장인 맷 앤더슨Matt Anderson의 말이다. 하지만 앤더슨에 따르면 애로일렉트로닉스는 이미 10년 전에 사업 모델을 재화 제공자에서 부가가치 서비스로 전환할 필요가 있음을 인정했다고 한다. 그리고 테크놀로지업계에서 가정용 건축 자재 및 인테리어 도구 판매업체 홈디포Home Depot보다는 벨연구소Bell Labs처럼 행동할 필요가 있다고 여겼다. 그래서 이제 이 회사가 고객들과 나누는 대화는 전과 무척 달라졌다.

오늘날 애로일렉트로닉스는 유명 패스트푸드 체인점과 손잡고 피크 시간대에 급증하는 주문을 잘 처리할 수 있는 '대응' 메뉴를 만들기 위해 모든 가게 주방 설비에 센서를 부착했다. 또 농장에서는 자동으로 분산제를 살포하는 곤충 페로몬 탐지기 네트워크를 구축해 살충제를 사용하지 않고 건강에 더 좋은 식품을 생산하도록 돕는다. 심지어 성능이 더 좋은 쥐덫을 만들려는 노력까지 기울인다. 작동 여부와 효율성을 모니터링하고, 레스토랑 체인이나 대형 곡물 창고 등에서 반드시 지켜야 하는 규정을 준수하며, 문제가 생기면 관리자에게 바로 통보하는 자동 쥐덫이다. 이런 모든 혁신이 쥐에게는 큰 영향을 미치지 않을지라도 상당히 인상적인 것은 사실이다.

우리가 많이 받는 질문 중 하나는 "어떻게 하면 이 물건을 팔 수 있을까요?"다. 커넥티드 장치에 내장되어 있는 데이터를 이용하면 소비자, 광고주, 리셀러, 업계 그룹 등 다양한 유형의 고객에게 동일한 정보를 판매할 수 있다. 수혜자가 많으면 가격 책정과 패키징 면에서도 좀 더 융통성이 생긴다. 다시 스웨덴으로 가서 창의적인 사용법과 가격 책정 전략에 관해 더 앞서 나간 생각을 살펴보자. 스웨덴 웁살라에 본사가 있는 엔제닉Ngenic은 스마트 온도 조절기 또는 "여러분의 집을 따뜻하게 해주는 또 하나의 브레인"을 판매한다. 엔제닉은 3가지 기본적인 구매 플랜을 제시한다. 온도 조절기를 정가대로 구입하거나, 더 저렴한 가격으로 구입해 소정의 월 사용료를 내거나, 에너지 공급업체와 연결된 할인번들의 일부로 구입하는 방식이다. 엔제닉 고객의 절반 이상은 1년 동안 난방비를 10퍼센트 넘게 절약한다. 이 장비는 일조량, 건물 사용 정도, 그리고 (이것이 정말 흥미로운 요소인데) 유리한 전기 요금제 같은 변수를 고려해 가정의 에너지 사용량을 모니터링한다.

일반적으로 각 가정마다 단 하나의 전력 회사가 배정되는 미국과 달리 스웨덴은 에너지 시장을 이례적일 만큼 규제하지 않는다. 120개 이상의 전기 사업자가 있고, 대부분의 고객은 공급 및 수요와 관련해 시간 단위로 바뀔 수 있는 요금 계약을 맺고 있다. 엔제닉의 물리적 자산은 비교적 저렴한 가격으로 제조 및 조립이 가능하다. 그리고 사회주의형 국가인 스웨덴에 만연한 이런 자유 시장 활동(대부분의 시간당 전력량은 최종 고객에게 도달하기까지 최소 6번 이상 매매된다) 덕분에 전기 요금도 매우 저렴하다. 그렇다면 엔제닉은 어떤 방법으로 가치를 창출할까? 이들은 고객에게 에너지를 절약하고 환경을 보호할 수 있는 방법을 판매한다. 이 회사는 전력 공급업체와 협력해 '친환경 인텔리전스'를 추가하고 회사의 가치 제안을 차별화한다. 엔제닉의 장비는 도매업체와의 차익 거래(때로는 분 단위로 진행되는)를 통해 가격이 저렴할 때는 전기를 더 많이 사고 비쌀 때는 구입량을 줄인다.

여기에서 얻을 수 있는 교훈은 사물인터넷에는 단순한 B2B 또는 B2C 시장 접근법 같은 것이 없다는 사실이다. 여러분은 다양한 고객을 보유할 수 있다. 물리적 장치는 조력자 역할만 할 뿐이다. 여러분의 가치는 회사 IP, 고객 기반을 통해 얻은 사용량 데이터, 여러 시장에서 정보를 교환할 수 있는 능력 등에 달려 있다. 엔제닉 CEO인 비에른 베르그Björn Berg는 우리에게 이렇게 말했다. "일종의 구글 검색처럼 생각해야 합니다. 아무도 검색 비용을 지불하진 않지만, 여러분이 검색을 할 때마다 구글이 이익을 얻는다는 걸 다들 압니다. 그리고 여러분이 받는 혜

택은 여러분이 제공하는 정보보다 더 가치가 있습니다. 그게 바로 여러분이 추구해야 하는 모델입니다. 우리 회사의 커넥티드 장비에서 생성된 정보를 통해 어떤 가치를 만들어 낼 수 있는가? 바로 거기에 집중해야 합니다."[11] 엔제닉은 혼잡한 시장에서 가치를 제공하고 다양한 유형의 고객에게 다양한 가격과 패키징 번들을 제공해 그들 자신과 다른 사람들의 성공을 돕는다. 그것이 우리 모두가 얻어야 하는 교훈이다.

 ## 고객의 재발견, 제조업과 사물인터넷의 미래

수백만 개의 디지털 트윈이 생성한 원시 데이터를 분석 소프트웨어로 해석해 새로운 인텔리전스를 얻으면, 이를 여러분 집에 연결된 전기나 와이파이, 수돗물처럼 귀중한 서비스로 판매할 수 있다. 이런 식의 분석 서비스를 가리키는 또 다른 말은 물론 인공 지능이다. 케빈 켈리Kevin Kelly 는 《인에비터블: 미래의 정체》라는 훌륭한 저서에서, 인공 지능이 오늘날의 전기처럼 널리 유통되어 어디서나 흔하게 기능하는 미래를 묘사한다. "이 일반적인 공익사업은 원하는 만큼의 IQ를 제공하겠지만 여러분에게 필요한 것 이상은 아니다. 모든 공익사업이 그렇듯이, 인공 지능 또한 제아무리 인터넷과 세계 경제, 문명을 변화시키는 힘을 지니고 있다 하더라도 지극히 단조로울 것이다. 인공 지능은 전기가 1세기 이전에 그랬던 것처럼 불활성 물체에 활기를 불어넣을 것이다. 전에 전기로 움직였던 모든 것들에 이제 인지 능력을 부여하게 될 것이다."[12]

결국 우리 아이들은 자기 주변에 있는 물리적 대상을 설명할 때 '스마트'나 '커넥티드' 같은 형용사를 사용하지 않게 될 것이다. 그들은 사물인터넷이라는 물속에서 헤엄치게 될 것이다. 이제 우리가 만드는 모든 물건이 예측 정비 기능, 향상된 효율성, 뛰어난 안전성, 훌륭한 사용 편의성을 자랑하게 된다. 그리고 전부 주문에 따라 만들어진다. 더 이상 해외 공장에서 수백만 개의 동일한 물건을 신속하게 제작해 전 세계로 선적하려고 화물 운반대에 쌓아 두지 않는다. 집에서 훨씬 더 가까운 곳에서 물건을 주문 제작할 것이다. 올리비에 스칼라브레의 지적처럼 전통적으로 "동쪽에서 서쪽으로" 향하던 무역 흐름이 지역별 무역 흐름으로 대체되어 동쪽은 동쪽끼리, 서쪽은 서쪽끼리 교역하게 된다. "잘 생각해 보면 그 낡은 모델은 꽤나 이상했습니다." 스칼라브레는 이렇게 말한다. "재고를 잔뜩 쌓아 두고 전 세계를 돌아다니면서 제품을 만들지 않습니까? 소비자 시장 바로 옆에서 물건을 생산하는 새로운 모델이 우리 환경에 훨씬 더 좋을 겁니다. 성숙한 경제 환경에서는 '생산성'이 고향으로 돌아와 더 많은 고용과 생산, 성장을 이루어 낼 겁니다."

사물인터넷과 관련된 사실들 중에서 마음에 드는 한 가지는 이런 새로운 혁신을 쏟아 내는 이가 바로 확실하게 자리 잡은 대기업들이라는 사실이다. 1836년 설립된 슈나이더일렉트릭은 엘리베이터 사용 패턴을 추적하고 모니터링해 엘리베이터가 '기본적으로' 더 분주한 층으로

가 있게 해 기다리는 시간을 줄여 준다. 또 마모된 정도를 추적하기 때문에 엘리베이터 이용량이 적은 기간에 정비를 받도록 일정을 잡을 수 있다. 1850년 설립된 글로벌 인쇄 장비 회사 하이델베르거드루크마시넨Heidelberger Druckmaschinen은 PTC의 싱웍스ThingWorx 사물인터넷 플랫폼의 도움을 받아 2만 5000대 이상의 고급 인쇄기를 원격으로 모니터링한다. 1939년 설립된 배관 시설 기업 시먼스인더스트리Symmons Industries는 호텔을 위한 스마트 샤워 시스템을 구축해 관리 팀이 수온, 사용 시간, 물 사용량 같은 이용 데이터를 모니터링해 수도 요금을 최적화할 수 있게 해 준다. 1968년 설립된 거버테크놀로지Gerber Technology는 우리가 입는 옷의 대부분을 만드는 섬유 산업 장비를 제작하는데, 그 기계에서 생성된 정보를 사용해 창의적인 패션 팀들이 적절한 의상을 적절한 시기에 적절한 시장에 내놓을 수 있게 해 주는 유니크PLMYuniquePLM이라는 새로운 서비스를 만들었다. 그렇다면 앞서 이야기한 '스마트 바닥' 회사(플로어인모션)는 어떨까? 이 회사는 설립한 지 130년 된 프랑스의 바닥재 제조업체 타케트Tarkett가 만든 것이다.

하지만 우리에게는 여전히 새로운 규칙이 필요하다. 잠에서 깨어 보니 다시 젊은이의 몸이 되어 있는 노인에 대한 비유로 돌아가 보자. 75세 노인이 아침에 일어나 보니 18세가 되어 있더라도 다시 1960년대로 돌아간 것처럼 행동하지는 않을 것이다! 제조업체들이 사물인터넷을 최대한 활용하려면 사업 수행 방식을 근본적으로 바꿔야 한다. 매킨지는 이 주제에 관한 최근 보고서에서 이렇게 말했다.

사물인터넷은 새로운 비즈니스 모델을 가능하게 해 주고 때로는 그것을 강요하기도 할 것이다. 일례로 산업용 장비 제조업체는 고객들이 현장에서 사용하는 기계를 모니터링할 수 있는 기능을 통해 자본재 판매에서 벗어나 제품을 서비스 형태로 판매할 수 있다. 센서 데이터는 제조업체에 기계 사용량을 알려 주어 제조업체가 사용량에 따라 비용을 청구할 수 있게 해 준다. 정비와 유지·보수 기능에도 시간당 요금을 매기거나, 아예 모든 서비스를 연간 계약에 따라 제공할 수도 있다. 기계 성능 평가를 통해 제조업체에서는 새로운 모델 설계에 필요한 정보를 얻고, 부가 제품이나 서비스를 끼워 팔 수도 있다. 이런 '서비스로서의' 접근 방식으로 공급업체는 고객들과 좀 더 친밀한 관계를 맺을 수 있으므로 경쟁 업체들이 방해하기 어렵다.[13]

이런 대형 제조업체들과 일하면서 배운 것이 하나 있다면, 앞에서 살펴본 변화가 진정한 성장을 촉진할 수 있다는 사실이다. 테크놀로지 분야에서 생긴 일들이 제조업 분야에서도 벌어지리라 확신한다. 왜냐고? 사물인터넷을 통해 고객을 재발견할 수 있기 때문이다. 그들이 정말로 무엇을 원하는지 알아낼 수 있게 해 준다. 사실 진정한 경쟁 우위는 고객과의 관계와 그들에 대한 지식뿐이다. 생각해 보라. 여러분이 신제품을 내놓았을 때 경쟁사에서 가장 먼저 하는 일은 무엇일까? 그들은 공개 시장에서 제품을 구입해 연구 개발R&D 연구소로 보낼 것이고, 연구소에서는 그것을 분해하고, 벤치마킹하고, 수천 가지 방법으로 역설계한다.

하지만 여러분의 고객에 대한 종합적인 정보가 없다면 그렇게 해 봤자 소용없다. 그리고 그 정보는 여러분만 소유할 수 있다. 이는 믿을 수 없을 정도로 강력한 이점이다.

사물인터넷이 세상을 바꾸려고 하고 있다. 하지만 진정한 성공을 거두려면 우리가 만든 것을 사는 사람들부터 재발견해야 한다.

8장
소유의 종말

소유하지 말고 접속하라

소유권 개념은 이제 종말을 맞았다. 그리고 접속이 새로운 필수 조건이 되었다. 인터내셔널 데이터 코퍼레이션International Data Corporation, IDC은 2020년까지 전 세계 대기업의 50퍼센트가 자신들의 사업 대부분이 디지털 방식으로 향상된 제품, 서비스, 경험을 만드는 능력에 의존하게 될 것이라고 전망한다.[1] 상품보다 서비스에 초점을 맞추는 것은 건전한 사업 전략이기도 하다.

이 책의 부록에서 공개할 주오라의 '구독 경제 지수'는 구독 기반 기업들이 S&P 500보다 8배, 미국의 소매 매출보다 5배 빠르게 성장하고 있음을 보여 준다. 우리 회사의 데이터 분석 책임자인 칼 골드Carl Gold는 우리 플랫폼에서 익명으로 집계된 시스템 생성 활동을 이용해 이 보고서를 작성했다. 여러분도 꼭 읽어 보기 바란다. 이 보고서는 수십억 달러의 수익과 수백만 건의 금융 거래를 바탕으로 작성된 흥미로운 문서로, 업계의 모든 벤치마킹과 통찰을 종합했다. 지금까지 구독이 소매, 미디어, 운송, 제조업을 어떻게 변화시키는지 살펴봤는데, 여기서 얻는 한 가지 깨달음은 이 모델이 업계에 구애받지 않는다는 사실이다. 구독 모델은 모든 업계를 관통한다. 이 변화의 한가운데에는 몇 가지 특수한 업종도 포함되어 있다.

건강 관리: 손목에 병원을 차고 다닌다

어떤 대형 약국 체인(CVS)은 온라인 소매점(아마존)이 두려워 메이저 건강 보험 회사인 애트나Aetna를 690억 달러에 인수했다. 우리는 이 모습에서 업계가 변화하는 것을 확인할 수 있다. CVS는 이 거래를 통해 약국에서 1차 진료 서비스를 시작할 수 있을 것이라고 말한다. 일반적인 미국인이 의료 서비스를 받을 때 흔히 겪는 실망스러운 고충을 생각하면 이는 정말 의미 있는 목표다. 동네 병원에 가서 진찰을 받으면 실험실에 가서 검사를 받게 하거나 대형 병원의 전문의를 찾아가게 하거나 약국에 가서 약을 구입하도록 하는데, 이때 처방전에 문제가 있으면 다시 의사를 만나러 가야 한다. 각 단계마다 작성해야 하는 보험 양식이 있고, 몇 달 뒤에는 도저히 내용을 이해할 수 없는 의료비 청구서를 다발로 받게 되며, 자신의 개인 정보는 사방에 흩어지게 된다. 그렇다면 세상에서 가장 유명한 고객 중심 기업이 여기서 기회를 찾아내는 것은 당연하지 않을까?

벽이 무너지고 있다. 이것은 빠른 속도로 사업이 분리되고 개별 가격이 매겨지고 있는 3조 달러 규모의 산업이다. 지금도 의사들이 더 스마트하게 일하도록 도와주고, 건강 이상을 조기에 발견하고 예방해 나이가 들어도 병원을 멀리하고 독립적인 생활을 유지할 수 있게 해 주는 수백 개의 새로운 디지털 서비스가 존재한다. 이제 다들 각자의 손목에 병원을 차고 다니기 시작했다. 건강 상태 추적기는 건강 문제를 진단 및 감지하고, 응급 의료 요원들에게 경보를 보내고, 약품을 적절히 투여하는 데 도움을 주는 의료용 웨어러블 기기로 전환하고 있다(현재 위산이 닿으면 신호를 보내는 칩이 내장된 알약도 있다). 원메디컬One Medical 같은 구독 기반의 새로운 1차 진료 회사는 당일 예약과 애플 스토어 방식의 고객 서비스를 제공하며, 마젤란헬스Magellan Health 같은 종합 의료 제공업체는 행동, 신체, 약물, 사회적 욕구를 연결시킨다. 이런 새로운 채널들은 모두 자율성과 행동의 주체를 병원에서 환자에게로 옮기고 있는데 이는 바람직한 일이다.

정부: 시민도 고객이다

미국에서는 세금 납부, 사업 등록, 운전면허 취득, 통행료 납부 같은 기본적인 서비스에서 정부의 비효율적인 운영 방식을 불평하는 목소리가 높다. 문제점이 뭔지는 다들 알고 있다. 하지만 다른 나라들에서는 이런 점과 관련해 느끼는 괴로움이 상당히 덜한 듯하다! 에스토니아 사람들은 온라인으로 세금을 납부할 뿐 아니라, 1년 내내 실시간으로 재무 데이터를 제공해 주는 온라인 세금 명세서를 승인하기만 하면 된다. 클릭 한 번으로 세금과 관련된 모든 업무를 처리할 수 있는 것이다. 르완다 사람들은 전화로 운전면허를 신청하고 비용을 납부한다. 스웨덴에서는 심근경색 환자가 발생할 경우 500미터 안에 있는 의학 훈련을 받은 시민 자원봉사자들에게 곧바로 경보가 가는 디지털 서비스를 운용한다. 호주 뉴사우스웨일스 주민들은 신분증 하나만 있으면 서비스 NSWService NSW에 로그인해 800가지가 넘는 관공서 업무를 처리할 수 있고, 주민들이 '원스톱 숍'이라고 부르는 100곳 이상의 전용 사무소에 들러 컨시어지 서비스와 무료 와이파이를 이용할 수 있다. 이런 디지털 서비스 덕분에 정부는 움푹 팬 도로를 고치고 도서관 연체료를 걷는 일을 넘어 시민들이 창의력을 발휘하기 위한 플랫폼으로 진화하고 있다.

정부 지출은 전 세계 어느 나라에서나 국가 GDP의 상당 부분을 차지한다. 미국의 경우에는 약 3분의 1 정도 된다. 상당히 많은 돈이 고정적으로 지출되는 것이다. 정부 기관들이 모두 안전한 주민등록번호를 사용한다면 얼마나 많은 비효율성을 해결할 수 있는지 생각해 보라. 미국에서는 사생활 문제에 특히 민감하지만, 빅 브라더Big Brother에 내 인생을 맡기는 것과 구제 불능일 정도로 고립되어 있는 수십 개의 정부 데이터베이스에 개인 정보를 분산시키는 것 중 하나를 선택하라고 한다면 대답은 간단하다.

지금은 주 정부나 연방 정부와 상호 작용하려고 할 때마다 우울할 만큼 많은 시간을 허비한다. 더 많은 투명성과 자동화를 요구하는 것은 소비자만이 아니다. 시민 또한 요구한다. 다행히 정부도 이런 요구에 귀를 기울이기 시작했다.

교육: 평생 이용 가능한 온라인 학습

우리 중 많은 이가 몇 년 전까지만 해도 존재하지조차 않았던 자리에서 일하고 있다. 끊임없이 변화하는 직업 환경에서는 지속적인 학습이 필수다. 하지만 고등 교육은 세계에서 유일하게 4년만 지나면 모든 고객을 내쫓는 산업이다. 이 얼마나 미친 짓인가? 경영대학원을 예로 들어 보면, 오늘날 MBA 과정 대부분은 2년 동안의 친밀한 인맥 쌓기와 표면적으로만 유용한 수업 활동으로 요약할 수 있다. 그런데 만약 MBA를 취득하고 10년간 현장에서 일하던 사람이 회사에서 승진하게 되어 갑자기 새로운 기술을 연마해야 할 필요가 생기거나 예전에 배운 과정에서 빠져 있던 내용(이 책에 소개한 대부분의 자료 같은)을 배워야 하는 경우에는 어떻게 해야 할까? 보통은 정신없이 구글 검색에 의존하는 결과를 낳곤 한다.

그보다는 와튼스쿨Wharton School의 교수 몇 명이 제안한 것처럼, 경영대학원이 10개월간의 캠퍼스 수업과 그 후 평생 이용 가능한 개인적이고 즉시 접근 가능하며 최신 연구 결과가 반영된 온라인 학습 과정으로 구성된다면 어떨까?[2] 학교 공부가 평생 끝나지 않는다면? 요새는 많은 대학이 온라인 공개강좌massive open online course, MOOC를 실험하고 있지만, 이 개념을 졸업식이 끝난 지 한참 지난 사람들에게까지 확장해야 한다고 생각한다.

우리는 현재 링크드인LinkedIn의 일부가 된 린다닷컴Lynda.com, 캐플런 Kaplan, 유데미Udemy, 그리고 수십 개의 온라인 코딩 학원 같은 전문적인 학습 플랫폼이 폭발적으로 성장하는 모습을 보아 왔다. 최근에는 뉴욕의 한 애플 스토어에서 8세 아이들이 수업을 듣는 광경을 봤다. 그리고 교과서업계에서는 체그Chegg 같은 신진 출판사들만이 아니라 호턴미플린하코트Houghton Mifflin Harcourt 같은 기성 출판사들도 온라인 대여와 쌍방향 콘텐츠를 제공해 학생들이 돈을 절약하고 더 효과적으로 학습할 수 있게 도와준다.

보험: 보험료에 개성을 담다

오늘날 여러분의 보험료는 대부분 본인이 통제할 수 없는 온갖 보험 통계적 요인에 의해 결정된다. 하지만 여러분이 운동을 많이 하는 사람이라면 어떨까? 아니면 운전을 별로 많이 하지 않는다면? 술을 안 마신다면? 보험료에 그런 특성이 반영되어야 하지 않을까?

예를 들어 헬스IQHealth IQ는 건강 관련 퀴즈 프로그램에 활발하게 참여한 사람에게 낮은 의료 보험료를 적용한다. 그리고 특정 장소에서 오래 살지 않고, 한 직장에서 오래 일하지 않으며, 물건을 사지 않고 구독하는 요즘 같은 시대에는 정적 자산을 중심으로 하는 정액형 장기 보험 계약이 더 이상 의미가 없다. 시간제 근무자는 왜 책임 보험을 들 수 없 단 말인가?

운전자의 65퍼센트는 마일리지가 높은 운전자에게 보조금을 지급하 기 위해 보험료를 과다하게 내고 있다. 메트로마일Metromile은 자동차의 표준 진단 시스템인 OBD IIOn-Board Diagnostic version II 포트에 꽂을 수 있 는 간단한 커넥티드 장비의 기록을 근거로 하는 '운전 거리 기반 보험' 상품을 제공해 이 문제를 해결한다. 새로운 주택 및 임대 보험 스타트업 인 레모네이드Lemonade는 업계 고유의 이해 충돌(보험사는 보험금 지급을 거 부해 수익성을 높이고, 사람들은 보험금 청구 내용을 가짜로 꾸며 돈을 더 많이 받으려 고 한다)을 피하기 위해, 고정된 월정액 보험료를 받아 소정의 비용을 지 불한 뒤 나머지는 보험금을 지급하는 데 사용한다.

보험 회사들도 마침내 나이 등 특정 요인을 공유하는 집단인 코호트 cohort만이 아니라 고객에게도 관심을 기울이기 위해, 회계법인 딜로이 트가 '유연한 소비' 모델이라고 부르는 것을 이용하고 있다.

반려동물: 사료 판매에서 건강 서비스로

이는 다른 수많은 소비재 시장에 비해 훨씬 빠르게 성장하고 있는 1000억 달러 규모의 글로벌 산업이지만, 고객과의 직접적인 관계를 단절시키는 리셀러 채널을 비롯해 여러 가지 동일한 시스템 문제를 안고 있었다. 하지만 디지털 서비스가 그 모든 것을 바꾸고 있다. 반려동물 사료를 판매하던 소매업체들이 디지털 반려동물 건강 서비스로 업종을 전환하고 있다. 로열캐닌RoyalCanin 웹 사이트에 들어가 간단한 프로필을 작성하면 반려동물의 나이와 품종에 적합한 사료를 보내 준다. 아울러 영양, 건강, 털 손질과 관련된 좋은 제안을 해 주고 수의학 전문가인 전담 직원과 접촉할 수도 있다. 반려동물이 아프면 어떻게 해야 할까? 사실 본인의 건강 관리를 위한 예산을 짜기도 어려운 것이 현실이다. 트루패니언Trupanion에서는 평생 동물 병원 요금의 90퍼센트를 보장하는 반려동물 건강 보험을 제공한다.

어린 자녀를 둔 부모를 위한 시장에도 이와 유사한 상품이 많은 것은 당연하다. 비즈니스 솔루션업체인 게일Gale의 조사에 따르면, 밀레니얼 세대의 44퍼센트는 자기가 키우는 반려동물을 '초보자를 위한 자녀'로 여긴다고 한다. 여러분이 좋아하는 팟캐스트에서 광고하는 멋지고 새로운 서비스들은 전부 반려동물 버전으로도 존재한다. 개 목걸이 추적 서비스, 매달 개들을 위한 장난감과 간식을 보내 주는 바크박스BarkBox 같은 구독 박스 서비스, 건강 상태 모니터링 서비스, 반려동물을 데리고 들어가도 되는 공원과 시설을 찾아 주는 위치 기반 앱, 인터넷과 연결된 사료 급여기, 사육법과 훈련을 알려 주는 온라인 강좌 등도 있다.

공익사업: 소비자가 전기를 판다

대규모 전기, 가스, 수도 회사들은 지금까지 상당히 표준적인 각본을 따라 왔다. 거대한 공익사업 공장을 짓기 위해 많은 돈을 쓰고, 그 공익사업을 아주 먼 곳까지 전달하기 위해 다시 많은 돈을 쓴 뒤, 인프라 부채를 상환하려고 고객들에게 높은 요금을 청구하는 식이다. 하지만 요즘들어 상황이 변하고 있다.

《이코노미스트》는 "재생 에너지가 훨씬 더 큰 역할을 할 뿐 아니라, 신기술 덕분에 수요에 공급을 맞추는 것이 아니라 공급량에 따라 수요를 조절할 수 있게 되었다"[3]라고 지적한다. 솔라시티SolarCity 같은 새로운 소비 기반 디지털 서비스는 태양열을 동력으로 이용하는 가정이 지능형 전력망 그리드에 다시 전기를 판매할 수 있게 해 주고, 네스트Nest 같은 가정 에너지 관리 시스템은 공익사업이 피크 시간대에는 전력 소비를 줄이도록 만들어 전력 부족을 피할 수 있게 도와준다. 이제 많은 사람이 전기 요금 고지서를 받지 않는다. 그들은 오히려 전기를 팔고 그 대금을 받는다.

공익사업은 가장 오래된 구독 기반 사업이지만, 오늘날 이것은 거대한 단방향 채널에서 규모가 작고 반응이 빠른 네트워크로 옮겨 가고 있다(여기서도 반복되는 주제가 있다는 사실을 알아차렸는가?). 센서와 연결성 덕분에 업계 전체가 온갖 종류의 새로운 가치를 '발견'하기 시작했다.

수에즈운하를 건설한 회사에 뿌리를 두고 있는 프랑스의 전기 공급업체 엔지ENGIE는 홈서비스를 예약할 수 있는 앱 기반 서비스를 운영하고 있다. 1836년 설립된 슈나이더일렉트릭은 지자체와 협력 관계를 맺었는데, 이는 전력을 더 많이 판매하기 위한 것이 아니라 지자체가 에너지 소비량을 35퍼센트 절감하도록 돕기 위해서다. 브루클린의 새로운 태양열 스타트업인 LO3에너지LO3 Energy는 블록체인 기술을 이용해 여러분이 생산한 태양 에너지를 이웃에 판매할 수 있게 해 준다. 이런 새로운 서비스들은 편의성만 높이는 것이 아니라 결과를 가속화하는 역할도 한다.

부동산: 사무실 소유에서 공유로

예로부터 우리는 성인이라면 반드시 자기 집을 사서 소유해야 한다고 배워 왔다. 그러나 이제는 더 이상 그렇지 않은 것이 분명하다. 젊은 사람들 가운데 상당수는 그 생각에 동의하지 않는데 여기에는 아주 합당한 이유가 있다. 그들은 더 많은 융통성, 더 많은 선택권, 그리고 자기가 원할 때 여러 환경을 혼합할 수 있는 능력을 원한다. 주오라도 사무실에서 근무하는 직원들에게 책상을 하나씩 배정해 주지만 이를 견디지 못하는 사람이 많다. 그들은 노트북을 들고 회사 휴게실 소파에 가서 이어

폰을 끼고 자기 일에 몰두하는 것을 훨씬 편하게 여긴다. 위워크WeWork 나 서브콥Servcorp 같은 사무실 공유 서비스 회사들은 이런 새로운 기호를 충족시키면 사무실 면적당 더 많은 돈을 벌 수 있다는 사실을 깨달 았다. 기업들도 이제 부담스러운 장기 부동산 임대에 관심이 없다. 자신들이 적당하다고 생각하는 만큼 사업 부지를 확장하거나 축소할 수 있는 유연성을 원한다.

점점 더 많은 물리적 세계가 열리고 있다. 이동이 자유로운 근로자들과 기업가들은 커피숍을 뒤로하고 공용 업무 공간을 찾는다. 매일 120만 명이 넘는 사람이 다른 프리랜서들이나 소규모 기업 팀들로 가득한 '사무실'로 향한다. 사람들은 VRBO 같은 휴양지 임대 사이트나 룸Room 같은 디지털 유목민 플랫폼에서 온갖 종류의 멋지고 새로운 휴가 경험을 찾고 있다. 에어비앤비에 대응하고자 하는 호텔들은 거대한 리조트 부지에 이름만 걸어 놓는 것이 아니라 자신들이 매력적인 여행 경험을 선사하는 일을 하고 있음을 깨닫고는 아파트 임대 플랫폼으로 사업을 다각화하고 있다. 여러분이 여행 숙박 서비스인 홈어웨이HomeAway에 직접 가입하든 아니면 부동산 중개업자가 더 많은 고객에게 다가가기 위해 온라인 부동산 정보업체 질로Zillow의 전문 서비스를 이용하든, 구독 기반 디지털 서비스는 이런 사이트에 동력을 공급하는 비즈니스 모델의 큰 부분을 차지하고 있다.

금융: 은행 창구에서 휴대전화로

금융업계는 너무 오랫동안 인터넷을 또 하나의 고객 접점인 가상 창구처럼 취급해 왔다. 중소기업이든 개인이든 온라인상에서 본인의 계좌 내역을 조회하거나 약간의 돈을 주고받는 일은 얼마든지 가능했지만, 예금 가입이나 자금 조달, 대출, 증권 매입 같은 기본적인 메커니즘은 은행 내부에서만 이루어지도록 되어 있었다. 《하버드비즈니스리뷰》에서 발표한 글로벌 컨설팅업체 베인Bain과 비즈니스 솔루션 전문 기업 SAP의 최근 분석에 따르면, 은행에서 판매하는 신용 상품 가운데 처음부터 끝까지 디지털 방식으로 거래할 수 있는 것은 단 7퍼센트밖에 안 된다고 한다.[4] 하지만 상황이 곧 바뀔 것이다. 금융과 IT가 하나로 결합된 새로운 핀테크fintech 서비스가 이런 메커니즘을 다양하고 흥미로운 방법으로 분산시키고 있다. 의료업계가 우리 손목으로 이동했다면, 금융 부문은 휴대전화로 이동하고 있다.

온라인 자산 관리 서비스 회사인 웰스프론트Wealthfront는 알고리즘을 활용해 책임감 있는 투자, 은퇴를 대비한 저축, 그리고 529개의 학자금 마련 플랜 가입을 도와준다. 온라인 주식 중개업체인 로빈후드Robinhood는 구독 모델을 이용해 투자자들이 거래할 때마다 10달러의 수수료를 지불하는 것을 막아 준다. 글로벌 결제 서비스 기업 아디엔Adyen은 세상에 존재하는 거의 모든 결제 수단을 처리해 기업들이 전 세계 어디서나 사업을 할 수 있게 도와준다. 모바일 결제 서비스인 벤모Venmo는 친구들과 함께 식사비나 택시 요금을 나눠 낼 수 있게 해 주는 전자 지갑e-wallet이다(벤모에 대해 들어 본 적이 없다면 젊은 동료들에게 물어보기 바란다). 신용 화폐 개념을 비롯해 이런 모든 서비스들을 누구나 이용할 수 있다.

모든 것이 공개된 경기장에서 새로운 성장 경로 찾기

이야기할 수 있는 내용이 아직 많이 남았다. 우리 회사는 농업, 커뮤니케이션, 여행, 건강, 통신, 생명과학, 항공, 식음료, 피트니스, 게임 등 다양한 분야의 기업들과 함께 일한다. 하지만 이들을 관통하는 공통점이 하나 있다. 그것은 바로 구독이 성장으로 이어진다는 것이다. 고객이 물리적 자산 소유 문제를 걱정할 필요 없이 원하는 성과를 얻을 수 있게 되면 바로 수요가 발생하고 새로운 수익원이 만들어진다. 지구상의 모든 산업 분야는 테크놀로지 산업이 최근에 누린 것과 같은 성장을 따라 잡을 가능성을 가지고 있다. 디지털 컨설팅업체 딜로이트디지털Deloitte Digital의 사장인 앤디 메인Andy Main은 샌프란시스코에서 열린 '서브스크라이브드' 콘퍼런스에서 이렇게 말했다.

요즘은 모든 것이 공개된 경기장이라고 할 수 있습니다. 그 열린 경기장이 새로운 경험과 다양한 모델을 만들어 냈습니다. 이는 사업을 다양한 방식으로 연결시켜야 한다는 의미입니다. 더 좋은 경험을 제공하기 위해 경쟁하고, 자신의 가치 제안에 대해 생각하고, 그 가치를 실현하기 위해 업무를 조율하는 방법을 고민해야 합니다. 경험은 경쟁의 새로운 영역입니다.

여기에서 모든 일이 진행되고 있다. 이 모든 사례 연구와 기사, 조사 내용은 서비스를 통해 필요한 것을 모두 얻을 수 있는 세상, 자유로운 세상을 가리킨다. 하지만 이렇게 공개된 경기장에서 성공하려면 무엇이 필요할까? 조직을 어떻게 준비시켜야 구독 경제 체제에서 성공할 수 있을까? 정말 힘든 일들을 헤쳐 나가면서 타협을 해야 하는 순간도 생길 것이다. 지금부터 하나씩 자세히 설명하겠다.

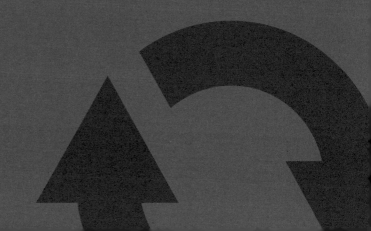

2부
구독 경제
성공의 길

9장

혁신이 불러온
혼란의 시간 뛰어넘기

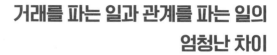

거래를 파는 일과 관계를 파는 일의
엄청난 차이

디지털 전환이 역할 변화를 뜻한다면, 회사가 돌아가는 전반적인 방식 또한 변화하고 있다. 구독 사업을 하려면 얼마나 많은 전환이 필요한지 머릿속에 그려 볼 수 있도록, 우리가 아직 이야기하지 않은 매력적인 산업인 비디오 게임과 관련된 사고 실험을 진행해 보도록 하자.

현재 게임은 할리우드 영화 산업보다 규모가 큰 것이 거의 확실한데 두 산업 사이에는 몇 가지 유사점이 있다. 모든 유명 게임 브랜드는 할리우드의 블록버스터 시리즈들과 매우 흡사한 프랜차이즈 방식으로 운영되며, 게임의 흥망이 판가름 나는 출시일 주말에 대부분의 수익이 결정된다.

유명한 게임은 개발비가 최대 6000만 달러까지 들며 마케팅에 그 2배의 비용을 들이기도 한다. 〈갱스터 러버〉처럼 망한 영화보다는 〈타이타닉〉을 제작하고 싶어 하듯이, 〈트랜스포머: 라이즈 오브 더 다크 스파크〉 같은 게임보다는 〈그랜드 테프트 오토 V〉를 출시하고 싶을 것이다. 〈그랜드 테프트 오토 V〉는 출시 24시간 만에 8억 달러가 넘는 매출을 올렸지만 〈트랜스포머〉 게임은 평가가 상당히 좋지 못했다. 게임 스튜디오들은 대개 2년 동안 게임 타이틀 제작에 공을 들인 뒤, 출시일이 되면 최대한 많은 판매 경로(대부분 가게와 단말기)를 통해 제품을 발표하면서 고객들이 그 경로 끝에서 자기네 게임을 기다리고 있기를 바란다.

일반적인 미디어 소비 추세를 따라 비디오 게임도 영화처럼 소매 디스크 매출은 급감하고 스트리밍과 구독을 통한 온라인 매출이 증가하고 있다. 그리고 할리우드와 마찬가지로 비디오 게임 산업도 콘솔 게임기, 휴대전화, 가정용과 휴대용으로 모두 사용 가능한 닌텐도 스위치 같은 기기, 가게, 트위치 같은 스트리밍 사이트, 심지어 대규모 e스포츠 경기를 개최할 수 있는 매디슨스퀘어가든이나 스테이플스센터 등을 통해 멀티스크린 전략을 추구하는 데 지대한 관심을 보인다. 일반적인 비디오 게임 플레이어는 무수히 많은 경로를 통해 비디오 게임을 하면서 다양한 경험을 한다. 친구들과 온라인 게임을 함께하고, 다운로드 가능한 콘텐츠downloadable content, DLC에 돈을 지불하며, 소액 결제를 하고, 휴대전화로 모바일 버전 게임을 즐기고, 트위치에서 뛰어난 선수들이 경기하는 모습을 관람하고(또는 이런 선수들을 후원하고), 대회에 직접 참가하기도 한다.

이제 여러분이 〈스타십 블래스터〉라는 이름의 대형 프랜차이즈 게임 개발자라고 가정해 보자. 여러분은 2년마다 한 번씩 새로운 캐릭터와 멋지고 신선한 모험, 그리고 (당연히) 기능이 향상된 무기가 등장하는, 규모가 더 커지고 좋아진 〈스타십 블래스터〉 게임을 출시한다. 하지만 새로운 작품을 출시할 때마다 갈수록 속편을 제작하는 비용이 늘어나는 것과 반비례해 수익은 떨어지고 있다. 2년 뒤에는 〈스타십 블래스터 III:

스틸 블래스팅〉을 구입한 이들 가운데 절반만이 〈스타십 블래스터 IV: 블래스터겟돈〉을 구입하리라는 사실을 알고 있다. 그리고 플레이어가 게임을 하면서 얻고 싶어 하는 경험이 2년마다 한 번씩 게임을 출시하는 스케줄과 맞지 않는다는 사실도 알고 있다.

그래서 60달러의 게임 비용을 한 달 5달러로 1년에 걸쳐 분산시키고, 다운로드 가능한 멋지고 새로운 여러 콘텐츠를 동원해 그 플레이어를 붙잡아 둘 수 있다면 장기적으로 더 이익이 되리라 생각하기에 이르렀다. 그렇게 하면 플레이어들은 가끔씩 하는 시시한 게임을 위해 많은 돈을 지불하는 불쾌한 경험을 하지 않아도 되고, 여러분 회사는 할리우드 경제의 흥망성쇠에 영향을 덜 받는 안정된 수익 모델로 이익을 올릴 수 있다. 또 분기마다 반복적으로 수익이 발생하는 플랫폼이 생기므로 이 돈을 적절한 곳에 투자할 수 있다. 〈파이널 판타지〉 제작자인 요시다 나오키吉田直樹는 게임 뉴스, 리뷰, 다운로드를 제공하는 온라인 매체 《게임스폿GameSpot》과 가진 인터뷰에서 이렇게 말했다.

구독 모델을 이용하면 지속적인 수익 흐름이 생깁니다. 게임 개발자이자 제작자인 우리는 최고의 게임 경험을 계속 제공하고 유지할 수 있기를 바랍니다. 물론 초기에는 구독자 수가 부분 유료화 모델만큼 많지 않을 수도 있지만, 구독자 유입은 끊임없이 이어집니다. 우리는 당장 눈앞의 사업만 생각하지 않습니다. 장기적인 미래를 생각하며 꾸준히 업데이트를 지속할 수 있는 자금을 확보하기를 원하죠. 빠른 수익 창출에 초점을 맞추는 사람

도 있겠지만, 장기적으로 생각해야 합니다.[1]

그래서 이제 여러분은 이렇게 하기로 결정했다. 앞으로는 2년에 한 번씩 화려한 제품 출시를 준비하지 않는다. 플레이어는 매달 5달러씩만 내면 꾸준한 혁신, 단계별 업데이트, 지속적 참여가 가능한 〈스타십 블래스터〉를 서비스 형태로 이용할 수 있다. 모두에게 이익이 되는 방법이다. 여러분이 인상적인 파워포인트 프레젠테이션을 공들여 준비하면 중요한 이사회가 열리고, 그런 다음 회사 전체에 이메일이 발송되고, 모든 부서는 이 새로운 비즈니스 모델로의 전환과 관련된 명확한 지시와 자료, 그리고 최종 착수 날짜를 전달받는다.

이때 회사 사람들의 반응은 어떨까? 정말 어처구니없고 황당하다는 반응을 보일 것이다.

마케팅 팀은 대공세를 펼칠 수 있는 제품 출시일이 없어진 것에 격분한다. 개발 팀은 제작 일정이 몽땅 취소되자 몹시 불안해한다. IT 부서는 얼마 전 수백만 달러를 투자해 들여놓은 새 비즈니스 시스템이 순식간에 쓸모없어진 탓에 크게 분개한다. 재무 팀 역시 분기별 매출이 쫄딱 망하리라 전망되기에 하나도 기쁘지가 않다.

그렇다면 어떻게 해야 할까? 어떻게 해야 변화를 이룰 수 있을까? 이것이 바로 이 책 후반부의 중심 주제인 '구독 문화 구축'이다. 다음 도표를 보자.

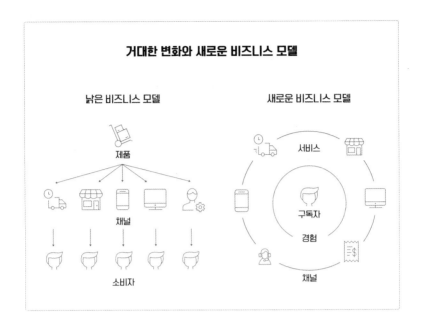

거대한 변화와 새로운 비즈니스 모델

낡은 비즈니스 모델

제품

채널

소비자

새로운 비즈니스 모델

서비스

구독자

경험

채널

오른쪽 새 비즈니스 모델에 구독자인 비디오 게임 플레이어가 있다. 그들은 더 이상 채널 뒤에 숨어 있지 않을 것이다. 하지만 이런 변화가 여러분 회사의 운영 방식에 어떤 영향을 미칠까? 그중 어떤 것도 쉬운 일은 없다. 변화의 필요성은 크고 분명하지만, 직원 한 명 한 명이 변화에 맞춰 도약하게 하려면 어떻게 도와야 할까? 회사 전체가 당황스러워하고 분개할 때 어떻게 대응할 것인가?

먼저 제품 관리자, 엔지니어, 제작자, 디자이너부터 살펴보자. 직책은 저마다 다르지만 궁극적으로는 회사의 제품 혁신을 담당하는 이들이다. 예전 비즈니스 모델에서 그들이 하던 일은 시장 조사를 하고, 표적 집단을 운영하고, 모눈종이에 뭔가를 그리고, 최저 비용으로 제품을 제조하는 방법을 알아내고, 완성된 제품을 시장에 출시하는 것이었다. 여러분이 제품을 많이 팔아 예상치를 넘어선다면 히트 상품이 생겨 많은 돈을 벌 것이다. 반면에 그러지 못하면 돈도 못 벌 것이다. 그런데 이 정적인 제품을 생생하게 살아 숨 쉬는 경험으로 바꾸면 어떻게 될까? 고객이 지금까지의 찬밥 신세에서 벗어나 개발 과정의 한복판에 자리 잡는다면 어떻게 될까? 이 고객에게 어떻게 하면 즐거운 놀라움을 지속적으로 선사할 수 있을까? 여러분이 목격하고 있는 이 새로운 사용 행태에 근거해, 어떻게 하면 사람들이 나은 길을 걷도록 만들 수 있을까?

재무 팀은 어떤가? 회계 담당자, 최고재무책임자, 운영진은? 예전에는 비용을 추적해 이를 전지전능한 판매 단위와 연결시켜 따지는 작업을 했다. 어떻게 하면 한계 비용marginal cost을 개선할 수 있을까? 유통 채널 쪽에 돈을 얼마나 줘야 할까? 간접비는 얼마나 되는가? 〈스타십 블래스터〉의 경우 재무 팀은 무엇보다 단위 판매량에만 집중하면서, 한창 성장 중인 중요한 부문인 디지털 서비스는 부차적인 수익원으로 치부했다(캘리포니아주 쿠퍼티노에 있는 어떤 회사처럼 말이다). 하지만 이제 상황은 그리 간단치가 않다.

오늘날 재무 팀은 고객 유치 비용, 고객 생애 가치, 연간 반복적 매출, 고객당 평균 매출 같은 완전히 새로운 규칙과 측정 지표를 이용해 실험을 진행하고 있다. 게임 플레이어들이 최소 1년 동안 게임을 계속한다면 매달 5달러씩 받겠다는 이 계획은 좋은 생각으로 보인다. 하지만 두어 달 후에 게임을 그만두는 사람인 경우에는 어떻게 해야 할까? 사업

계획서에서는 그런 사람들을 어떻게 설명하고 있을까? 요즘에는 재무 팀이 가격 책정, 패키징, 분석 등 조직 전체에 분산되어 있는 운영 지표를 규정하는 경우가 늘어나고 있다. 일례로 넷플릭스는 실제로는 아직 '판매'되지 않는 프로그램에 연간 80억 달러를 투자하는 일을 어떻게 정당화할까? 재무 팀은 우리가 모르는 뭔가를 알고 있는 것이 분명하다.

최고정보책임자와 IT 부서는 어떤가? 그들의 업무는 어떻게 바뀌고 있는가? 지난 20년 동안은 표준화를 통한 효율성 개선에 중점을 두었다. 어떻게 해야 재고를 줄일 수 있을까? 공급망의 단계를 줄이려면 어떻게 해야 하나? 어떻게 하면 A지점에서 B지점으로 제품을 더 빠르게 옮기고 운송비도 줄여 제품 단가를 낮추고 회사에 경쟁 우위를 안겨 줄 수 있을까? 일관성 있는 기록 시스템을 유지하려면 어떻게 해야 할까? 다들 공급망 관리에 도움을 받기 위해 근사한 전사적 자원 관리 시스템을 설치했다. 설치 목표는 기록 시스템 전반에 걸친 표준화였다. 신기술을 시험할 수 있는 여분의 예산이 있다면 괜찮다. 그렇지만 대개는 IT 부서 직원들이 엔진의 불을 꺼뜨리지 않기 위해 기관실에서 계속 석탄 푸는 일을 했다. 그런데 만일 판매 단위(또는 〈스타십 블래스터〉 게임 디스크)가 아니라 고객(또는 플레이어)을 중심으로 IT 인프라를 구축한다면 어떻게 될까?

가트너는 "지금껏 기록 시스템에 초점을 맞추던 IT가 혁신 시스템에 집중하는 쪽으로 바뀌고 있다"[2]라고 말한다. 무슨 뜻일까? 제품 담당자들이 IT 부서에 가서 "새로운 서비스를 도입해 계속 유지하려면 어떻게 해야 하나요?"라고 묻는다. 영업과 마케팅 담당자들도 IT 부서에 묻는다. "가격 책정이나 패키징 관련 아이디어는 모두 준비되어 있는데, 이걸 어떻게 테스트해야 할까요? 그리고 그 작업을 빨리 진행하려면 어떻게 해야 하죠?" 재무 팀도 문을 두드린다. "우리는 전통적인 금융 시스템을 넘어선 완전히 다른 사업 관점이 필요해요. 우리를 도와줄 수 있나요?" 여러분 회사의 IT 팀은 이런 새로운 과제에 어떻게 대응하는가?

마지막으로 이 모델은 여러분 회사의 영업과 마케팅 활동에 어떤 영향을 미칠까? 이런 식으로 생각해 보자. 거래를 파는 일과 관계를 파는 일의 차이점은 무엇일까? 앤 잰저Anne Janzer는 《플랫폼의 미래 서브스크립션》이라는 훌륭한 책에서, "마케팅은 이제 판매만을 위한 것이 아니다. 구독 고객이 계속 구독을 갱신하면서 다시 참여하게 하려면 실질적인 가치를 제공하고 문제를 해결해 주어야 한다"[3]라고 말했다. 〈스타십 블래스터〉의 경우에도 이런 필수 요소 때문에 끊임없이 발전하는 훌륭한 게임을 만드는 것이 중요하다. 따라서 광고 예산 중 일부를 재분배해 더 많은 개발자를 채용하고 컨벤션을 자주 개최할 수 있다. 전통적인 영업 팀은 이와 관련해 문제를 겪는 일이 갈수록 늘어나고 있다. 오늘날의 잠재 고객들은 이미 여러분 회사에 대해 많은 정보를 알고 있는데(입수 가능한 정보가 많아서다) 이 때문에 영업 팀이 혼란스러워하는 경우도 전보다 늘었다. 그들은 심지어 사람들에게 어떤 질문을 던져야 할지조차 모를 수 있다. 대화를 어떻게 시작해야 할까? 가까운 장래에 여러분의 고객이 되어 줄 사람들에게 어떻게 이 새로운 관계를 팔 수 있을까?

획일화되고 고립된 사일로 구조 무너뜨리기

20세기의 조직은 일렬로 연결되어 있는 난로 연통과 닮았다. 다양한 부서들이 자기네 영역만 지켰다. 과거에는 각 부서가 이렇듯 철저하게 격리되어 있는 것이 이치에 맞았다. 마케팅 팀은 시장 조사를 해 그 결과를 제품 개발 팀에 전달했고, 제품 개발 팀은 명세서를 만들어 제품을 제작했다. 그리고 완성된 제품을 영업 팀에 넘기면, 영업 팀은 미친 듯이 홍보를 했다. 재무 팀은 돈을 셌다. 누군가가 자기 패스워드를 잊어버리면 IT 팀에 연락했다.

특정한 제품 라인을 중심으로 회사를 조직하는 이런 업무 방식은 모든 일이 규모 확대와 일관성, 획일성을 기준으로 하는 경우에 적합했다. 경영진은 이를 통해 개발 주기와 판매 실적을 직접 파악할 수 있었으며 팀의 주인 정신과 책임 소재를 명확히 할 수 있었다. 하지만 이런 제품 기반 접근 방식은 핵심적인 거래 문제를 평가할 때는 어느 정도 이점이 있었던 반면 엄청나게 많은 비용이 소요되었다. 이로 인해 잘 조율된 비전은 결여되었고 고립된 조직이 생겨났으며, 결국 고객을 두고 내부 경쟁까지 벌어졌다. 그리고 경영진의 근시안적 마인드셋을 부추겨 갑작스러운 시장 변화에 대처하지 못한 채 후폭풍을 맞았다. 고객이 아닌 제품에 중점을 두는 이런 회사들은 뒷걸음질을 칠 수밖에 없었다.

그런데 유감스럽게도 이런 구조가 꽤 오랜 시간 동안 효과를 발휘했다. 소비자 입장에서는 별로 훌륭하게 기능했다고 할 수 없지만, 그래도 제품을 선적하고 이사회를 계속 만족시켰다. 기능적으로 돌아가기는 하지만 썩 좋지 않은 경영 방식이었다. 그리고 수익성 있는 평범함보다 더 위험한 것은 없다. 제2차 세계 대전 이후 이런 제품 기반 경영 구조가 처음 만들어지고 나서, 기업이 세상을 지배하는 황금시대가 도래할 수 있었던 것은 비교적 수동적인 소비자층 덕분이었다.

하지만 이는 이제 더 이상 사실이 아니다. 고객이 중심이 되는 새로운 세상에서는 서로 소통할 수 없는 이런 획일적이고 고립된 사일로 구조를 제거해야 한다. 모두가 현실을 외면하고 있는데 어떻게 성과를 제공하는 새로운 구독자 경험을 만들 수 있겠는가? 팀들이 모두 벽으로 분리되어 있는데 어떻게 비즈니스 모델을 혁신할 수 있겠는가? 어떻게 혁신 방법이나 시장 진출 방법, 기본 비즈니스 모델 접근 방법 등을 올바르게 선택할 수 있겠는가? 훌륭한 제품을 훌륭한 서비스로 바꾸는 임무를 맡은 조직의 핵심 인재들(디자이너와 발명가)부터 시작해, 구독 사업을 위한 새로운 규칙들을 더 면밀히 살펴보도록 하자.

10장

혁신 :
무한 베타 상태를
유지하라

지메일과 네버 엔딩 제품의 탄생

소프트웨어 회사들이 첫 서비스형 소프트웨어 제품을 출시하면 그 직후에 재미있는 일이 벌어진다. 미디어 회사들이 자기네 사용자에게 처음으로 가입 요청을 하거나, 소매업체가 특정 고객의 구매 패턴을 추적하기 시작하거나, 산업 제조 회사가 자기네 장비에 센서를 처음 설치하고 난 직후에도 똑같은 일이 벌어진다. 갑자기 고객이 무엇을 하는지 볼 수 있게 되는 것이다!

대시보드에 처음 불이 켜지는 광경을 보는 것은 정말 놀라운 경험이다. 나도 세일즈포스에서 그런 첫 경험을 했던 때가 기억난다. 우리는 즉시 더 많은 정보를 갈망하게 되었고 그 정보는 우리가 결정을 내리고, 자원을 분배하고, 새로운 서비스를 구축하는 방법을 크게 변화시켰다. 사실상 모든 것을 바꾸어 놓았다.

나는 개인적으로 지메일이 처음 등장했을 때 많은 사람이 새로운 종류의 제품 개발 철학을 접하게 되었다는 견해를 갖고 있다. 2004년 4월 1일 첫선을 보일 당시, 지메일 로고에는 '베타BETA'라는 단어가 찍혀 있었다. 수백만 명이 가입한 뒤에도 지메일은 여전히 베타 제품이었다. 실제로 지메일은 5년 동안이나 베타 제품이었는데, 구글은 2009년 7월 7일까지 '테스트' 단계를 완료하지 못했다. 왜 이렇게 시간이 오래 걸렸을까? 결국 그들이 베타라는 이름을 버리기로 한 이유는 무엇이었을까?

그것은 엔지니어링 팀에서 "완료됐다"라고 선언한 것과는 아무런 관련이 없다. 진짜 이유는 지금껏 로터스 노트Lotus Notes나 마이크로소프트 익스체인지Microsoft Exchange를 구입하던 《포천》 500대 기업들이 지메일을 사고 싶어 했지만, 구매 팀에서 베타 제품을 구입하지 못하게 했기 때문이다! 이에 대한 구글의 대응 방법은? 그냥 로고를 업데이트했다.

다음은 2009년 7월 7일 구글 앱스의 '베타 상태' 종료를 알리는 구글 블로그 게시물 내용이다(나는 마지막 문장이 가장 마음에 든다).

우리는 수많은 구글 애플리케이션을 계속 베타 버전으로 제공하는 이유가 뭐냐는 질문을 자주 받았습니다. 일례로 지메일에는 5년 이상 베타 태그가 붙어 있었습니다. 우리는 이런 상황이 몇몇 사람들, 특히 '베타' 소프트웨어란 아직 제대로 출시할 준비가 되지 않은 소프트웨어를 가리킨다는 전통적인 정의에 동의하는 이들을 혼란스럽게 한다는 것을 알고 있습니다. 2년 전 기업용 구글 앱스 세트를 출시한 뒤, 서비스 수준 협약과 24/7 지원을 제공했고 비베타 소프트웨어의 모든 표준을 충족하거나 초과 달성했습니다. 전 세계 175만 개 이상의 기업이 구글과 구글 앱스로 사업을 운영하고 있습니다. 하지만 아직 시험 단계에 있는 듯한 느낌을 주는 소프트웨어를 사용해 사업을 운영하는 것을 원치 않는 대기업에는 베타 태그가 적합하지 않다는 사실을 알게 되었습니다. 그래서 제품에서 베타 태그를 제거하기 위한 높은 기준치에 도달하고자 노력을 집중했고, 결국 앱스에 포함된 모든 애플리케이션이 그 목표를 달성하게 되었습니다.

……한 가지 더 말씀드리자면, '베타' 태그 모양을 좋아하는 분들을 위해 '설정' 메뉴에서 '랩스Labs' 탭에 들어가면 지메일용 베타 라벨을 손쉽게 다시 사용할 수 있도록 해 놓았습니다.[1]

정말 재미있지 않은가. 기존의 '베타' 로고가 그리운 사람은 설정 메뉴에서 찾을 수 있게 해 놓았다! 요컨대 이 영문 네 글자짜리 단어는 우리에게 아무 의미도 없다는 것이다.

나는 이것이 현대 소프트웨어 디자인의 근본 원리를 세상에 널리 알린 정말 중요한 문서라고 생각한다. 지메일은 시즌별로 일시적 호황과 불황을 넘나드는 제품 주기가 종말을 맞고 네버 엔딩 제품이 탄생했음을 알렸다. 무슨 뜻일까? 베타의 원래 의도는 준비가 완벽하게 되기 전에 제품을 출시해 고객들에게 많은 피드백을 받은 다음, 그 의견들이 반영된 최종 제품을 만들어 시장에 내놓는 것이다. 결국 '신속한' 제품 개발에서 핵심은, 최종 제품을 출시할 준비가 되기 전에 고객과 주요 이해관계자가 개발 과정에 참여해 특이한 시나리오를 미리 예측하고 전반적인 품질 보증quality assurance, QA 노력에 도움을 주는 것이다. 지메일 팀은 이 아이디어를 한층 더 발전시켜 마지막 부분을 무시하기로 했다. 그들은 과거의 마인드셋에서 벗어나 자신들이 정적인 제품이 아니라 살아 숨 쉬는 경험을 만든다고 여기려면, 고객들을 항상 혁신 파트너로 동원해야 한다는 사실을 깨달았다. 이런 베타 마인드셋을 무한히 유지해 보지 않겠는가?

〈애자일 소프트웨어 개발 선언문Manifesto for Agile Software Development〉[2]은 2001년에 유타주의 한 스키 리조트에 모인 개발자 단체가 만든 것이다. 여기에는 작업 프로세스와 툴보다 개인과 상호 작용 중시, 포괄적인 문서보다 실제로 작동하는 소프트웨어 중시, 계약 협상보다 고객과의 협력 중시, 계획 준수보다 변화에 대한 발 빠른 대처 중시 등 단순하지만 강력한 4가지 가치 비교가 포함되어 있다(애자일 소프트웨어 개발은 미리 계획을 세우고 많은 시간과 비용을 들여 개발하는 방식이 아니라, 고객의 피드백을 반영하는 수정과 보완 작업 반복을 통해 변화에 유연하게 대처하면서 신속하게 소프트웨어를 개발하는 방식이다—옮긴이).

우리는 모든 구독 서비스에 이 원칙을 적용할 수 있다. 진공 상태에서는 혁신이 일어나지 않는다. 혁신은 일정 기간 동안 어떤 개념을 반복한 결과 나온 산물이다. '모 아니면 도' 식으로 진행되는 대규모 제품 출시는 사람들을 극도의 피로감에 젖게 하고, 생산성과 영감이 최고점과 최저점을 오가는 건전하지 못한 상황을 초래한다. 지속 가능한 개발을 지원하는 환경을 조성하자는 것이 이 선언문의 요지다. 팀은 꾸준한 혁신 속도를 무한정 유지할 수 있어야 한다. 그것이 대응력과 민첩성을 유지할 수 있는 유일한 방법이다.

이제 항상 고객의 말을 경청하면서 꾸준히 수정과 보완, 개선을 반복하자는 생각이 지구상의 모든 산업으로 확산되고 있다.

카녜이 웨스트와
최초의 서비스형 소프트웨어 앨범

앞서 이야기한 카녜이 웨스트의 앨범《라이프 오브 파블로》를 예로 들어 보자. 그는 2016년 2월 14일 이 앨범을 스트리밍 서비스 타이달에 공개했고, 당연히 다들 흥분해 미친 듯이 스트리밍하기 시작했다. 그런데 그때 이상한 일이 벌어졌는데…… 카녜이가 발매된 앨범을 계속 수정한 것이다! 그는 보컬을 추가하고, 가사를 바꾸고, 앨범이 공식 발표되고 몇 주가 지난 뒤에 곡 순서를 바꾸기도 했다. 기본적으로 뮤지션들이 일단 앨범을 발매하면 그것으로 끝이었다. 앨범에 대한 평이 나오고, 팬들은 새 앨범을 좋아하거나 싫어하고, 그것이 전부였다. 하지만 스트리밍이 그런 현상에 종지부를 찍었다.

여러분이 이 개념을 혼동할 수도 있음을 인정한다(조지 루카스가 온갖 짜증 나는 특수 효과를 동원해 오리지널 〈스타워즈〉 3부작을 망쳐 놓은 것처럼). 하지만 같은 앨범을 1년 뒤에 들었을 때와 2년 뒤에 들었을 때 조금씩 다른 경험을 하는 것이 뭐 어떻다는 말인가? 카녜이는 애틀랜타 라디오 방송국 V-103과 인터뷰하면서, 2013년 발표한 여섯 번째 앨범인《이저스 Yeezus》의 표지를 압축 포장된 평범한 CD 사진으로 꾸민 이유를 이렇게 설명했다. "그건 CD의 죽음, 열려 있는 관과 비슷하기 때문이죠. 꼭 '이 CD 좀 봐. 우리 일생을 보는 느낌이네. 마지막으로 잘 봐 둬. 왜냐하면 앞으로는 많이 못 볼 테니까' 이런 느낌인 거죠." 그러고 나서 카녜이는 2016년 자신의 일곱 번째이자 최초의 서비스형 소프트웨어 앨범을 발표했다.

카녜이는 앨범이 아니라 음악을 듣는 사람들을 자기 창작 과정의 중심에 두었다. 그리고 실험과 검증된 학습, 수정과 개선 반복을 통해 제품 개발 주기를 단축했다. 또 고객의 피드백이 제품 개발에 도움이 되는 선순환 구조를 만들었다. 카녜이는 제품을 발표하고 구독자들에게 지원을 요청함으로써, '최종' 제품이 완성될 때까지 기다리지 않고도 판매 경로를 성공적으로 운용할 수 있었다. 대신에 그는 자기 음악을 손볼 수 있는 공간과 자원을 얻었고, 계속 진행 중인 개발 주기의 일부로 최적화했다. 비록 그가 실제로 이렇게 말하지는 않았지만 분명히 그랬으리라 확신한다.

그레이즈, 서비스 안에 시장 조사가 포함된 신속 생산 공장

이런 지속적인 혁신의 개념이 얼마나 강력한지를, 그리고 그것이 소프트웨어나 디지털 미디어에만 국한된 개념이 아님을 증명하기 위해 영국의 온라인 건강 스낵 구독 박스 회사인 그레이즈Graze에 대해 이야기해 보자. 이 회사는 간식계의 판도라Pandora 같은 존재다(판도라는 뮤직 게놈 프로젝트를 바탕으로 음악 스트리밍과 자동 음악 추천 인터넷 라디오 서비스를 제공한다—옮긴이). 2주에 한 번씩 4가지 종류의 간식이 들어 있는 박스를 보내주면, 나는 인터넷을 통해 간단하게 피드백을 해 준다. "이건 마음에 들어요." "이건 별로네요. 앞으로 이 비슷한 건 보내지 마세요." "이건 다른 옵션들을 좀 더 살펴봐도 괜찮을 거 같네요." "팝콘은 계속 보내 주세요." 이런 식으로 말이다. 이 회사도 요즘 여기저기서 볼 수 있는 추천 엔진 알고리즘을 가지고 있는데, 기능이 정말 괜찮다.

그런데 이 회사에 대해 좀 더 알게 되면 훨씬 멋지다고 생각할 것이다. 앞에서 애자일 소프트웨어 개발에 대해 이야기했는데, 그레이즈는 신속 생산 공장을 가지고 있다. 런던에서 열린 '서브스크라이브드' 콘퍼런스에 참가한 그레이즈 CEO 앤서니 플레처Anthony Fletcher는 자기 휴대전화를 꺼내 들고는 이렇게 말했다. "나는 휴대전화를 통해 공급량, 유통업체, 패키징 등 공장 관련 업무를 모두 처리할 수 있습니다. 우리가 출하하는 모든 박스는 오직 한 사람만을 위한 것입니다." 이것만으로도 믿기 어려울 정도로 대단한 일이지만 이야기는 여기서 끝나지 않는다. 내가 가장 좋아하는 부분이 아직 남았다.

그레이즈는 최근 미국에서 사업을 시작했는데, 이 나라에서는 이스트 추출물인 마마이트 맛이나 소금 맛 또는 식초 맛이 나는 감자칩 같은 전형적인 영국 과자들이 불티나게 팔리지는 않는다. 이 회사 CEO는 이렇게 말했다. "나는 예전에 CPG라는 에너지 드링크 회사에서 일했습니다.

우리는 해외에 진출할 때면 새로운 시장의 취향과 선호도를 이해하기 위해 수백만 달러를 들여 시장 조사를 했습니다. 하지만 그렇게 애를 쓰고도 잘못된 판단을 하는 경우가 절반 이상이었죠. 시장에 어떤 물건을 내놨는데 실패했다면 다시 전열을 가다듬고 1년 안에 다른 제품을 재출시하는 방법을 궁리해야 합니다. 하지만 그레이즈의 경우 미국에 진출할 때 시장 조사에 전혀 돈을 들이지 않았습니다. 그냥 기존 제품 라인을 가져와서 그대로 미국 시장에 선보였죠. 왜냐하면 시스템은 스스로 적응하기 마련이거든요." 그레이즈 팀은 사업 실적을 한눈에 보여 주는 대시보드 앞에 앉아서 가만히 기다렸다. 며칠이 지나자 매콤한 바비큐 맛이 1위 자리에 올랐고, 달콤새콤한 처트니 소스 맛은 매출이 급감했다.

이제 표적 집단도, 전화 설문 조사도, 사용자 인터뷰도 필요 없다. 히트 상품의 탄생을 바라며 기도할 필요도 없다. 왜일까? 이미 구독 박스 서비스 안에 시장 조사가 포함되어 있기 때문이다. 그레이즈 팀은 고객이 무엇을 원하는지 알 수 있었으므로 3~4개월 안에 완벽하게 조율된 미국 유통망을 갖추었다. 그레이즈의 신속 생산 공장은 세계 어디에 갖다 놓아도 즉시 고객의 의견을 듣고, 배우고, 스스로를 최적화하기 시작할 것이다. 구독자들과 함께 서비스를 디자인하고 그들의 사용 방식이나 행동과 관련된 데이터를 서비스에 전달하면, 고객이 정말 좋아하고 그들의 필요에 따라 진화하는 서비스를 만들 수 있다. 지메일 팀은 이 사실을 깨달았고, 그레이즈 팀도 마찬가지였다.

넷플릭스, 더 이상의 파일럿은 필요 없다

파일럿 프로그램은 네트워크 텔레비전 개발 과정의 기본적인 요소다. 대형 TV 스튜디오들은 흥행할 수도 있고 못 할 수도 있는 프로그램의 한 시즌을 전부 찍느라 거금을 들이기보다는, 시험용 에피소드를 몇 편 찍어 라스베이거스 같은 곳에서 테스트 관객들에게 보여 주고 그들의 반응을 측정한다(개발 부서 사람들이 라스베이거스를 좋아하는 이유는 그곳을 방문하는 이들이 미국의 단면을 꽤 정확하게 대표하기 때문이다). TV 프로그램은 제작 비용이 많이 들기 때문에 파일럿 프로그램은 텔레비전 스튜디오가 투자를 분산시킬 수 있는 방법이다. 전형적인 파일럿 시즌은 잔혹하고 무자비한 〈헝거 게임〉 방식 시나리오를 따른다. 수백 가지 아이디어를 수십 개의 원고로 추린 다음 그중 15~20개 정도를 골라 실제 파일럿 에피소드를 제작한다. 파일럿 프로그램은 짧고 힘겨운 삶을 살아간다. 대중문화 잡지 《버라이어티》의 추산에 따르면, 파일럿 프로그램 중에서 정식 텔레비전 프로그램으로 제작되는 경우는 전체의 4분의 1도 안 된다고 한다. 결국 시장 조사용인 셈이다.

넷플릭스는 파일럿 프로그램을 이용하지 않는다. 지금까지 늘 그래 왔고 앞으로도 그럴 것이다. 자, 오해하지 말기 바란다. 넷플릭스에도 물론 형편없는 프로그램들이 있긴 하다. 그렇지만 이 회사는 HBO와 더불어 모든 이의 입에 오르내리는 시대정신을 표상하는 프로그램들(〈더 크라운〉〈하우스 오브 카드〉〈오렌지 이즈 더 뉴 블랙〉〈기묘한 이야기〉 등)을 제작해 엄청난 성공을 거두었다. 2013년 처음 시도한 오리지널 콘텐츠인 정치 스릴러 드라마 〈하우스 오브 카드〉를 선보였을 때, 넷플릭스는 1990년에 제작 방영되었으나 잘 알려지지 않은 동일한 제목과 내용의 영국 버전 드라마가 이미 자기네 플랫폼에서 눈에 띄는 성과를 올렸다는 사실과 이번 미국 버전 감독을 맡은 데이비드 핀처 그리고 주연을 맡은 케빈 스페이시와 로빈 라이트가 시청자들에게 매우 인기가 많다는 사실을 알고 있었다.[3] 넷플릭스는 시청자들이 정치 드라마에 열광한다는 사실도 알고 있었기에, 상당히 전망 밝은 구도를 갖추기 시작했다. 하지만 파일럿 에피소드를 통해서는 이 드라마의 밀도 높고 다층적인 스토리를 잘 전달할 수 없다는 것 역시 알고 있었다. 그래서 프로그램 전체를 제작하기 위한 예산을 편성했다. 이 회사의 최고커뮤니케이션책임자CCO인 조너선 프리들랜드Jonathan Friedland는 《뉴욕타임스》와 가진 인터뷰에서 이렇게 말했다. "우리는 소비자와 직접 관계를 맺고 있기 때문에 사람들이 뭘 보고 싶어 하는지, 특정 쇼에 대한 관심도가 얼마나 큰지 알 수 있습니다. 그래서 〈하우스 오브 카드〉 같은 프로그램을 봐 줄 시청자를 찾을 수 있다는 자신감이 있었죠."

우리는 넷플릭스가 사용자 데이터를 얻기 위해 얼마나 애쓰는지 알고 있다. 사용자 등급, 검색 내용, 지리 위치 데이터, 감상 시간, 디바이스 정보, 소셜 미디어 피드백뿐 아니라 일시 중지, 되감기, 빠르게 감기를 실행하는 시점 등 하루에도 수백만 가지의 고객 접점 또는 '플레이play'

를 살핀다. 어떤 타이틀을 감상했다면 그 이전 또는 이후에 감상한 타이틀은 무엇인가? 5분 만에 감상을 중단한 작품은 무엇인가? 또 넷플릭스는 자사 플랫폼에 등록된 모든 프로그램마다 폭력성 수위, 지리적 배경, 1년 중 이야기가 벌어지는 시기, 등장인물들의 직업 등 100가지가 넘는 다양한 정보를 태그해 놓는다. "구독 서비스를 제공한다는 건 정말 멋진 일입니다." 넷플릭스의 제품 담당 부사장인 토드 옐린Todd Yellin의 말이다. "우리는 광고와 아무 관련이 없고 시청률도 갈수록 중요성이 떨어지고 있습니다. 순수한 인기가 성공의 기준이 되는 시대는 끝났습니다. 그런 방식은 사람들의 개성과 독특한 취향을 놓치기 십상이죠. 우리는 로스앤젤레스에 있는 프로그래밍 팀과 모든 데이터를 공유해 그들이 생각하는 프로그램과 비교해 봅니다. 사용자 데이터는 처음 프로그램을 구입할 때나 다음 시즌 계약을 연장할 때 결정을 내리도록 도와줍니다. 기존의 네트워크와 케이블 네트워크는 이런 사실을 알지 못합니다."[4]

시사회나 시청률 카드 같은 것은 필요 없다. 넷플릭스는 성공과 실패가 존재하는 크리에이티브 산업creative industry(정의에 따라 포함 분야가 서로 다르지만 대체로 인간 창의성에 기초한 문화 산업과 비슷한 의미로 사용된다. 흔히 '창의 산업' '창조 산업'으로 옮긴다―옮긴이)에서 여전히 경쟁하고 있다. 그렇지만 그들은 TV 방송망에는 눈에 띄게 부족한 '거대한 두뇌'를 지니고 있다. 구독 서비스를 활용하면 여러분에게 필요한 모든 정보가 여러분 시스템에 바로 들어온다.

스타벅스와 회원 ID의 힘

스타벅스는 2017년 초 상당히 독특한 문제 때문에 많은 압박을 받았다. 이 회사의 모바일 앱이 너무 큰 인기를 끈 것이다. 음료를 받으러 오기 전에 미리 주문하는 사람들이 지나치게 많아져 매장에서 대기하는 줄이 길어졌다. "현재 우리는 이 문제를 해결하는 일에 집중하고 있지만, 이 문제의 본질인 과도한 수요는 예전에 이미 해결했던 운영 과제인 만큼 이번에도 충분히 해결 가능하리라 확신합니다."[5] 전 CEO인 하워드 슐 츠Howard Schultz는 스타벅스의 실적을 발표하는 자리에서 이렇게 말했다. 스타벅스는 결국 피크 시간대에 전담 바리스타와 전용 픽업 장소를 마련해 이 문제를 해결했다.

이 이야기의 핵심은 어떻게 모바일 기술이 우리의 일상적인 소매 거래를 급격하게 변화시키고 있는가가 아니다(어쩌면 약간은 관련이 있을지 모르지만). 비즈니스 및 테크놀로지 정보 미디어들 대부분이 간과한 더 중요한 이야기는 스타벅스 ID가 지닌 힘에 관한 것이다. 구매 활동, 지불 정보, 인구통계학적 세부 정보, 또는 위치 알림 정보 등이 포함된 고객의 보안 ID가 설정되면 이를 이용해 놀라운 일들을 할 수 있다. 현재 1300만 명이 넘는 사람이 스타벅스의 보상 프로그램에 등록되어 있는데, 이는 현재 미국 회사 운영 매출 중 3분의 1 이상을 차지한다. 미국의 스타벅스 매장에서 진행되는 거래 10건 가운데 1건은 모바일 앱을 통해 처리되는데, 이 앱은 여러분이 주문한 음료가 언제 준비되고 가장 가까운 매장에 도착하기까지 시간이 얼마나 걸리는지 알려 준다. 스타벅스는 대기 줄을 완전히 없애려고 애쓰고 있다. 그런데 이 모든 일이 ID로부터 시작된다.

스타벅스 단골들은 조만간 다음과 같은 시나리오를 마주할 가능성이 높다. 여러분이 다른 도시로 출장을 갔는데 늘 마시던 조합으로 만든 라테가 마시고 싶어졌다고 가정해 보자. 이럴 때 호텔 밖에 있는 스타벅스에 들르면 어떤 일이 벌어질까? 스타벅스 최고테크놀로지책임자CTO인 게리 마틴-플리킨저Gerri Martin-Flickinger는 최근 비즈니스 전문지《CIO》와 한 인터뷰에서 이렇게 말했다. "우리는 여러분이 단골 고객이고 날마다 거의 같은 시간에 같은 음료를 구입한다는 사실을 알아냅니다. 그래서 여러분이 주문을 하러 다가가면 화면에 벌써 주문 내용을 띄워 보여 주고 바리스타는 친근하게 여러분의 이름을 부르며 인사를 건넵니다. 그리고 그와 동시에 여러분이 가장 좋아하는 간식 사진도 보여 주죠. 미친 소리처럼 들립니까? 아니, 그렇지 않습니다. 인간관계를 강화하는 테크놀로지를 제공한다는 우리 회사의 기본적인 포부를 계속 달성하는 모습을 앞으로 몇 달, 몇 년에 걸쳐 보게 될 겁니다."[6]

스타벅스가 거대한 GAFA(구글, 아마존, 페이스북, 애플) 기업들에서 힌트를 얻고 있음은 분명한 사실이다. 중국에는 이와 유사한 BAT(바이두, 알리바바, 텐센트) 기업들이 있다. 그런데 이들 모두에게 해당하는 공통 주제는 무엇일까? 바로 회원 ID다. 이들은 전부 자사 고객이 무엇을 하고 있는지 확인할 수 있는 대시보드를 갖추고 있기에 어디에 자원을 할당하고 어떤 신규 서비스를 진행할지 등을(스타벅스라면 음료를 구매할 때마다 보상으로 '별'을 몇 개나 줄지, 새로운 매장을 어디에 열지) 현명하게 결정할 수 있다. 지메일 팀과 넷플릭스 역시 대시보드를 가지고 있다. 재미있는 질문이 하나 있는데, 그렇다면 이런 대시보드가 없는 회사는 어디일까? 여러분이 날마다 물건을 구입하는 회사들은 어떤가? 정기적으로 거래하는 회사들은? 아직 코카콜라 ID나 나이키 ID, 로레알 ID를 가진 사람은 별로 없을 것이다. 하지만 여러분이 이 회사들의 팬이라면 곧 그렇게 될 것이다.

11장

마케팅 :
4P를 다시 생각하라

광고가 아니라 경험이 브랜드를 알린다

빨리 대답해 보자. 마케팅이라고 했을 때 당장 무엇이 떠오르는가? 분명히 슈퍼볼 광고나 1960년대 광고업계를 배경으로 한 드라마 〈매드맨〉의 주인공 돈 드래이퍼를 떠올렸을 것이다. 아니면 애플의 매킨토시 TV 광고인 '1984'나 자동차 전문 보험 회사 가이코Geico의 도마뱀붙이가 등장하는 광고가 생각났을지도 모른다. 또는 온라인 반려동물 용품업체 펫츠닷컴Pets.com의 손인형 강아지가 나오는 광고나 온라인 식료품 배송업체 웹밴Webvon의 배달 트럭들이 줄지어 나오는 광고 등 2000년부터 등장한 온갖 기괴한 닷컴 기업 광고들일 수도 있다. 벤처 캐피털을 통해 조달한 현금이 넘쳐나던 이런 회사들의 마케팅 부서는 그 돈을 가지고 자신들이 가장 잘하는 일, 즉 광고를 하기로 했다. 예전에는 마케팅 팀에서 하는 일이 바로 광고였기 때문이다.

예전 기업들의 마케팅 부서에서 그렇게 생각한 데는 매우 타당한 이유가 있다. 다음 도표의 왼쪽 낡은 비즈니스 모델을 다시 살펴보자.

이 세상의 목표는 제품을 많이 파는 데 있었다는 사실을 기억하자. 이를 '자산 이전 모델'이라 했고, 이때 자산은 유통 채널을 통해 이전되었다. 마케팅 부서의 일은 '밀고 당기는push and pull' 기술에 초점이 맞춰져 있었다. '밀기'는 유통 채널을 통해 제품 판촉을 한다는 뜻으로, 경쟁사 제품보다 자기 회사 제품을 더 잘 홍보하도록 유통 채널에 돈과 자원

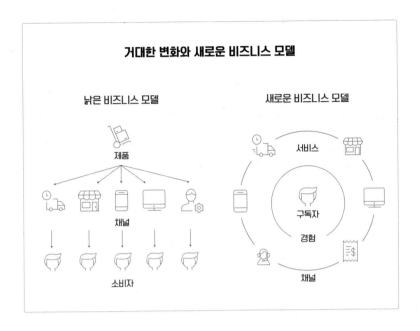

거대한 변화와 새로운 비즈니스 모델

낡은 비즈니스 모델

제품

채널

소비자

새로운 비즈니스 모델

서비스

구독자

경험

채널

을 제공했다(채널 리베이트, 매장 내 선호 위치 진열, 판매원에게 커미션 지급 등).
그러나 한편으로는 '당기기'에도 집중했는데, 고객들이 유통 채널을 찾
아가 자기 회사의 제품을 사도록 유도하는 일이었다. 그렇다면 이 '당기
는' 일을 어떻게 해냈을까?

문제의 자산을 소유하게 되면 세상이 어떻게 달라질지 보여 주는 매
우 유쾌한 이미지를 소비자들에게 전달했다! 그리하여 예전 기업들은
제2차 세계 대전 이후 광고를 통해 막강한 영향력을 행사하게 되었다.
황야에서 말을 달리고 담배를 피우는 말보로 맨 카우보이들, 언덕 위에
모여 콜라 병을 손에 든 채 온 세상에 코카콜라를 사 주고 싶다는 노래
를 합창하는 다양한 인종의 사람들……. 마케팅 담당자들과 광고주들은

세계적인 광고상인 클리오Clio 상을 받거나, 슈퍼볼 광고를 하거나, 광고판에 근사한 카피를 실으면 자부심을 느꼈다. 제품은 정말로 그냥 팔아야 할 상품일 뿐이었고, 재미있고 창의적인 요소를 동원해 그것을 팔았다. 만약 어떤 제품 광고가 구매자들의 마음을 끌지 못하더라도, 홍보해야 하는 제품은 그 외에도 많았다.

하지만 요즘에는 상황이 확실히 달라졌음을 실감한다. 갑자기 전통적인 광고에 돈을 한 푼도 쓰지 않는 듯이 보이는, 규모가 크고 성공한 회사들이 수두룩해진 것이다. 신문에서 넷플릭스의 빨간색 봉투를 마지막으로 본 것이 언제인가?

여전히 브랜드가 매우 중요하다는 데는 다들 동의할 테지만, 요즘에는 광고가 아니라 경험을 통해 브랜드를 알린다. 넷플릭스에 가장 좋은 판촉은 넷플릭스가 제공하는 훌륭한 프로그램을 사람들이 빈지-워치 binge-watch 하는, 그러니까 한동안 여러 편을 몰아서 보는 것이다. 와비파커에서 안경을 살 때도 동일한 원칙이 적용된다(와비파커는 온라인 쇼핑몰에서 5가지 제품을 고른 다음 실제로 배송받아 써 보고 그중 하나를 선택하게 하는 서비스를 제공한다—옮긴이). 또는 구글 검색을 하거나 세일즈포스에서 잠재 고객을 찾아볼 때도 마찬가지다.

그와 동시에 우리는 이 회사들이 표면적으로는 마케팅과 매우 유사해 보이는 '그로스 해커growth hacker' 팀을 보유하고 있다는 이야기도 많이 듣는다. 이들은 판매를 촉진할 더 현명한 방법을 제시하기 위해 노력한다. 하지만 이들은 그로스 해커라는 꼬리표를 거부하는 경향이 있다.

온라인 의류업체 스티치픽스는 90명이 넘는 데이터 사이언티스트data scientist를 고용하고 있다. 이들은 광고판에 실을 짧고 분명하면서 정곡을 찌르는 문구를 고민하는 것이 아니라, 서비스 자체 내에서 성장을 최적화할 방법을 찾는다. 마치 엔지니어들이 마케팅 업무를 인계받아 프리미엄freemium 모델을 구축하고, 업그레이드 인센티브를 마련하고, 모바일 앱에서 결제하는 인앱in-app 구매를 제공하는 것과도 같다.

지금 무슨 일이 벌어지고 있는 걸까? 앞에서 본 도표의 오른쪽 새로운 비즈니스 모델로 돌아가 보자. 이 새로운 세상에서는 고객이 시작점이 되어야 한다. 사실 개인과 개인화를 강조하는 일대일 마케팅의 전체적인 개념은 지난 20년 동안 중요한 트렌드였다. 하지만 더 중요한 점은 구독 서비스만큼 '일대일' 마케팅의 효과를 훌륭하게 입증하는 것이 없다는 사실이다. 구독 서비스야말로 정확히 고객과 일대일 관계로 진행되기 때문이다.

여러분이 마케팅 업무에 종사하고 있다면 일을 시작한 시점부터 고객 관련 정보를 수집하려고 노력해 왔을 것이다. 액시엄Acxiom, 블루카이Bluekai, 익스피리언Experian 같은 온라인 데이터 서비스 회사를 통해 인구통계학적 정보를 얻기 위해 많은 돈을 지불해 왔을 것이다. 2016년에는 미국에서만 기업들이 이런 정보를 입수하려고 100억 달러 이상을 썼다. 하지만 구독 경제 체제에서는 엔지니어들과 제품 개발자들이 이미 이 문제를 해결해 놓았다. 그들은 모든 고객에게 가입자 ID를 제공하고 그 개별 ID로 진행하는 모든 거래와 프로세스를 추적해 왔다. 정말 수지맞는 일 아닌가! 이를 통해 마케팅은 열반의 경지에 이르게 될 것이다! 이제 다른 데서 답을 찾을 필요가 없다. 원하는 답은 전부 거기에 있으니 말이다.

그리고 아는가? 이것은 4P도 완전히 바꿔 놓는다. 4P가 뭘까? MBA 취득자들은 마케팅 개론 수업에서 4P에 대해 배운다. 기본 개념은 모든 마케팅 전략이 4가지 집중 분야에 초점을 맞춰야 한다는 것이다. 단순화해 설명하고 있지만, 기본적인 틀은 다음과 같다.

- **제품**Product: 사람들이 원하는 것을 만들고 포장해야 한다.
- **가격**Price: 제품 가격이 회사와 고객 모두에게 합리적이고 경쟁력이 있어야 한다.
- **프로모션**Promotion: 매력적인 채널을 통해(가능하면 매력적인 사람들에 의해) 제품 브랜드를 홍보해야 한다.
- **장소**Place: 편리하고 매력적인 장소에서 제품을 유통하고 판매해야 한다.

하지만 첫 번째 P인 제품이 S로 바뀌면, 그러니까 구독Subscription으로 바뀌면 어떻게 될까? 다른 3개의 P도 더 이상 같은 방식으로 바라볼 수 없게 된다. 이는 마케팅의 모든 것이 어떻게 변하는지에 관한 이야기다. 맨 뒤로 가서 유통 채널부터 거꾸로 시작해 보자.

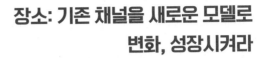

장소: 기존 채널을 새로운 모델로 변화, 성장시켜라

구독 모델로 전환하는 회사들이 가장 자주 묻는 질문이 있다. 바로 유통 채널은 어떻게 해야 하느냐는 것이다. 채널은 우리가 살아가는 세계의 큰 부분을 차지한다. GM은 자동차 대리점에 의지한다. 시스코는 소프트웨어 리셀러에게 의지한다. 소비재 제조 판매 회사 프록터앤드갬블 Procter & Gamble은 소매상에 의지한다. 잡지들은 여전히 신문 가판대에 의지한다. 가수 테일러 스위프트는 스포티파이에 의지한다(그러지 않을 때도 있지만).

문제는 오늘날 대부분의 제조업체가 고객과 관계를 맺고 있지 않다는 점이다. 그 일은 채널이 한다. 아니면 소매상이나 유통업체가 하거나. 그런데 만일 제조업체들이 최종 고객과 직접 관계를 맺겠다는 의중을 내비치기 시작하면 유통업체들은 질겁할 수도 있다. 그렇다면 이 문제에 어떻게 대처해야 할까?

구독 모델이 마침내 고객들과 진정한 일대일 관계를 구축할 수 있게 해 주고, 고객이 무엇을 하는지 이해하면서 그들의 구독 여정을 안내할 수 있다면, 여러분은 이 모델이 자신의 유통 채널과 어떻게 협업하도록 만들겠는가?

우선 전환 과정을 성공적으로 이루어 낸 회사들을 살펴봐야 한다. 건

축가나 엔지니어, 디자이너를 위한 소프트웨어를 제작하는 오토데스크를 예로 들어 보자. 그들은 몇 년에 걸쳐 변화를 시행했다. 가장 먼저 한 일은 가입자 ID를 설정하고 정기적으로 업데이트를 제공하는 등 자사 소프트웨어를 구독 방식에 맞게 재구성한 것이다. 그들은 자신들의 소프트웨어를 기존의 단선적이고 일률적인 폭포수형 개발 프로세스를 바탕으로 하는 정적인 제품에서 신속하고 지속적인 서비스로 재창조해 냈다. 그리고 베타 모드로 전환했다.

핵심 제품이 기존과 다르게 기능하도록 학습시킨 다음, 오토데스크는 리셀러들을 교육했다. 구독 모델이 작동하는 구조에 관한 일반 교육에 많은 시간과 자원(워크숍, 백서, 세미나 등)을 투자했다.[1] 이 리셀러들은 주로 기업 내부에다 시스템을 구축하는 대규모 온프레미스 계약 판매를 담당했다.

오토데스크는 현명하게 이런 대규모 거래를 즉각 포기하지는 않기로 했다. 대신 부가 서비스 형태로 판매할 수 있는 연간 유지·보수 플랜을 추가 제공했다. 이를 통해 두 가지를 달성할 수 있었는데, 리셀러들은 서비스에 대해 잘 알게 되었고 고객들과는 1년 단위로 갱신되는 관계 주기를 설정할 수 있었다.

그리고 리셀러들에게 1년마다 한 번씩 계약 갱신을 하는 것이 아니라 장기적으로 관계를 관리하는 방법도 가르쳤다. 처음 3개월간은 고객이 서비스를 어떻게 받아들이는지에 주의를 기울이고, 다음 6개월간은 사용하는 방식에 주의를 기울이고, 마지막 3개월간은 계약 연장을 위한 패키지를 준비하고 더 고가의 상품을 판매할 수 있는 가능성을 타진하는 실질적인 일정을 정해 주었다.

또 오토데스크는 소프트웨어를 재설계한 결과 갑자기 온갖 종류의 새로운 사용자 데이터를 입수하게 되었다. 그들은 이 데이터를 가지고 무엇을 했을까? 리셀러들과 공유했다. 모든 리셀러는 고객과 관련된 정보(전에는 본 적 없는 행동 데이터)를 얻게 되었다.

오토데스크는 리셀러들을 배제하지 않고 오히려 수행할 수 있는 직무를 늘렸다. 이 회사는 구독자들에 관한 새로운 지식을 기존 채널을 더욱 성장시키는 데 활용했는데, 이는 개별 리셀러로서는 할 수 없는 일이었다. 이와 똑같은 움직임이 모든 업종에서 나타나고 있다. 자동차 산업은 어떨까? GM의 온스타 같은 서비스 덕분에 정비소들은 자동으로 정비 요청을 받고 있으며, 이런 예약된 작업에 대해 훨씬 효율적으로 일정을 짜고 처리해 낸다.

그렇다면 소매업 쪽은 어떨까? 온라인 동영상 교육 서비스인 펜더 플레이를 통해 계속 연주법을 배워 와서 기타에 많은 시간과 노력을 투자한 사람은 당연히 악기 소매 체인인 기타센터Guitar Center를 방문할 이유가 더 많아진다. 구독 경제는 단순히 윈윈 모델이 아니라 윈윈윈 모델이다.

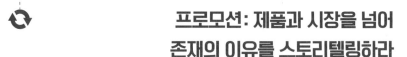

프로모션: 제품과 시장을 넘어 존재의 이유를 스토리텔링하라

예전에는 마케팅의 홍보 측면이 주로 당기기(눈에 확 띄는 대형 광고)와 밀기(커미션, 마케팅 개발 자금, 채널 리베이트)의 조합에 의존했는데, 지금은 어떨까? 홍보 예산을 받으면 그대로 엔지니어들에게 건네는 걸까? 아니, 꼭 그렇지는 않다. 브랜드는 여전히 중요하다. 하지만 요즘 브랜드 홍보는 갈수록 '경험'을 통해 이루어진다. 예컨대 '가입' 경험, '처음으로 사용해 본' 경험, '괜찮아서 계속 사용하는' 경험 등 말이다. 또는 그런 경험이 부족한 경우도 있다. 많은 사람이 영화 〈2001 스페이스 오디세이〉에 나오는 HAL 9000 같은, 그러나 그보다 좀 더 멋지고 위험하지 않은 인공지능 기기와 대화를 나눌 수 있으리라고 생각하면서 스마트 스피커 아마존 에코Amazon Echo를 구입하지만, 결국 값비싼 시계 달린 라디오로만 쓰게 된다.

그렇다면 어떻게 사람들을 그런 경험으로 이끌 수 있을까? 30년 전에는 광고를 통해 끌어당기는 것이 유일한 방법이었다. 그 뒤 사람들이 뭔가를 찾기 위해 구글로 옮겨 가면서부터 검색이 주요 동인으로 자리 잡았다. 그리고 이제는 페이스북, 트위터, 위챗WeChat, 링크드인, 그리고 수많은 사설망private network을 포함한 소셜 네트워크로 다시 이동했다. 그렇다면 홍보 예산을 전부 페이스북에다 쏟아붓고 있는 건가? 다시 말하지만, 꼭 그렇지는 않다. 오늘날에는 상업적인 거래 대부분이 소셜 미디어 경험에 의해 중재되고 거기에 영향을 받는다. 입소문이 중요하지 않았던 적은 없었다. 그러나 인터넷이 우리의 수다거리를 100배, 1000배로 증폭시키는 지금, 입소문은 우리가 세상을 배우는 지배적인 방법이 되었다. 사회적으로 우리는 이런 변화가 불러온 문제와 여전히 씨름하고 있지만(가짜 뉴스가 그렇다), 마케팅의 경우 이것은 피할 수 없는 새로운 현실이다.

그 결과 스토리텔링이 각광을 받기에 이르렀다. 주오라에서는 스토리텔링과 관련해 '3개의 방 멘털Three Rooms Mental' 모델을 사용한다. 우선 제품에 관한 이야기, 즉 '어떻게'가 필요하다. 그리고 시장에 관한 이야기, 즉 '누가'가 필요하다. 하지만 가장 중요한 것이 있는데, 여러분이 제공하는 서비스와 여러분의 사용자를 더 광범위한 사회적 내러티브 안에 포함시키는 포괄적인 이야기, 즉 '왜'가 필요하다. 대부분의 기업들(특히 이곳 실리콘 밸리의 기업들)은 첫 번째와 두 번째 이야기의 필요성은 상당히 잘 이해하고 있다. 그들은 자신들이 무엇을 파는지, 그리고 누가 그것을 사는지 알고 있다. 그들은 모든 종류의 제품 특징과 고객 사례 연구로 채워진 멋진 웹 사이트를 가지고 있다. 하지만 그중 상당수가 근본적인 취지를 놓치고 있다. 바로 삶에 의미와 가치를 부여하는, 더 중요한 존재의 이유 말이다. 그들에게는 '왜'라는 것이 없다(하물며 지금 당장의 '왜'도). 여러분이 정말로 맨 먼저 시작해야 할 것은 바로 이 이야기다.

완벽한 세상에서는 실제로 이 이야기들을 순서대로 들을 수 있다. 엄청난 비즈니스 혁신 이야기, 그 뒤를 잇는 시장 이야기, 그리고 그런 다음에야 제품 이야기가 이어진다. 여러분은 자기만의 미술관을 만들고 싶은데, 여기서 목표는 관람자가 순서대로 3개의 방을 거쳐 지나가게 하는 것이다. 첫 번째 방은 사실 여러분의 회사에 관한 것이 전혀 아니다. 이것은 여러분의 회사가 서로 맺고 있는 관계와 연관, 즉 맥락에 관한 것이다. 그리고 여러분을 유의미하게 만드는 더 광범위한 상업 세계에서 일어나는 일들에 관한 것이기도 하다.

이 맥락을 파악한 뒤에야 비로소 두 번째 방으로 향해 가치, 즉 역할과 산업에 근거한 객관적인 이익을 분명하게 설명할 수 있다. 그리고 이때 구체적인 역할 기반 조언과 업계 동향, 관련 사례 연구를 제공하기 위해 좀 더 깊이 파고들기 시작한다. 마지막으로 세 번째 방은 제품 그 자체다. 영화 〈레이더스〉에 등장하는 터널 끝에서 발견한 황금 우상처럼 말이다. 다시 말해 여러분의 서비스가 실제로 구현하는 것, 그것의 특징과 메커니즘이다.

여러분이 여기서 손에 쥐게 될 것은 주오라가 첫 번째 방에서 하는 일, 즉 구독 경제에 관한 이야기다. 우리는 제품에서 서비스로 옮겨 가는 엄청난 변화가 어떻게 일어났는지 이야기한다. 네스트(온도 조절기와 연기 감지기)나 고프로GoPro(카메라와 캠코더)처럼 놀라운 물리적 제품을 만드는 회사들조차 자신들의 장비를 클라우드 기반 서비스와 연결시킨다. 우리는 소비자들이 소유권보다 접근성을 선호하는 방향으로 바뀌었다고 말한다. 하지만 이미 여러분 자신부터 그렇게 변했기에 그것은 이미 알고 있는 사실이다. 우리는 빠르게 변화하는 세상에 대한 그림을 그리고 난 뒤 거기에 의미를 부여한다. 첫 번째 방에서 광고는 확실히 나름대로 역할을 할 수 있다. 그리고 지금도 빠른 속도로 광범위하게 메시지를 전달하기에 가장 좋은 방법일 수 있다. 하지만 그 광고들은 이야기를 뒷받침해야 한다. 그렇다면 이제 홍보 예산을 가지고 무엇을 하는 것이 좋을까? 이야기를 찾는 데 사용하자.

지금 여러분의 첫 번째 방은 어떤 모습인가?

가격 책정과 패키징: 소비 중심 성장과 역량 중심 성장을 조화시켜라

옛날 느낌이 물씬 풍기는 '가격 책정과 패키징'이라는 말은 식료품점 선반에 쌓여 있는 물건을 연상시킬 수도 있지만, 구독 모델에서는 가장 강력한 성장 수단 중 하나로 아무리 강조해도 지나치지 않는다. 이 용어에 익숙하지 않은 사람들을 위해 설명하자면 '가격 책정'은 말 그대로 서비스의 가치에 부과하는 액수를 뜻한다. '패키징'은 구체적인 특징들로 구성된 세트를 특정한 가격 책정 플랜과 연관시킬 때 내려야 하는 결정들을 말한다(사람들이 골드 플랜과 실버 플랜에서 각각 얻을 수 있는 혜택 등). 가격 책정과 패키징은 팟캐스트나 잡지 기사, 식사 중에 나누는 대화, 프레젠테이션이나 문서 같은 전문 콘텐츠 공유 서비스인 슬라이드셰어 SlideShare의 자료 등에서 꾸준한 인기를 얻는 주제 중 하나다. 사실 가격 책정은 4P 중에서 가장 중요한 문제다.

왜 그럴까? 개별 상품 최소 분류 단위 또는 제품 식별 코드인 재고 관리 단위stock keeping unit, SKU에 대한 가격 책정은 매우 간단하다. 생산 비용과 원하는 이윤 폭이 가격을 결정한다. 제품업계에서는 이를 '원가 기반 가격 결정cost plus pricing'이라고 한다. 여러분이 피짓 스피너fidget spinner 장난감을 만든다고 가정해 보자. 제조 비용과 판매 비용을 알고 있으니 이윤 폭을 결정할 수 있다. 만일 피짓 스피너를 수백만 개씩 대량으로 만들어 판다면, 가격을 대폭 낮춰 판매해 물량으로 그 차액을 메우고 가장 강력한 경쟁사를 따돌릴 수 있을 것이다. 그렇게 피짓 스피너 독점이 탄생한다.

구독 가격 책정은 문제가 더 까다롭다. 물론 고려해야 할 비용이 있지만, 결국 여러분은 어떤 대상에 가격을 매기는 것이 아니라 성과에 가격을 매기게 된다. 하지만 사용자 1명, 사용 시간 1분, 제품 박스 1개, 이벤트 1가지의 가치를 어떻게 표현할 수 있을까? 그리고 고객이 동일한 성과에 다른 가치를 부여할 수 있다는 사실에 대해서는 어떻게 해야 할까? 구독 모델에는 이런 모호함이 내재해 있으며, 이를 통해 힘을 얻을 수도 있고 반대로 무력해질 수도 있다. 그러니 일을 망칠지 모른다는 압박감이 클 수밖에 없다.

어떻게 하면 망치게 될까? 하나하나 따져 보자. 처음에 구독 서비스를 무료로 제공하고 나면 웹 사이트의 특정 단계에서 다음 단계로 이동하는 이용자 수의 비율인 전환율conversion Rate이 매우 낮은 수준으로 이어지면서 몇 년을 허비할 수도 있다. 개별적인 특징을 수백 가지씩 나열한 가격 차트를 제시해 사람들이 직접 판독하고 평가하도록 하는 식으로 일을 너무 복잡하게 만들기도 한다. 아니면 난순함을 추구한답시고 월정액 요금을 제안하는 실수를 저지를 수도 있다. 먹성 좋은 호머 심슨이 뷔페에 갔을 때 벌어지는 문제처럼, 여러분이 제공하는 서비스를 과도하게 즐기는 사람들에게 여러분의 점심밥까지 빼앗기는 사태가 벌어지는 것이다. 또는 잠재 고객이 미리 예산을 세울 수 없거나 예상이 불가능한 사용 기준에다 가격을 묶을 수도 있다. 예를 들어 수다스러운 십대 자녀가 있는 가족에게 휴대전화 분당 요금제를 파는 식이다. 이러한 일을 망치는 목록은 끝없이 이어진다.

하지만 이 메커니즘을 제대로 이해하면 어떻게 될까? 고객 확보가 훨씬 쉬워지고 고객 이탈은 줄어들 것이다. 그런데 그보다 더 좋은 일은, 가입자와 관계가 깊어지고 여러분이 그들의 삶에서 차지하는 부분이 커지면서 그 가치가 수익으로 바뀌면, 이를 고객과 함께하는 부분에 재투자해 선순환을 만들어 낼 수 있다는 것이다. 여러분은 더 이상 추측이나 가장 강력한 경쟁업체의 가격 정보 페이지에 의존하는 상황의 희생자가 아니다. 고객을 괜찮은 수준에서 최고의 수준까지 안내하는 직관적인 구독자 이동 경로를 만들 수 있고, 그 과정에서 관련 인센티브뿐 아니라 작은 변화가 쌓여 갑자기 큰 변화가 일어나는 티핑 포인트tipping point까지 제공한다. 그리고 여러분의 가격 책정 모델이 구독자의 여정과 일치하면, 여러분의 비즈니스 모델 역시 구독자 관계와 정확하게 맞물리면서(딸깍!) 가치 높은 회사가 탄생한다.

구독 가격 책정이라는 주제만 가지고도 책 한 권을 쓸 수 있지만(언젠가는 그럴지도 모른다), 이야기를 간단하게 정리하면 서비스에 이런 성장 경로를 포함시키는 기본적인 방법이 두 가지 있다.

첫째는 소비 중심 성장consumption-driven growth으로, 간단히 말해 구독자가 동일한 기본 기능을 더 많이 사용한다는 뜻이다. 이 성장은 가격 책정을 통해 이루어진다. 더 많은 사용자를 추가하거나 더 많은 데이터를 저장하는 고객의 비즈니스가 소비 중심 성장의 한 예일 것이다. 나 같은 경우 드롭박스에서 제공하는 무료 계정을 쓰기 시작했지만, 이제 딸 사진을 잔뜩 올려놓아 저장 공간이 포화 상태다. 프리미엄freemium 한도를 유지하려고 사진을 지운다는 것은 도저히 생각할 수 없는 일이라 조만간 돈을 내고 추가 저장 공간을 사용할 예정이다. 고객이 여러분의 서비스를 더 많이 이용할수록, 여러분이 느끼는 그 고객의 가치 또한 증가한다.

물론 소비와 가치를 연결시키는 적절한 단위를 선택해야 한다. 여기에는 고려해야 할 다양한 요소가 있다. 사용자를 위해 단순성을 유지할 필요성, 증가한 사용량을 수익으로 변환하는 능력, '최저' 사용량을 정하고 이용 곡선을 소비 증가로 연결시키는 일의 중요성 등이 거기에 포함된다. 그런 다음에는 단가를 생각해야 하는데, 개당 가격처럼 간단하게 정할 수도 있고 사용량 단계별로 표시할 수도 있다. 마지막으로 대개 극한 상황에서 발생하는 모델의 허점을 찾아내야 한다. 기준 가격에 비해 서비스를 너무 많이 사용하거나 너무 적게 사용하는 경우가 있다. 이럴 때는 최저가 또는 기본 요금을 적용해 최저 기준을 정하거나, 구독 단계별 모델을 저용해 대량 구매자의 단위당 가격을 줄여 줄 수 있다. 여러분도 알다시피 이리저리 조정할 수 있는 요소는 많다! 가격 책정은 결코 끝나지 않는 작업이기에 끊임없이 수정해야 하는 하나의 거대한 공식이라고 할 수 있다.

둘째는 역량 중심 성장capability-driven growth인데, 이는 구독자의 요구가 증가함에 따라 서비스에 더 많은 특징을 추가하게 되므로, 결국 여러분이 제공하는 서비스가 성장하게 된다. 따라서 이 성장은 패키징을 통해 이루어진다. 이를 위해 흔히 쓰는 방법은, 고객이 뭔가를 시작하는 데 필요한 기본적인 서비스만 우선 판매한 뒤 시간이 지나면서 고객이 스스로 원하는 기능을 추가하게 하는 것이다. 일례로 여러분 회사가 고객 서비스 애플리케이션을 사용한다면, 해외로 사업을 확장할 경우 다양한 언어로 고객과 의사소통할 수 있기를 원하므로 비용을 더 쓰게 된다. 우리는 모두 '실버/골드/플래티넘'으로 구분된 서비스 단계에 대해 잘 알고 있다. 요즘에는 '가벼운' 주문형 비디오video on demand, VOD 번들 서비스가 천차만별로 많으며 스포티파이, 판도라, 훌루Hulu 같은 온라인 음악 스트리밍 서비스도 '광고를 시청하고 무료로 이용하는' 버전과 유료 버전이 따로 존재한다. 제품 중심의 마인드셋에 갇혀 사람들을 숨 막히게 하거나 혼란스럽게 하지 않는 것이 중요하다. 따로따로 주문해야 하는 온갖 추가 기능을 도입하기 시작해 성장 경로를 뒤죽박죽으로 만들고, 구독자들을 혼란에 빠뜨리며, 결국 수익 달성 기회를 놓치는 회사들이 많다.

내 동료인 경영 전략 컨설팅업체 지몬쿠허앤드파트너스Simon-Kucher & Partners의 마드하반 라마누잠Madhavan Ramanujam은 이 주제와 관련해 다음과 같은 흥미로운 기준을 제시한다.[2] "만일 구독자의 70퍼센트 이상이 기본 패키지만 이용한다면 이는 여러분이 매우 괜찮은 기본 서비스를 제공한다는 이야기겠지만, 결국 이 때문에 사업이 망하고 말 것이다. 여러분은 성장 경로를 구축하지 못한 셈이다. 대부분의 구독자는 아마 앞으로도 계속 현재 위치에 만족할 것이다. 이상적인 상황은 여러분이 '브론즈/실버/골드'로 구성된 단계별 서비스를 제공할 경우 구독자의 70퍼센트가 실버와 골드 카테고리에 포함되는 것이다. 이는 구독자들이 역량 중심 성장 경로를 이용한다는 뜻이며, 또한 고객들이 여러분의 서비스를 지속적으로 이용한다는 뜻이기도 하다."

결국 가장 바람직한 방법은 가격 책정과 패키징이라는 두 가지 수단을 모두 활용하는 것이다. 이 두 가지는 기본적으로 채택률 증가(소비 중심)와 서비스 혁신(역량 중심)을 나타내기 때문이다. 그런데 여러분이 성장 경로를 따라 행복하게 나아가는 구독자들로 이루어진 견실한 성장 기반을 갖추게 된다면 어떤 일이 벌어질까?

마케팅의 황금기 : 마케팅 부서는 거대한 실험실이다

마케팅 분야에서 일하기에 지금보다 더 흥미로운 시기는 없었다. 이렇게 말하는 이유는? 지난 20년간 모든 사람이 찾고자 갈망했던 고객 통찰력을 마침내 가지게 되었기 때문이다. 우리는 새로운 정보의 바다에서 헤엄치고 있다. 마케팅 담당자로서 여러분이 보유하고 있는 기술(스토리텔링, 데이터 분석, 고객 지식)은 모두 여러분 회사의 성공에 매우 중요하다. 여러분도 엔지니어들만의 힘으로 '그로스 해킹'에 성공해 훌륭한 이야기를 만들어 낼 수 있으리라고 정말로 믿지는 않을 것이다. 그들에게는 여러분이 필요하다!

무슨 말인가 하면, 일단 구독자 수가 일정 수준에 다다라 그들이 누구고 어떤 식으로 행동하는지 알게 되면, 이 일은 예술인 동시에 과학이 된다는 것이다. 그리고 이것은 그야말로 반가운 소식이다! 데이터만 파고드는 엔지니어들이 작가와 힘을 합치면 멋진 일들이 벌어진다. 모두가 같은 대시보드를 지켜보는 가운데, 마케팅 부서는 거대한 실험실이 되어 캠페인을 시작하고, 적절한 이야기를 끌어내 구체화시키고, 약점을 찾아내고, 성공을 부채질한다.

구독 경제에서는 해답을 찾기 위해 더 이상 다른 곳을 둘러볼 필요가 없다. 더 이상 고객 설문 조사도 필요 없고, 리스트를 구입하기 위해 돈을 지불할 필요도 없고, 광고 캠페인이 끝나기까지 6개월을 기다릴 필요도 없다. 여러분에게 필요한 모든 정보가 바로 눈앞에 놓여 있다. 이제 어떤 이야기를 쓰느냐는 여러분에게 달려 있다.

12장

판매 :
8가지 새로운 성장 전략

고객의 성장을 돕는 것이 곧 나의 성장이다

사람들은 누구나 쓸데없는 물건을 사곤 한다. 몇 년씩 창고에 처박혀 있다가 결국 어딘가에 기증하거나 쓰레기통에 버리게 되는 이런저런 물건들 말이다. 아마 광고에서는 멋지게 보였을 것이다. 그래서 구입한 뒤 한두 번 정도는 사용해 봤을 테지만 처음의 신기함은 금세 사라져 버린다. 어쩌면 계획적 노후화가 적용된 물건이라 여러분이 애써 봤자 고칠 도리가 없었을 수도 있다. 아니면 광고판이나 TV 광고, 진열대 등에서 봤던 물건이라 별 생각 없이 무의식적으로 구매하거나, 상점에 들어갔을 때 광고업자들이 조종하는 심리 게임에 휘둘려 구매했을 수도 있다.

그런데 그런 제품을 여러분에게 판매한 회사 입장에서 이는 '임무 완수'를 의미한다! 그들은 그 경험이 여러분을 낙담시키든 말든 전혀 신경 쓰지 않는다(심지어 여러분이 누구인지조차 관심이 없다). 어쨌든 제품을 팔았으니 그것으로 끝이다. 하지만 구독 경제에서는 이 모든 일이 달라지는데, 특히 직접 판매 인력이나 리셀러 팀의 경우가 그렇다.

여러분은 '자산 이전 모델'로부터 '장기적 관계'로 전환하는 문제를 놓고 이야기를 나누게 될 것이다. '관계'는 상업적인 맥락에서 사용하기에는 다소 이상한 단어다. 여러분은 정말 넷플릭스와 '관계'를 맺고 있는가? 글쎄, 그런 것 같은데, 아닌가? 가끔은 넷플릭스와 함께 멋진 저녁 시간을 보내기도 한다. 또 어떤 때는 거기에 그만한 가치가 있는지 고민할 수도 있다. 우버와 안 좋게 관계를 끝낸 사람들처럼 말이다.

이제는 '소개팅'을 하는 사람이 아무도 없다. 다들 데이팅 앱 틴더Tinder나 페이스북에서 서로에 대해 알아 간다. 하지만 구독 경제 체제에서 뭔가를 판매할 때는 역설적인 상황이 빌생한다. 한편으로는 인터넷상에 공개된 정보가 너무 많아 사람들이 이미 여러분의 회사에 대해 많은 것을 알고 있다. 그런가 하면 사람들은 선택권과 정보가 너무 많다 보니 그 어느 때보다 혼란스러워하기도 한다. 잠재 고객들이 처음에 어떤 질문을 던져야 하는지도 모르는 상태에서 그들에게 새롭고 적절한 자료를 제공하려면 어떻게 해야 할까?

"여러분의 비즈니스에 뭐가 필요한지는 제가 더 잘 파악할 수 있습니다." "여러분이 밤새워 뭘 고민하는지 말해 보십시오." 우리는 다들 사람을 자극하는 이런 질문부터 던지면서 시작하는 영업 사원들의 구매 권유를 지금껏 내내 들어 왔다. 이들의 명백한 의도는 여러분이 근본적인 결함이나 눈에 띄는 부족함을 인정하게 만드는 것인데, 우연찮게도 그들이 판매하는 끝내주는 제품을 이용해 문제를 해결할 수 있다. 그리고 영업 사원들은 그 제품의 온갖 보너스 기능과 추가 장치, 멋으로 덧붙이는 부가 기능에 대해서까지 지루할 만큼 자세히 늘어놓는다. 기업들이 제품 마진과 경쟁력 제고 업무를 중심으로 운영될 때는 이런 식의 제품 홍보가 설득력이 있었을지 모르지만, 요즘 같은 시대에는 전혀 통하지 않는 방법이다.

우리 회사를 찾는 잠재 고객들은 정보에 몹시 굶주려 있다. 그러나 그들은 적어도 처음 몇 번의 회의에서는 서비스 기능이나 구체적인 사용 사례에 대해 이야기하고 싶어 하지 않는다. 우리 회사 체험판이나 관련 자료를 통해 다 알 수 있는 내용이기 때문이다. 대신에 그들은 두 가지 문제에 대해 듣고 싶어 한다. 첫째, 당신네 회사는 내 업무와 사업에 어떤 광범위한 영향을 미칠 수 있는가? 그리고 아마 이것이 더 중요할 텐데 둘째, 다른 사람들은 지금 무엇을 하고 있는가?

그래서 우리는 잠재 고객들에게 많은 것을 가르쳐 준다. 우리 입장에서는 이렇게 말할 수 있는 것이 정말 중요하다. "우리는 여러분 같은 고객을 많이 보유하고 있습니다. 세부 사항을 살펴보기 전에, 여러분 회사와 같은 분야에서 활동하는 다른 회사들이 하고 있는 일과 관련해 우리가 습득한 벤치마킹과 통찰을 공유해 드리겠습니다." 그러면 그 즉시 우리의 역학 관계가 동등해진다. 우리는 이제 정보를 바탕으로 토론을 진행한다.

"우리 영업 팀은 여러분의 연차 보고서를 읽고, 여러분의 보도 자료를 다 훑어보고, 여러분 회사의 CEO가 유튜브를 통해 강연한 내용도 봤습니다. 가끔은 여러분의 가정에 이의를 제기하거나, 여러분이 품어야 한다는 사실 자체를 몰랐던 의문을 제기하기도 할 겁니다. 목표는 얼라인먼트alignment, 즉 서로의 방향을 일치시키는 것입니다. 다시 말해 우리가 이룰 미래의 혁신과 우리가 되고자 하는 회사의 모습이 여러분 회사에도 더 가치 있는 것이 되도록 해야만 한다는 뜻입니다. 그 반대가 아니라 말입니다." 우리 회사 영업 담당 수석 부사장인 리처드 테리-로이드Richard Terry-Lloyd가 즐겨 말하듯, "구독 환경에서는 서로에 대한 책임에서 벗어날 길이 없다."

어떤 관계를 막 시작하려는 사람은 당연히 상대방에 대해 더 많이 알고 싶어 할 것이다. 이 사람의 철학은 무엇일까? 내 철학과 잘 맞을까? 상대방과 견고한 협력 관계를 맺을 수 있을까? 이 서비스를 이용할 경우 이들의 고객 기반에서 얻은 집단 지성을, 아니면 적어도 나와 똑같은 비즈니스 요구 사항을 공유하는 고객들의 집단 지성을, 이로운 쪽으로 활용할 수 있을까? 이 서비스가 꾸준한 변화와 진화를 거치리라는 사실은 아는데, 앞으로 2년 또는 5년 후에 내가 도달하고자 하는 목표에도 적합할까?

결국 판매는 성장에 관한 것이다. 여러분은 회사의 성장을 돕기 위해 서비스를 팔고, 고객은 스스로의 성장을 위해 서비스를 구입한다. 그리고 오늘날 판매가 구독자와 관계를 맺고 성장시키는 일과 깊이 관련되어 있다면, 성장 메커니즘 또한 그에 맞춰 달라져야 한다.

과거에는 다음과 같은 3가지 방법을 통해 성장할 수 있었다. 더 많은 제품을 팔거나, 제품 가격을 올리거나, 제품을 만드는 데 필요한 비용을 줄이는 것으로. 오늘날에는 3가지 새로운 요구 사항이 추가되었다. 더 많은 고객을 확보하고, 고객의 가치를 높이고, 고객을 더 오래 유지하는 것이다.

흔히 하는 말 중에 '잠재 고객에게 판매하는 것보다 현재 고객에게 판매하는 것이 훨씬 쉽다'는 말이 있다. 난 이 말을 무척 싫어하는데 제품 중심 마인드셋을 드러내기 때문이다. 그러니까 고객에게 한 가지 제품을 팔고는, 다른 제품을 또 팔겠다는 식이다. 여러분이 일을 제대로 하겠다면, 시간이 지남에 따라 헌신적인 구독자들을 통해 더 많은 수익을 얻는 그런 식의 사업 확장이 자연스럽게 일어나도록 해야 한다.

여러분의 가치를 확대하면 상업적 이익 또한 뒤따를 것이다. 시간이 갈수록 고객과의 관계를 발전시키는 능력은 정말 훌륭한 구독 회사들이 다른 회사와 차별화되는 부분이다. 고객이 성장함에 따라 함께 성장하는 비즈니스 모델을 가지고 있다면 구독 갱신과 고가 상품 판매가 자동으로 이루어진다. 부당 이득을 올리기 위해 추가 기능을 집어넣거나 부담스러운 계약 조건에 묶어 두는 것은 고객을 귀찮고 짜증 나게 하는 행위다.

우리는 수백 개의 회사와 협력하는 과정에서, 성장에 대한 접근 방식을 다각화하고 다양한 성장 전략을 수용하는 것이 높은 성장률을 유지할 수 있는 해결책임을 배웠다. 그 내용을 8가지 필수 성장 전략으로 압축했다. 우리 회사에서는 영업 회의를 할 때마다 이 전략들 가운데 최소한 가지 이상에 대해 이야기를 나눈다. 이 전략들을 하나씩 살펴보면서 여러분의 영업 팀에 미칠 영향에 대해 알아보자.

성공 전략 1: 초기 고객 확보하기

축하한다. 여러분은 멋지고 새로운 구독 상품을 고안해 세상에 공개할 준비가 되어 있다. 아마 최근에 고용한 새로운 영업 사원들이나 회사의 기존 영업 인력 또는 리셀러, 유통업체, 대리점 등을 통해 판매할 계획일 것이다. 흥미진진한 일이 아닐 수 없다. 그렇다면 가장 먼저 해야 할 일이 뭘까? 바로 적합한 고객들을 찾는 것이다.

왜냐고? 미래의 고객들은 언젠가 여러분이 정말 장기적인 협력 관계를 맺을 만한 대상인지 판단하기 위해 여러분의 초기 고객들을 아주 면밀히 살펴볼 것이기 때문이다. 옛말에도 있듯이 '여러분은 여러분의 고객을 닮아 간다.' 따라서 초반에 형성되는 코호트가 대단히 중요하다. 영업 팀이 적절한 가격대로 양질의 고객을 찾도록 하려면 여러분은 정말 많은 공을 들여야 한다. 그러지 않으면 온갖 이상한 물건들을 모아 여러분 문간에 가져다 놓는 고양이처럼 될 수도 있다.

우리가 주오라를 설립했을 때 가장 먼저 사용한 전략은, 우리 같은 서비스형 소프트웨어 회사들을 대상으로 영업하는 것이었다. 하지만 너무 틈새시장만 노리지 않으려고 늘 조심했다. 더 중요한 것은 '유연성'인데, 우리 서비스가 가진 핵심 장점이었다. 그리고 우리는 다양한 고객을 보유해야만 그러한 유연성을 발휘할 수 있었다. 그래서 하드웨어 회사, 미디어 회사, 소비자 구독 회사 등을 찾았다. 그 때문에 일이 더 힘들어지기는 했지만 그런 초기 고객들의 다양성 덕분에 우리 사업에 필요한 분위기가 조성되었다. 하지만 이 고객들은 또 우리에게 여전히 잘 어울리는 존재여야 한다! 여러분이 무턱대고 아무나 쫓아다닌다면, 초기 고객들은 끔찍한 존재가 될 가능성이 있다. 그들은 여러분의 서비스를 의도하지 않은 방향으로 끌고 갈 것이다. 더 나쁘게는, 그들이 돈을 지불할 능력이 별로 없어 사업이 망할 수도 있다.

둘째, 영업 인력을 대규모로 늘리려는 유혹을 피하는 것이 매우 중요하다. 어쩌면 여러분은 이미 대규모 영업 인력을 보유한 수십억 달러 매출 규모의 회사에 소속되어 있어서, 이 영업 사원들 모두가 서비스 판매에 매진하도록 하는 것이 가장 좋겠다고 생각할지도 모른다. 하지만 그것은 잘못된 선택이다.

우선 그들은 자기가 무엇을 하는지조차 모를 것이다. 서비스형 소프트웨어가 막 유행하기 시작했을 때, 기존의 온프레미스 소프트웨어 회사에서는 영업 사원들이 기왕의 고가 소프트웨어와 저가 구독 서비스를 모두 판매하게 했다. 영업 팀 내에서 어떤 옵션이 더 인기가 있었는지 예상이 될 것이다. 대기업에서는 아마 이것이 구독 서비스의 초반 기세를 꺾은 가장 흔한 요인이었을 것이다.

여러분에게 새로운 서비스만 판매하는 전담 영업 팀이 있다 하더라도 (그런 팀이 있다는 것은 축하할 일이다!) 처음에는 이 팀을 소규모로 유지하는 편이 좋다. 다시 한 번 말하지만 여기는 새로운 세계다. 영원히 베타 버전에 머물러 있어야 하고, 빨리(가능하면 첫 번째 고객들에게서) 배워야 한다.

여러분은 영업 팀이 잽싸게 커미션을 챙겨 다음 사냥터로 옮겨 가기보다는, 이 첫 번째 코호트와 매우 긴밀한 관계를 구축해 유지하기를 바랄 것이다.

성공 전략 2: 고객 이탈률 줄이기

모든 초기 단계 구독 비즈니스는 치명적일 수 있는 이탈률 문제에 직면하는 순간을 맞는다. 세일즈포스도 초반에는 한 분기 동안 새로 확보한 구독자보다 잃어버린 구독자가 더 많았던 적이 있다. 정말 힘든 시기였다. 주오라에서도 똑같은 경험을 했다. 넷플릭스 역시 퀵스터Qwikster라는 이름으로 DVD 우편 배송 서비스만 따로 분리해 사업을 운영하던 시절에는 전체 구독자 수가 감소한 분기가 있었다. 다들 이런 과정을 거치기 마련이다. '혼란스러운 순간'과는 다른 이런 상황을 기술적인 용어로 표현하자면 '빌어먹을 순간'이라고 할 수 있다.

여러분이 성공적인 구독 서비스를 운영하고 있는지 여부를 어떻게 알 수 있을까? 방법은 꽤 간단하다. 이탈률을 억제할 수 있다면 성공한 것이다. 이는 청소년기에서 성년기로 성장했음을, 사람들이 좋아할 가능성이 있는 새롭고 멋진 서비스가 성숙하고 성공적인 사업으로 전환되었음을 나타낸다. 계약 시 약정을 통해 고객 이탈을 막을 수도 있지만, 요즈에는 대부분의 구독 회사들이 고객이 원할 때면 언제든 탈퇴할 수 있게 해 준다(이것이 그들의 서비스가 가진 매력 가운데 하나다). 하지만 고객들을 꾸준히 만족시키려고 미친 듯이 노력한다면 계약 기간은 길든 짧든 아무 상관없을 것이다. 기업들이 이탈률을 측정하는 방법은 여러 가지가 있는데 저마다 처한 상황이 다르기 때문이다.

초반에 어느 정도 견인력을 얻은 뒤 어느 시점이 되면 구독자 수가 균형 상태에 도달한다. 서비스가 시장에 출시되고 어느 정도 시간이 흐른 뒤 생기는 안정 상태인데, 이때쯤에는 몇 가지 트렌드를 알아차리기에 충분한 고객을 보유한 셈이다. 이 시점의 이탈률에 따라 사업이 성장할 수도 있고, 아니면 평범한 수준을 유지하거나 그대로 가라앉을 수도 있다. 이때 새로 가입하는 고객보다 탈퇴하는 고객이 더 많다면 훌륭한 영업 팀을 보유하고 있는지 여부는 중요하지 않다.

사업이 그저 그런 수준을 유지하거나 가라앉고 있다면 다들 힘을 합쳐 열심히 일해야 한다. 하지만 당황하지는 말자. 누구나 이런 빌어먹을 순간과 협상을 벌여야 할 때가 있다. 지금은 어려운 질문을 던져야 할 때다. 받아들이지 말아야 하는 유형의 고객이 있는가(적어도 한동안만이라도)? 내보내야 하는 고객이 있는가? 지속적인 가치를 찾는 고객에게 정말 적합한 실제 기능과 사용 패턴은 무엇인가? 여러분 회사의 고객들은 시험 삼아 이런저런 기능 파악만 할 뿐 지속적인 구독자는 되지 못하는가? 그들에게는 밀기 전략이 어느 정도 필요한가? 서비스를 다른 방식으로 설계하거나 패키징할 수 있는가?

세일즈포스의 핵심 문제는 채택, 즉 고객의 서비스 수용도인 것으로 판명 났다. 서비스를 팔기는 쉽지만 사람들이 실제로 그 서비스를 사용하도록 하기는 어려웠다(당시는 아직 인터넷이 새로운 매체였던 시기라는 점을 기억하자. 호텔 방에서 인터넷에 접속하려면 다이얼업 방식을 이용해야 했고 가정에 고속 인터넷이 깔려 있지도 않았다). 그래서 고객사에 그 회사 직원들이 제품을 사용하도록 유도하는 법을 가르쳐 주어야 한다는 사실을 깨달았다. 이 문제를 해결하자 세일즈포스는 다시 성장세를 타기 시작했다.

성공 전략 3: 영업 팀 확대하기

제품이나 서비스를 성공적으로 출시했다고 가정해 보자. 초기 고객 확보 단계를 넘어선 성장을 이루었고 이탈률도 억제되어 이제 속도를 낼 준비가 되었다. 평균 고객 생애 가치가 고객 확보 및 서비스 제공에 드는 비용보다 훨씬 커서 유닛 이코노믹스가 건전하고 아직 확보해야 할 시장이 많다는 사실을 확인했으니, 이제 성장을 이루어야 할 때다. 이때 성장은 영업 팀 확대를 의미한다. 영업 사원을 더 많이 채용하고, 기존 영업 팀의 생산성을 높이며, 더 많은 리셀러와 중개인을 고용해야 한다.

영업 팀을 현명하게 확대하려면 하이브리드형 영업 모델hybrid sales model을 수립하고 자동화에 투자해야 한다. 내가 말하는 하이브리드형,

즉 두 가지 동력원을 갖춘 영업 모델이란 무슨 뜻일까? 별도의 영업 행위 없이 고객 스스로 모든 것을 처리하게 하는 셀프서비스형 영업 모델self-service sales model과 흔히 '지원형 영업assisted sales'이라고 부르는 영업 사원을 통한 판매를 완전히 별개의 영역으로 생각하는 기업들이 많다. 셀프서비스형은 중소기업을 위한 것이고 정말 규모가 큰 거래는 영업 사원들을 통해 이루어진다면서, 이 두 가지를 서로 교차시킬 수 없다고 여기는 것이다. 하지만 이는 말도 안 되는 생각이다.

아마 다큐사인DocuSign에 대해 들어 봤을 것이다. 비즈니스 문서, 은행 예금 내역서, 부동산 계약서 등 모든 종류의 문서에 전자 서명을 할 수 있게 해 주는 훌륭한 회사다. 다큐사인은 셀프서비스형 영업을 통해 신규 고객을 유치하고 저가 시장을 확보한다. 이 회사가 제공하는 대부분의 플랜(퍼스널, 스탠더드, 비즈니스 프로)을 이용하는 고객들은 웹 사이트에서 바로 전자 서명을 할 수 있다. 어드밴스드 솔루션Advanced Solutions이라는 상품의 경우에만 지원형 영업이 필요하다. 드롭박스와 마찬가지로 퍼스널 버전은 새로운 거래 선을 만들어 내는 도구 역할을 한다. 퍼스널 플랜 사용자가 한 달 동안 발송할 수 있는 최대 5개의 문서 모두에는 '다큐사인 제공Powered by DocuSign'이라고 다큐사인 로고가 찍혀 있다. 이는 당연히 입소문을 통해 이루어지는 바이럴 성장viral growth에 도움이 된다. 전 세계 188개국에 8500만 명이 넘는 사용자를 보유하고 있는 이 회사는 게릴라 마케팅과 영업 팀 그 자체라고 할 수 있다.

개인과 기업 모두를 대상으로 영업하는 다큐사인 같은 회사는 흔히 동일한 도메인명(예컨대 joe@abc.com과 jill@abc.com)으로 가입한 사용자들을 추적해 파악한다. 특정 도메인으로부터 온 것을 파악하고 나면 해당 고객들을 대상으로 더 고가의 상품이나 서비스 플랜을 권해 판매하는 상향 판매upsell를 할 수 있다. 이처럼 셀프서비스형 채널은 상향 판매 경로로 연결된다. 셀프서비스형은 계정 관리 쪽으로도 확대된다. 다큐사인의 고객은 셀프서비스 수정 기능을 통해 이용하는 플랜을 변경할 수 있다. 고객이 자신의 계정을 손쉽게 관리할 수 있는 이런 기능은 서비스 전환과 업그레이드를 위한 훌륭한 동인이다. 제대로만 한다면 '길거리에서 손발 노릇을 해 주는 사람의 수'는 대폭 늘어나는 동시에 영업 비용은 낮게 유지할 수 있다.

성장하면서 생기는 또 한 가지 중요한 문제는 서류 작업이나 하찮은 업무량이 늘어나고 실수를 저지르는 횟수 또한 증가한다는 것이다. 다들 짜증 나는 영업 관련 요청 전화를 받아 봤을 것이다. 이런 회사들은 주소나 신용카드 정보를 입력하는 수고를 자꾸 반복하게 함으로써 더 다양한 서비스를 이용하고 더 많은 돈을 지불하겠다는 고객들의 노력을 스스로 거부한다.

영업 팀에는 고객 가입, 청구, 결제, 환불에 관한 실시간 정보뿐 아니라 고객이 다른 제품으로 업그레이드하거나 구독을 일시 중단하거나 시트를 추가하거나 기타 사항을 변경할 때 자동으로 정산하는 기능이 필요하다. 이때 판매 과정을 반자동화하는 '가이드형 영업 모델guided sales model'이 매우 중요할 수 있다. 비결은 셀프서비스형 영업과 가이드형 영업, 그리고 '견적-송장 작성-대금 결제' 프로세스를 모두 지원할 수 있는 단일한 아키텍처architecture(조직의 구조와 운용을 규정한 개념적 청사진—옮긴이)를 찾는 것이다. 이 문제는 나중에 IT 관련 내용을 다루는 장에서 자세히 설명하겠다.

성공 전략 4: 상향 판매와 교차 판매로 가치 증대하기

여러분은 지금까지 상당한 진전을 이루었고, 어쩌면 또 다른 투자 자금을 조달했을 수도 있다. 그렇다면 다음에는 무엇을 해야 할까? 결국 어떤 회사든 성장을 유지하는 가장 좋은 방법은 고객을 통해 얻는 가치를 증대하는 것이라는 사실을 깨닫는다. 상향 판매나 기존 고객에게 추가 상품이나 서비스를 제안해 파는 교차 판매cross-sell를 통해 고객이 더 많은 서비스를 이용하도록 할 수 있다면, 이는 고객과 맺은 관계가 견고하다는 것을 보여 주는 증거다. 양측의 이익이 일치한다는 이야기다.

상향 판매와 교차 판매가 하나로 합쳐지는 경우가 종종 있긴 하지만, 사실 이 두 가지는 뚜렷이 구별되는 성장 전략이다. 상향 판매는 기능이 더욱 풍부한(그리고 값비싼) 서비스 에디션을 판매하기 위한 전략이고, 교차 판매는 더 포괄적인 솔루션을 제공하는 추가 서비스를 판매하기 위한 전략이다. 매킨지가 최근 발표한 보고서에 따르면, 이탈률이 가장 낮은 구독 기업들(수익 2500만~7500만 달러대 기업)은 고객 중 약 3분의 1을 대상으로 다양한 서비스를 교차 판매한 곳이었다.[1] 이것이 시사하는 바는 명확하다. 다양한 솔루션을 이용해 고객들의 다양한 문제를 해결해 줄 능력이 있으면 고객 유지율이 증가한다는 것이다.

이때 영업 팀 내에서 어떤 이들은 새 고객 유치에만 집중하고 또 어떤 이들은 기존 고객 유지와 관계 확장에만 전념하는 등 팀 구조가 기존과 다를 수 있다는 사실에 유의해야 한다. 당연히 보상 계획도 논의에 포함되어야 한다. 일정한 계약 횟수를 달성하면 보상을 해 주는가, 아니면 고객 가치의 지속적인 성장에 대해 보상을 해 주는가? 어떤 영업 사원은 연간 매출이 1000만 달러인 고객을 확보하고 다른 영업 사원은 100만 달러인 고객을 확보하고 있다면, 이를 어떻게 생각할 것인가?

세일즈포스 초창기에 우리는 기존 고객 관리만 전담하는 팀을 만들기로 했다. 유일한 문제는 그 팀을 어떻게 불러야 할지 몰랐다는 것이다. 그들은 고객 지원 팀이 아니었다. 회계 관리를 하는 것도 아니었다. 고객들이 우리 서비스를 성공적으로 이용하도록 도와주기 위한 팀이었다.

CEO인 마크 베니오프는 이들을 '고객 성공 관리자Customer Success Managers'라 부르자고 제안했지만 다들 듣자마자 싫다고 했다. 안타깝게도 말이다. 베니오프는 계속 밀어붙였다. 그리고 오늘날에는 '고객 성공' 자체가 하나의 전문 분야가 되었다.

그리고 교차 판매는 혁신을 위한 추진력을 제공한다. 교차 판매 능력을 원하는 구독 회사들은 새로운 서비스, 특징, 기능성, 제안 등을 지속적으로 추가해 고객들이 서비스에서 더 많은 가치를 얻도록 유도해야 한다. 구독 서비스는 전혀 다른 차원의 금전적 가치 수익을 실현할 수 있는 지속적인 경험이다. 여러분이 이 서비스에 더 많이 투자할수록 이익 역시 훨씬 더 커진다. 진짜 일은 판매 이후에 시작된다. 아마존이나 넷플릭스 같은 회사들이 새롭고 멋진 것들로 계속 우리를 놀라게 하는 이유가 바로 거기에 있다. 새로운 기회를 창출하지 않고 예상되는 부분만 관리하는 것은 일을 제대로 못 하고 있다는 뜻이다.

반복적 수익 비즈니스 모델이라는 구독의 특성을 고려할 때, 기존 고객에게서 얻는 수익을 증대시키는 데 가장 성공한 기업이 가장 빠른 속도로 성장한다는 사실은 놀랄 일이 아니다. 상향 판매는 수익 증대뿐 아니라 고객 유지에도 매우 중요하다. 고객은 여러분이 제공하는 서비스에서 더 많은 가치를 얻을수록 더 만족하기 때문이다. 물론 상향 판매 기회를 포착하고 전략적 상향 판매 경로를 구축하기 위해서는 고객을 이해하고 고객의 사용 행태를 심층적으로 파악해야 한다.

효과적인 상향 판매와 교차 판매 전략은 장기 성장을 간접적으로 촉진하는 동시에 단기적으로는 고객 생애 가치를 높인다. 무슨 뜻일까? 성숙한 구독 서비스에서는 상향 판매와 교차 판매가 평균적으로 수익의 20퍼센트를 차지한다. 그런데 이탈률이 낮아져 고객 확보 비용이 절감된다는 부가 이익도 있다. 이를 실현하기 위해서는 여러 개의 팀이 필요하다. 마케팅 팀은 적절한 번들을 제공할 수 있어야 한다. 영업 팀은 예컨대 가입자가 데이터 한도에 도달할 즈음 다른 상품으로 옮기라고 적극 권하는 등 적절한 시점에 새로운 옵션을 제공할 수 있어야 한다. 그리고 재무 팀은 그에 따른 후속 영향을 처리할 수 있어야 한다. 또 여러분은 각 팀의 활동이 성공적인지 아닌지 측정할 수 있어야 한다.

선도적인 디지털 정보 회사인 뉴렐릭New Relic은 매우 빠르게 성장한 구독 회사의 좋은 예인데, 그런 성장을 이룰 수 있었던 것은 주로 교차 판매 전략 덕분이다. 뉴렐릭은 훌륭한 서비스로 유명한데 거대하고 충성스러운 개발자 기반을 확보하고 있다. 그리고 이런 두터운 팬층을 토대로 상향식bottom-up 서비스를 도입해 고객 유지율을 높인다. 다시 말해 뉴렐릭은 마케팅 노력을 경영진 같은 상부에다 집중하는 대신, 개발자들과 직접 접촉해 활용하기 쉬운 다양한 서비스와 힘든 문제를 해결해주는 추가 기능을 제공한다. 이 회사는 모든 서비스를 월 단위로 제공한다. 개발자라면 누구나 큰 부담 없이 적은 수수료를 내고 추가 서비스를 이용할 수 있다. 이런 방식 때문에 교차 판매가 크게 늘었다.

이처럼 서비스 라인을 다각화하고 헌신적인 팬층을 대상으로 교차 판매에 주력함으로써 고객당 수익뿐 아니라 전체 매출 또한 상승했다. 아울러 뉴렐릭은 글로벌 IT 관리 툴 시장에서 시장 점유율을 늘릴 태세를 갖추고 있다.

성공 전략 5: 새로운 세그먼트로 이동하기

구독 서비스가 제대로 설계되어 있다면 어디로든 진출할 수 있다. 해당 서비스가 상당히 보편적일 수 있기 때문이다. 예를 들어 공항 신속 보안 심사 서비스인 클리어CLEAR는 출장자들을 대상으로 서비스를 개시했다가 이어 가족들에게 판매하기 시작했고 그다음으로 대규모 조직에 접근해 기업형 플랜을 판매했다. 많은 서비스형 소프트웨어 회사는 대기업 쪽으로 진출하기 전에 중소기업을 대상으로 한 판매부터 시작한다. 참고로 중소기업 대상의 판매와 대기업 대상의 판매는 영업 팀을 세분화할 때 고려할 만한 또 한 가지 방법이 될 수 있다.

박스는 상위 시장으로 진출하는 데 성공한 대표적인 기업이다. 이 회사가 온라인 디지털 데이터 저장 공간인 클라우드 스토리지cloud storage와 파일 공유 사업을 처음 시작했을 때는 영업 팀을 통한 매출이 1퍼센트 미만이었다. 다시 말해 대부분 셀프서비스형 가입으로 이루어진 순수한 프리미엄freemium 서비스였던 것이다. 박스의 고객 상당수가 개별 사용자이기는 해도 지금은 수익 대부분을 기업들로부터 올리고 있다. 매출의 거의 대부분이 영업 팀을 통해 창출된다는 이야기다.

박스 CEO인 애런 레비Aaron Levie는 이 상황을 다음과 같이 요약했다. "사용자들이 최대한 쉽게 서비스를 받아들일 수 있게 만들었는데, 그렇기 때문에 대기업도 회사 전체에서 사용할 수 있는 겁니다. 우리가 제품을 판매한 대기업들 중에 우리 회사 제품을 이미 사용 중인 직원이 없는 회사는 하나도 없을 겁니다."[2] 조직 내에서 어떤 서비스를 사용하는 개별 사용자 수가 충분히 늘어나면 그다음에는 조직 전체가 그 서비스를 채택하는 것이 논리적인 전개 과정이다. 그러나 셀프서비스형 경로와 달리 기업에서 서비스를 채택할 때는 대개 영업 담당자, 구매자, 제안 요청서, 수많은 실사 및 협상이 수반되는 기나긴 영업 주기와 함께 일이 시작되기 마련이다(다른 말로 '흥정'이라고도 한다!). 하지만 그 과정을 이미 서비스를 사용하고 있는 조직 내부 사람들과 함께 시작하는 것은 분명히 큰 이점이다(이 점에서 클라우드 기반 협업 툴 서비스인 슬랙의 사례도 떠오른다).

물론 완전히 새로운 업계로 진출할 수도 있다. 앞서 이야기했듯이 세일즈포스 또한 처음에는 같은 업계인 서비스형 소프트웨어 기업들을 대상으로 판매를 시작했다. 그러나 지금은 자동차, 스트리밍 미디어, 사물 인터넷 같은 업계를 전문으로 담당하는 영업 사원들을 보유하고 있다. 여기서 핵심은 영업 인력을 세분화할 수 있어야 한다는 것이다. 업체 규모별로 세분화할 수도 있고 업계별 또는 지리상 위치별로 세분화할 수도 있다. 어쨌든 반드시 해야만 한다. 왜일까? 유명한 토크쇼 진행자이자 인생 전략가인 닥터 필Dr. Phil이 하는 말처럼 들릴 위험을 무릅쓰고 말하자면, 오늘날의 판매는 장기적 관계를 구축하고 유지하고 심화시키는 일이라는 사실을 명심해야 한다. 자신의 고객을 알고 이해해야 한다. 월간 구독 박스 스타트업은 월간 구독 박스 스타트업처럼 대우해 주면 좋아하고, 대형 통신사는 대형 통신사처럼 대우해 주면 좋아한다. 따라서 각 고객에게 적합한 언어로 말해야 하는데, 세분화된 영업 인력들만이 효과적으로 할 수 있는 일이다.

성공 전략 6: 해외 진출하기

일반적으로 기업들은 해외에 진출하기까지 너무 오래 기다리는 경향이 있다. 이는 낡은 사고의 산물이다. 그런 낡은 방식은 지리적·정치적 경계에 기반을 두고 있다. 하지만 요즘 세상은 과거와 달라서 국경이 아니라 언어를 기반으로 한다. 이유는 무척 단순하다. 여러분이 인터넷을 할 때 사용하는 언어와 인터넷상의 연결 관계를 나타내는 소셜 그래프social graph가 여러분이 앞으로 얻을 결과를 좌우하기 때문이다. 유럽의 어떤 IP 주소를 방문하더라도 세관 검사를 받지는 않는다. 여러분이 유명인 관련 보도를 전문으로 하는 《데일리메일》 같은 영국 신문사에서 일한다면 독자의 40퍼센트가 미국인이라는 사실이 놀랍지 않을 것이다. 마찬가지로 만약 여러분이 미국에서 NBA 농구 용품을 판매한다면 어떨까? 아마 영연방 국가를 상대로도 사업을 하고 있을 것이다. 프랑스에서 동영상 스트리밍 서비스를 운영하고 있는가? 그렇다면 프랑스어를 주 언어로 사용하는 아프리카 북서부 국가들에도 여러분의 방송을 보는 시청자들이 있을 것이다. 일찍이 지금처럼 해외 진출이 쉬웠던 적은 없었다. 하지만 그전에 반드시 고려해야 할 사항들이 있다. 해외에서 거래할 수 있는 능력을 확실히 갖추고, 해당 지역의 통화를 받을 수 있어야 하며, 모바일 결제 같은 적절한 대체 지불 수단을 마련하고, 서로 다른 환경을 가진 두 곳 이상의 시장에서 가격 차이로 수익을 올리는 차익 거래arbitrage 문제를 처리해야 한다. 하지만 이런 문제들은 다 극복 가능하며, 따라서 나는 해외 진출은 늦추기보다 오히려 서두르는 편이 낫다고 권하고 싶다.

글로벌화는 구독 기업들에도 명백한 성장의 기회다. 그렇지만 운영과 관련해 넘어야 할 몇 가지 장애물이 있는데, 물론 모두 대처해 낼 수 있는 것들이다. 해외 진출을 위해서는 다음과 같은 3가지 사안을 고려해야 한다. 첫째는 사업자 등록증, 세금, 데이터 레지던시data residency 요건 같은 규제 문제다. 둘째는 대체 결제 창구, 지역 통화, 신용카드 같은 결제 문제다. 중국인은 전자 지갑을 선호하고, 인도인은 직불 카드를 선호하며, 한국인은 스마트폰으로 구매하고 통신비와 함께 청구되는 방식을 더 좋아한다. 셋째는 인사 관리, 직원 채용 같은 매장 문제다.

하지만 영국에 진출하지 않더라도 영국에 사는 누군가에게 제품이나 서비스를 판매할 수 있다는 사실을 기억하자. 직원 몇 명을 파견해 영국 고객들에게 여러분 지역의 사법권 내에서 거래하고 파운드화가 아닌 달러화로 대금을 지불해 달라고 정중하게 요청하기만 하면 된다. 온갖 이유와 핑계로 거절당할지 모르지만 몇몇 회사에서는 받아들일 수도 있다. 그러면 그것이 최소한 시작점이 될 수 있다. 그리고 여러분은 그 지역의 수요를 확실하게 파악할 것이다. 이 일은 모 아니면 도가 아니다. 이런 식으로 서서히 접근해 가야 한다. 핵심은 여러분이 현재 영어권 국가에서 판매 중이라면 결국 모든 영어권 국가를 상대로 판매하고 있는 셈임을 깨닫는 것이다.

성공 전략 7: 기업 인수를 통해 성장 기회 극대화하기

성숙한 회사들은 상당한 시장 점유율(70퍼센트 이상이라고 치자)을 차지하는 단계에 도달하면, 결국 더 이상 확보할 수 있는 신규 고객이 없는 상태에 놓인다. 따라서 이제는 고객 1명당 가치를 높이는 방식으로 성장이 진행되어야 한다. 이 상황에서는 기업 인수 전략이 매우 중요해진다. 인수 자금을 동원할 수 있을 만큼 충분한 현금을 보유한 회사라면 그 현금을 미래 성장에 재투자하는 것이 현명한 조치가 될 수 있다. 그러나 자금 확보는 전략적 인수를 고려하는 구독 기업에 필요한 수많은 요건 중 하나에 불과하다.

인수를 꾀하는 회사는 현금 외에도 자사의 비즈니스 모델이나 일상 업무와 어울리는 전략적 계획이 필요하다. 또 서비스 라인 전반에 걸쳐 상향 판매와 교차 판매가 가능하고 고객들도 서비스 라인 전체에서 원활한 경험을 할 수 있도록, 시스템 내의 모든 서비스 라인을 지원하는 인프라가 필요하다. 성공적인 인수는 성장 중인 구독 기업이 시장 가시성market visibility과 시장 점유율을 높이는 동시에 제공하는 제품 기능을 향상시켜 더 포괄적인 솔루션을 구축할 수 있게 도와준다. 여러분에게는 이를 위한 통합 계획이 필요하다.

서베이몽키SurveyMonkey라는 회사에 대해 들어 봤을 것이다. 이 회사 경영진은 전략적 인수를 능수능란하게 활용해 이 회사를 세계 최고의 온라인 설문 조사 플랫폼으로 자리 잡게 했다. 2010년부터 2015년 사이에 6개 회사를 인수했는데 모두 시장 가시성과 시장 점유율을 높이고 제품 기능을 향상시키고 솔루션을 구축하는 데 도움이 되었다(물론 경쟁도 줄이고). 현재 서베이몽키는 이런 인수를 통해 얻은 여러 가지 서비스를 교차 판매하고 있다. 2010년에 가장 먼저 인수한 회사는 프리시전폴링Precision Polling인데, 테크놀로지 산업 전문 온라인 매체《테크크런치 TechCrunch》의 표현에 따르면 "전화를 이용해 서베이몽키와 같은 일을 하는" 회사였다. 이런 비교 기사가 나오고 불과 몇 달 뒤, 서베이몽키는 거기에서 힌트를 얻어 설문 조사 범위를 인터넷에서 전화로 확대하기 위해 프리시전폴링을 인수했다. 2011년에는 우푸Wufoo를 3500만 달러에 인수해 온라인 양식을 손쉽게 작성할 수 있는 이 회사의 솔루션을 포함시켜 서비스 라인을 확장했다. 그리고 사모펀드 회사와 제휴해 경쟁사인 마켓툴스MarketTools를 인수했다. 이를 통해 새로운 서비스 3가지와

170만 명의 설문 조사 이용자, 250만 명의 패널 응답자, 그리고 몇몇 유명한 기업 고객을 확보했다.

2014년에는 기업들이 혹할 만한 철저한 분석 기능을 갖춘 캐나다의 경쟁 업체 플루이드웨어Fluidware를 인수해 기업 시장 진출을 가속화했다. 그리고 2015년에는 렌주Renzu를 인수해 앱 기능을 확대하고, 자동화된 콘텐츠 생성 플랫폼인 테크벨리데이트TechValidate를 인수해 솔루션 기능 확장을 위한 추가 조치를 취했다. 서베이몽키의 전 CEO인 빌 벡티 Bill Veghte에 따르면 이는 "모든 고객이 설문 조사 결과에서 더 많은 것을 얻도록 도와주기" 위한 조치다. 서베이몽키는 계속 성장하고 있으니 다음에는 또 어떤 현명한 인수를 진행할지 기대된다. 이 회사는 인수한 기업들의 고객을 단일 플랫폼으로 이주시키는 능력을 확실하게 습득해 백오피스 시스템의 정확성과 효율성을 향상시켰다.

성공 전략 8: 가격 책정과 패키징 능력 최적화하기

구독 비즈니스가 지속되는 기간 동안 일반적으로 경영진이 가격 책정 방식을 계획하는 데 얼마나 많은 시간을 할애하는지 알고 있는가? 비즈니스 인텔리전스 플랫폼인 프로핏웰ProfitWell에 따르면 기업이 1년간 가격 책정에 들이는 평균 시간은 10시간 미만이라고 한다. 말도 안 되는 일이다. 특히 가격이 수익에 미치는 엄청난 영향을 고려하면 비슷한 정도의 노력을 고객 확보나 유지에 들일 때보다 영향력이 훨씬 클 수 있다.

구독 사업은 가격 책정을 통해 수익을 최적화해야 한다. 우리 경험에 비춰 볼 때 이런 철학을 가진 회사들은 최소 1년에 한 번 이상 가격 정책을 갱신한다(이는 곧 1년 내내 가격에 대해 생각한다는 뜻이다). 왜 그러는 것일까? 가격이야말로 앞에서 이야기한 다른 7가지 성장 전략을 뒷받침하는 핵심적인 성장 수단이기 때문이다. 이 사실은 아무리 강조해도 지나치지 않다. 새로운 가격 전략을 시장에서 시간을 들여 테스트하지 않는다면, 그것만으로도 여러분의 구독 서비스는 실현되지 못한 엄청난 가치를 그냥 방치하고 있는 셈이다. 더 이상 추측만 하지 말고 실제로 테스트해 볼 필요가 있다.

통화 기반 마케팅 솔루션을 제공하는 플랫폼인 인보카Invoca는 가격에 대한 이런 진화된 접근 방식을 보여 준다. 인보카는 사업 특성상 통화 시간, 통화 횟수, 전화번호 가짓수, 음성 안내 등 여러 가지 가격 책정 요소들을 관리한다. 이런 각종 사용량 유발 요인들이 매달 되풀이해 청구되는 요금에 반영되면 엄청 복잡해질 수밖에 없다. 인보카의 성공 비결은 그 모든 가격 발생 요인들을 고객의 요구 사항과 연결시켜 가치를 평가한다는 데 있다. 인보카는 중앙에서 가격을 변경해 모든 시스템과 판매 채널(온라인, 파트너 리셀러, 견적 툴 등)에서 동시에 가격이 갱신되도록 한다. 여러분은 마우스 클릭만으로(암호를 다시 입력하지 않고) 손쉽게 가격을 변경할 수 있어야 하고, 가격 변경이 전체 조직에 미치는 영향을 신중하게 관리해 재무, 영업, 운영 팀 등이 이에 발맞출 수 있게 해야 한다.

그렇다. 지금까지 말한 것들이 바로 핵심 성장 전략이다. 우리는 수많은 업계에서 일하는 수천 개의 구독 기업들과 대화를 나누면서 그들의 성장 전략을 이 8가지로 압축했다. 여러분의 회사는 성장 과정에서 아마 이 가운데 두세 가지 문제를 동시에 처리하게 될 것이다. 특히 요즘에는 소프트웨어나 디지털 서비스 회사의 경우 일관된 성장률 유지가 필수다. 매킨지에 따르면 소프트웨어 회사의 연간 성장률이 20퍼센트 미만일 경우 실패할 확률이 92퍼센트나 된다고 한다.[3] 결국 가장 중요한 문제는 '성장하느냐, 아니면 망하느냐'이기 때문이다.

13장

재무 :
비즈니스 모델의
설계자가 되라

이상과 현실 사이의 심각한 인지 부조화

몇 년 전 매출이 수십억 달러에 이르는 어떤 정보 서비스 회사가 해마다 개최하는 외부 행사에 초대받았다. 오늘날의 거의 모든 '정보 서비스' 회사와 마찬가지로 이 회사도 처음에는 출판사로 시작했다. 설립된 지 100년도 넘은 회사인 것이다. 과거 이 회사의 주력 상품은 전문인 인명 사전이었는데, 이 인명사전이 '업계의 바이블'로 인정받으면서 수십 년 동안 해당 분야를 지배했다. 이 회사는 말 그대로 돈을 찍어 내듯이 벌었다. 하지만 지금은 상황이 어떻게 돌아가는지 다들 알 것이다.

인터넷이 모든 것을 바꿔 놓았고 이 회사가 만드는 전문인 인명사전은 출간되자마자 한물간 정보가 되어 버렸다. 그래서 디지털 쪽으로 현명한 전환을 시도하면서 관련 회사들을 인수하기 시작했다. 그리고 내가 참석한 이 외부 행사에서 CEO가 매우 대담한 비전을 제시했다. 그는 이렇게 말했다.

"우리는 스스로를 서적상 또는 콘텐츠 제공자로 여기기를 그만둘 필요가 있습니다. 우리는 고객을 통해 다시 시작해야 합니다. 그들이 우리에게 돈을 지불하는 진짜 이유는 뭘까요? 우리는 그들에게 어떤 가치를 제공하고 있습니까? 우리는 사람들에게 무엇을 의미할까요? 이제는 단순히 콘텐츠에만 집중하는 데서 벗어나 사용자 경험에 집중하는 방향으로 옮겨 갈 겁니다. 고객의 요구를 충족시켜 주는 원스톱 상점이 되어 그들의 작업 흐름을 자동화하는 데 주력할 생각입니다. 우리는 신속한 개발 쪽으로 방향을 전환했으며 고객의 여정에 맞춰 모든 비즈니스 모델을 재구성하고 있습니다." 그 효과는 놀라웠다. 그 자리에 있던 사람들 모두 잔뜩 흥분했다.

그 다음에 안경을 쓴 최고재무책임자가 연단에 올라와 회사의 연간 실적을 발표했다. 그는 무미건조한 태도로 3가지 핵심 제품 라인의 재정 상황을 발표하면서, 모든 라인이 5년 연속으로 매출이 감소했지만 다행히 마진은 계속 늘어나는 중이라고 지적했다. 그리고 그 사실을 증명할 지루한 차트들을 보여 주었다.

이 얼마나 흥을 깨는 행동인가? 하지만 객석에 앉아 있는 동안 나는 또 다른 뭔가가 빠져 있다는 사실에 주목하지 않을 수 없었다. 바로 고객 말이다! 어떻게 고객을 늘려 갈 것인지, 그 회사에 가장 소중한 고객은 누구인지, 고객은 그 회사를 어떻게 이용하고 있는지 등에 대한 언급이 전혀 없었던 것이다. 정말 거슬릴 만큼 대조적인 모습이었다. 대담한 성장 전망을 제시한 뒤 회사가 쇠퇴하고 있다는 무미건조한 보고가 이어졌다. 심각한 인지 부조화였다.

정말 유감스러운 일이었다. 좋은 기회를 그런 식으로 망쳐 버리다니. 구독 경제가 새로운 비즈니스 모델을 받아들이는 것이라면, 회사가 이런 변화를 잘 헤쳐 나가도록 이끄는 일을 재무 부서보다 더 잘할 수 있는 팀이 어디 있단 말인가?

최고재무책임자와 내가 거의 해고당할 뻔한 날

하지만 나 또한 예전에 비슷한 경험을 한 적이 있었기에 그 사람이 불쌍하게 느껴지기도 했다. 내게도 똑같은 일이 벌어진 그날을 나는 '최고재무책임자와 내가 거의 해고당할 뻔한 날'이라고 부른다. 주오라 초창기에 최고재무책임자인 타일러 슬롯Tyler Sloat과 내가 이사회에서 이듬해 계획을 발표했다. 우리는 사업 생각에 들떠 있었다. 일은 잘 진행되고 있었고, 우리는 벤처 투자가들이 좋아할 것이라고 생각되는 공격적인 성장 계획을 가지고 있었다. 우리는 이사들 앞에서 발표를 마무리하고 회의실을 둘러보았다. 하지만 아무도 입을 열지 않고 조용하기만 했다. 몇몇 사람은 얼굴을 찡그리고 있었다. 어색한 침묵이 흐른 뒤 한 이사가 말했다. "확실히 하고 넘어갑시다. 그러니까 성장세를 줄이기 위해 돈을 더 쓰고 싶다는 겁니까? 그게 말이 되는 소립니까?"

괴로웠던 일을 세세히 이야기하지는 않겠지만, 깊이 파고들수록 상황이 더 나빠졌다고만 말해도 알아들을 것이다. 5분 정도 지나서야 겨우 다음 아이디어를 제시해 보라는 요청을 받았다. 하지만 아무래도 오늘은 글렀다는 생각이 들어 황급히 물러나기로 했다. 우리는 한 번만 더 기회를 달라고 부탁했다. 이사회에서는 우리가 다시 프레젠테이션을 하기까지 60일간 시간 여유를 주겠다고 했다. 회의실을 나서는 동안 잡담을 나누는 사람은 거의 없었다.

전열을 가다듬은 타일러와 나는 우리가 전략을 제대로 설명하지 못했다는 사실을 깨달았다. 우리는 기존 재무 모델을 이용해 그 계획을 전달했는데, 그런 과거 회고적이고 형식적인 손익 계산서로는 성장 투자를 통해 얻게 될 수익을 보여 줄 수가 없었다. 일일이 설명하지 않아도 이사들이 다 알아들으리라 가정한 것이 잘못이었다. 또 좀 더 괜찮은 벤치마킹이 필요하다는 사실도 깨달았다. 하지만 벤치마킹을 제대로 하려면 공개적으로 입수 가능한 재무제표를 사용해야 했다.

내가 아직 이 자리를 지키고 있으니 아마 실수를 만회한 모양이라고 짐작할 것이다. 그렇다면 우리는 어떤 식으로 해냈을까? 완전히 새로운 구독 경제 손익 계산서를 제시했다. 터무니없는 소리처럼 들리더라도 내 이야기를 좀 더 들어 보기 바란다. 하지만 먼저 시간 여행을 좀 해야 한다. 500년 전 베네치아로 돌아가 보자.

10만 달러짜리 공짜 MBA 수업

오늘날의 금융 시스템은 재무제표를 작성하고, 감사가 가능한 '장부'를 만들고, 기업들끼리 서로 비교해 볼 수 있는 능력을 가지고 있는데, 이는 모두 복식 부기라는 개념에 의지한다. 기본적인 전제는 여러분의 대변과 차변이 일치해야 한다는 것이다. 식료품 가게에서 일하는 누군가가 금전등록기에 들어 있는 현금과 판매 수치를 대조하는 것도 복식 부기의 한 형태다.

이 체계를 처음으로 공식화한 사람은 '회계의 아버지'라고도 불리는 프란치스코회 수사 루카 파치올리Luca Pacioli였다(지금도 파치올리의 고향에서 공인회계사 컨벤션이 열린다!). 그는 1447년에 피렌체 외곽에서 태어나 매우 충실한 삶을 살았다. 아주 똑똑하고 이리저리 돌아다니기 좋아하는 사람으로 베네치아와 볼로냐, 밀라노 등지에서 학생들을 가르치고 글을 썼다. 그는 카드 마술, 저글링, 불 삼키기 등에 대한 최초의 설명이 포함된 마술 관련 논문도 썼다. 유클리드Euclid에 관한 강의도 했다. 대수학, 체스 전략, 기하학적 형태와 원근법에 관한 책도 썼다. 기하학 책에는 그의 협업자이자 룸메이트인 레오나르도 다빈치가 삽화를 그려 주었다.

파치올리는 비교적 평범한 가정 출신으로, 현지에서 상거래 중심의 이탈리아어 교육을 받았다(부유한 집안 아이들은 라틴어와 고전을 배웠다). 유명한 상인의 자녀들을 가르치러 베네치아로 이사할 무렵 그는 영리하고 재능 있는 젊은이로 성장해 있었다. 당시는 향료 무역이 절정에 달했던 시기로 도시 국가 베네치아 출신 상인들은 희귀한 향료와 약초, 아편 등을 구하러 중동과 아시아 지역까지 여행을 다녔다. 이 무역은 시간도 많이 걸리고 거리도 멀었기 때문에 그들은 대변과 차변으로 분개하는 경우가 많았는데, 그 과정에서 실수를 저지르거나 누가 누구에게 어떤 빚을 졌는지 잊어버리기 십상이었다. 초기 버전의 복식 부기는 1300년대까지 거슬러 올라가지만 파치올리는 그것을 공식적으로 성문화한 최초

의 사람이다. 그가 쓴 책에는 《산술, 기하, 비율과 비례 총람》이라는 겸손한 제목이 붙어 있다.[1]

"차변과 대변이 일치할 때까지는 잠잘 생각도 하지 마라"라는 파치올리가 남긴 위대한 격언이 있다. 모든 금융 거래에서는 이 두 변의 항목들이 일치해야 한다. 항목들을 한 치의 오차도 없이 정확하게 기록하면 사람들이 공정하게 돈을 지불받을 수 있는 감사 내역이 생긴다. 또 부채와 자본의 합과 동일한 총자산 내역을 종합적으로 확인할 수 있다. 이 단순하지만 강력한 방정식을 이용해 손익 계산서, 대차 대조표, 현금 흐름표 등도 만들 수 있다. 다음은 모든 비즈니스 입문 강좌에서 가르치는 대표적인 손익 계산서의 예다(단위: 100만).

매출액	$100
매출 원가	(40)
매출 총이익	$60
영업 및 마케팅비	(20)
연구 개발비	(20)
일반 관리 및 행정비	(10)
순이익	$10

꽤 간단하지 않은가? 이 내역은 여러분이 하나 이상의 제품을 판매해 총 1억 달러의 매출을 올렸음을 알려 준다. 손익 계산서는 단위 제품에 들어간 기본 비용을 보여 준다. 여기에는 4가지가 포함된다. 원자재 값과 생산비 등 제품을 만드는 데 든 비용(매출 원가), 제품 판매에 든 비용(영업 사원에게 지급한 커미션, 채널 운영 비용 등), 제품을 만들기 위해 회사가 쓴 연구 개발비, 그리고 마지막으로 경영진(재무, 인사, 중역)이 회사를 운영하는 데 필요한 간접비.

보다시피 이 비용 가운데 일부(연구 개발비 등)는 고정되어 있으므로 제품을 더 많이 팔수록 단가가 낮아진다. 그래서 우리가 '회계사'라고 부르는 사람들은 판매되는 제품을 만드는 데 소요된 모든 비용을 확인하는 것이 임무다. 축하한다. 여러분은 지금 10만 달러짜리 MBA 수업을 공짜로 들은 셈이다.

이제 내가 해고당할 뻔한 날로 다시 돌아가 보자. 곧 진행할 계획을 타일러와 함께 이사회에서 발표한 직후, 우리는 이 모델이 지난 500년 동안은 효과적으로 작동했을지 몰라도 구독 사업에는 전혀 맞지 않는다는 사실을 깨달았다. 다음과 같은 3가지 이유 때문이다.

첫째, 기존의 수익 계산서에서는 반복적 수익과 일회성 수익을 구분하지 않았다. 이는 지금 1달러와 앞으로 10년 동안 해마다 생기게 될 1달러 사이에 아무 차이도 없다고 말하는 것과 같다. 반복적으로 발생하는 수익은 구독 사업의 초석이지만 전통 회계 개념은 이런 사실을 인식하도록 고안되지 않았다.

둘째, 영업 및 마케팅비는 이미 판매된 물품에 맞춰진다. 이것은 본질적으로 매몰 비용이다. 이 문제는 나중에 다루겠지만, 구독 기업들은 영업과 마케팅 비용이 미래 사업을 추진하는 방향으로 쓰이도록 전략적으로 고민해야 한다. 마지막으로 이것은 과거 회고적인 묘사다. 전부 이미 번 돈과 이미 지불한 비용, 이미 취한 조치에 관한 것들이다. 구독 사업은 미래의 가시성이 가장 중요하다. 앞으로 12개월 동안 얼마나 많은 돈을 벌리라 기대할 수 있는가에 따라 신용 거래를 하고, 계획을 세우고, 돈을 지출할 수 있는 사업이다.

그래서 우리는 새로운 뭔가를 만들어 보기로 했다.

 ## 구독 경제의 손익 계산서는 어떻게 다른가

내가 아는 모든 현명한 구독 사업은 연간 반복적 매출ARR에 초점을 맞춘다. 연간 반복적 매출이란 무엇인가? 간단히 말하면 구독자들이 매년 지불할 것으로 기대되는 수입 금액이다. 단 한 번만 얻고 끝나는 수입이 아니라 되풀이해 발생하는 수입이다. 구독 기업들은 매 분기마다 다음과 같은 공식을 사용해 연간 반복적 매출이 얼마나 성장했는지 살펴본다.

$$ARR_n - Churn + ACV = ARR_{n+1}$$

① ②   ③   ④   ⑤

① 연간 반복적 매출ARR : 해마다 반복적으로 발생하는 구체적인 잠정 매출을
정해 놓고 회계 연도를 시작한다.

② 연간 반복적 매출의 일정 비율을 기반 업무(매출 원가, 일반 관리 및 행정비)와 연구
개발 투자에 사용한다.

③ 이탈 Churn : 그럼으로써 연간 반복적 매출 손실을 최소화하기 위한 모든 노력을
기울이게 된다.

④ 연간 계약 금액AVC : 또 신규 및 기존 고객 모두에게서 새로운 연간 계약 금액
Annual Contract Value을 획득해, 연간 반복적 매출을 늘리기 위한 투자를 한다.

⑤ 그러면 다음 회계 년도가 시작될 때에는 새로운 연간 반복적 매출에 도달하게
된다.

타일러와 나는 이 공식을 토대 삼아 구독 경제 수익 계산서를 만들었
는데, 이쪽이 우리가 사업에 대해 어떻게 생각했는지를 잘 보여 준다.
그리고 60일 뒤 이사회 회의실에서 이것을 공개했다. 그 후로 우리는 이

모델을 수많은 다른 회사나 구독 비즈니스를 다루는 여러 금융 분석가들과 공유했다. 위 공식에 따르면, 구독 경제의 손익 계산서는 다음과 같아야 한다(단위: 100만).

연간 반복적 매출	$100
이탈	(10)
순 연간 반복적 매출	90
반복적 비용 :	
매출 단가	(20)
일반 관리 및 행정비	(10)
연구 개발비	(20)
반복적 이익	40
영업 및 마케팅비	(30)
순 영업 이익	10
신규 연간 반복적 매출 (또는 신규 연간 계약 금액)	30
최종 연간 반복적 매출	$120

이를 분석해 보자.

연간 반복적 매출

처음과 마지막을 보면, 수익이 아닌 연간 반복적 매출로 시작하고 끝난다는 사실에 다시금 주목하자. 그것은 이 손익 계산서가 과거가 아닌 미래를 내다보기 때문이다. 기존 명세서는 '지난 분기에 이만큼의 매출을 올렸다'고 알려 주는 반면, 이 계산서는 '이번 분기는 이만큼의 반복적 매출과 함께 시작한다'고 알려 준다. 이는 엄청난 정량적 차이다. 연간 반복적 매출은 여러분이 확실히 의지할 수 있는 반복적 수익이다.

이탈

실제로는 안타깝게도 모든 반복적 수익이 계속 반복해 발생하지는 않는다. 최고의 제품을 제공하더라도 여전히 떠나는 고객은 있다. 어떤 개인 고객은 여러분의 상품에 권태를 느껴 떠나거나 파격적인 할인을 제공하는 경쟁사로 넘어갈 수 있다. 기업 고객이라면 그 회사 내에서 여러분을 지지해 주던 사람이 없어지거나 다른 기업에 인수되거나 파산할 수 있다. 물론 저조한 채택률이나 이용률, 제품 차이, 형편없는 고객 마케팅, 자원과 전문 지식 부족 등 여러분이 자초한 이유들도 있을 것이다. 이유 불문하고 이는 전부 고객 이탈churn이며 이로 인해 연간 반복적 매출이 감소한다. 따라서 위 손익계산서에 해당하는 회사는 1억 달러를 전부 기대하는 것이 아니다. 거기에서 예상 이탈 액수인 1000만 달러를 제하면 9000만 달러의 순 연간 반복적 매출이 남는다. 이게 그들이 기대할 수 있는 수입이다. 이제 그들은 이 돈을 어떻게 쓸까?

반복적 비용

첫 번째 질문은 '연간 반복적 매출에 도움이 되려면 어떤 부문에 지출해야 하는가?'다. 어쨌든 기존 고객들은 서비스를 기대하기 마련이다! 우리는 이와 관련된 비용을 재조정하면서 매출 원가, 연구 개발비, 일반 관리 및 행정비를 '표준 이상'으로 끌어올렸다. 연간 반복적 매출에 도움이 되려면 이 부문에 비용을 지출해야 한다고 생각했기 때문이다. 일부 회사들이나 애널리스트들은 연간 반복적 매출 서비스에 필요한 만큼의 비용만 할당하려고 하지만 우리는 일을 단순화하기 위해 매출 원가, 연구 개발비, 일반 관리 및 행정비가 모두 반복적 수익 창출과 관련이 있다고 가정하기로 했다. 따라서 이것은 반복적 비용recurring cost이 된다. 이런 가정의 이점은 입수 가능한 다른 상장 기업들의 재무 데이터를 활용해 그들을 벤치마킹하기가 쉽다는 것이다.

반복적 이익

반복적 이익recurring profit margin이란 단순히 반복적 매출과 반복적 비용 사이의 차이를 말한다. 이 수치는 구독 사업의 본질적인 수익성을 나타내는데, 반복적 매출이 확실히 보장되어 있고 그 매출을 올리기 위한 비용도 확실하기 때문이다.

위에서 예로 든 손익 계산서를 보면 반복적 이익이 4000만 달러로 되어 있는데 이는 매우 높은 수준의 마진이다. 구독 기업들의 수익성을 들여다보면 상당히 절망적인 경우가 많다. 타일러와 나는 어떤 구독 기업의 재무 상태를 살펴볼 때 항상 그들의 반복적 이익을 먼저 확인하는 것으로 그 기업이 얼마나 탄탄한지 파악한다.

성장 비용

그렇다면 영업과 마케팅 비용은 어떨까? 일반적인 사업과 구독 사업의 가장 큰 차이점 중 하나가 여기에 있다. 일반적인 사업에서는 해당 매출을 올리기 위해 사용한 비용이 매출 원가에 반영된다. 하지만 구독 사업에서는 영업 및 마케팅비가 미래의 수익과 연결된다. 왜냐고? 이번 분기에 내가 쓴 영업 및 마케팅비는 연간 반복적 매출에 가산되지만, 그 연간 반복적 매출 성장을 통해 올리게 될 수익은 이후 분기들에 나오기 때문이다.

전통적인 회계 용어로 말하자면 여러분의 영업 및 마케팅비는 이제 설비 투자 비용에 더 가까운 기능을 하고 있는 셈이다. 기본적으로 이 비용은 기존 고객이나 신규 고객을 통해 사업을 성장시키고자 지출하는 비용이다. 그래서 우리는 이를 성장 비용growth cost이라고 부른다. 여기서도 단순성과 벤치마킹의 용이성을 고려해, 영업 및 마케팅비는 전부 회사의 성장을 위해 쓰인다고 가정한다.

구독 경제에서 성장과 수익성의 관계

이제 반복적 이익과 성장의 관계를 파악할 수 있게 되었다. 반복적 이익이 높을수록 성장을 위해 더 많은 돈을 써야 한다. 앞에서 손익 계산서를 예로 든 그 회사는 실제로 반복적 이익을 거의 성장에 쏟아붓기로 결정했고, 그 결과 해당 회계 연도가 끝날 무렵에는 사업 규모가 20퍼센트나 증가했다.

이 시점에서 여러분은 반복적으로 발생하는 이익을 전부 성장에 투자하는 것은 어떠냐고 물을 수도 있다. 당연히 안 될 게 뭐가 있겠는가? 거대한 잠재 시장이 분명히 존재하고 고객 이탈도 통제할 수 있다고 한다면, 매년 이런 식으로 사업을 운영해 해마다 30퍼센트씩 성장할 수 있다. 그리고 마침내 전체적으로 이익이 나기 시작할 무렵이 되면 훨씬 더 큰 반복적 매출 흐름을 창출해 내게 될 것이다.

많은 구독 기업이 겉으로는 수익성이 없어 보이는 듯하지만 실제로는 엄청난 사업체인 것은 바로 이 때문이다. 그리고 세일즈포스나 박스 같은 회사들은 수익성이 부족해 문제라는 애널리스트들의 불평을 들을 때마다 내가 어이없어 하는 이유 또한 여기에 있다. 구독 경제가 이미 수십억 달러 규모의 업계를 여러 곳 장악했음에도 투자자들과 애널리스트들 그리고 투자 매체들은 여전히 제품 기업과 구독 기업의 근본적인 차이와 그로 인해 발생하는 재무 성과 측정 방식의 이질성을 간과하고 있다.

세일즈포스에서 일할 당시 우리는 많은 시간과 에너지를 들여 투자자들과 애널리스트들에게 구독 소프트웨어 회사와 기존 소프트웨어 회사 사이의 어마어마한 실적 차이에 대해 교육했다. 그들은 대부분 주가 수익률에만 주목했기 때문에, 그 시점에 200배의 미래 수익을 거래하고 있던 회사에 투자할 생각을 하지 못했다. 우리는 영업 이익operating profit이 우리의 가치를 측정하는 데 본질적으로 무의미하다는 사실을 알았다.

솔직히 말해 내가 투자자라면 영업 이익을 최종 결산 결과에 반영하는 구독 기업은 거부할 것이다. 그리고 그것을 새로운 계약을 제대로 확보할 수 없어 영업과 마케팅 비용을 줄이는 회사가 보내는 신호라고 여길 것이다! 여기에 중요한 사실이 있다. 구독 기업들이 이익을 전부 성장에 투자하는 것은 지극히 합리적인 일이다. 그것이 밑 빠진 독만 아니라면 말이다. 반복적 비용보다 연간 반복적 매출이 더 빠르게 증가한다면 그때부터 성장을 가속화할 수 있다는 사실을 기억하자. 《스트레터처리》의 벤 톰슨이 이야기하듯 "여러분은 제품을 판매하는 것이 아니라, 자기가 낸 돈보다 훨씬 높은 생애 가치를 가진 연금을 만들고 있는 것이다."

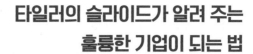

타일러의 슬라이드가 알려 주는
훌륭한 기업이 되는 법

아래 슬라이드는 우리 회사 최고재무책임자인 타일러 슬롯이 3개월마다 한 번씩 열리는 분기별 전체 회의 때 직원들에게 보여 주는 것이다. 그는 또 강연 기회가 생길 때마다 이 슬라이드를 보여 주며 은행가, 애널리스트, 언론에도 제공한다. 그는 심지어 자면서까지 여기에 실린 내용을 이야기할 수 있는데, 슬프게도 가끔씩 그러고 있는 것이 분명하다. 주오라의 전 직원이 이 슬라이드 내용을 뇌리에 각인시키고 있다. 우리는 이것을 '타일러의 슬라이드'라고 부른다.[2]

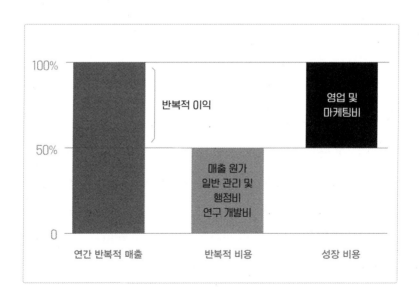

이 차트가 왜 그렇게 중요할까? 타일러가 이를 통해 모든 직원에게 훌륭한 기업이 될 수 있는 방법을 알려 주기 때문이다. 우리는 모든 구독 기업을 뒷받침하는 이런 재무 모델이 얼마나 강력한 힘을 발휘할 수 있는지 목격해 왔다. 예를 들어 박스는 기업 공개 과정에서 애널리스트들이 수익성을 그토록 걱정했음에도 기업 공개 후 수익이 100퍼센트 이상 증가했다. 이 모델은 퍼블리싱업계의 최고재무책임자가 놓친 기회, 자기네 회사를 더 강력하고 경쟁력 있고 지속 가능한 방향으로 이끌 수 있는 기회다.

그렇다면 타일러는 이 도표를 어떤 식으로 활용해 그런 일을 해낼까? 가장 먼저 주목해야 할 점은 연간 반복적 매출, 반복적 비용, 성장 비용, 반복적 이익 등 구독 경제의 손익 계산서와 관련된 모든 요소가 여기에 담겨 있다는 사실이다. 그리고 모든 내역이 연간 반복적 매출과 연관된 방식으로 표시되어 있다는 사실에도 주목하자. 이 단순한 한 가지 이미지에서 모든 것을 볼 수 있다. 이제 이 도표를 이용해 사업을 추진하는 3가지 방법에 대해 알아보자.

첫째, 이를 이용해 반복적 비용을 관리한다. 다시 말해 예산 편성에 이용하는 것이다. 이제 우리는 매년 매출 원가, 일반 관리 및 행정비, 연구 개발비를 책정할 때 연간 반복적 매출 대비 일정 비율로 계산해 정한다. 예전에는 예산 편성 과정이 온갖 사내 정치와 큰 목소리가 난무하는 끔찍한 악몽이었다. 하지만 지금은 상당히 간단해졌다. 우리의 모든 부서장들은 회사의 연간 반복적 매출을 증가시키는 데 기여하는 것이

자기네 예산을 늘리는 가장 좋은 방법임을 알고 있다. 그 유일한 목표를 달성하기 위해 그들은 자신들의 자원을 어떻게 효율적으로 활용하고 있을까? 연간 반복적 매출이 증가하면 여러분의 예산도 증가한다.

둘째, 반복적 비용과 성장 비용 사이의 균형을 관리할 때 이 도표를 이용한다. 타일러의 슬라이드에서 가운데와 오른쪽의 두 막대를 이용해 3가지 일을 할 수 있다. 이 둘을 각각 50퍼센트로 유지하면서도 계속 상당한 비율로 성장할 수 있다(앞에서 예로 든 가상의 손익 계산서에서는 20퍼센트 증가했다는 사실을 기억하자). 아니면 반복적 비용을 늘리고 성장 비용은 줄일 수도 있는데(반복적 비용 70퍼센트/성장 비용 30퍼센트 식으로) 그러면 최종 결산 결과에 도움이 될 것이다. 아니면 반대로 성장 비용을 70퍼센트로 늘리고 반복적 비용은 30퍼센트로 줄여 더욱 빠른 성장을 위해 더 많은 돈을 쓰는 방법도 있다.

우리는 연간 반복적 매출이 계속 늘어나는 동안에도 반복적 비용은 그대로 유지하고 대신에 성장을 위해 더 많은 돈을 쓰겠다는 결정을 자주 내렸다. 왜 그랬을까? 성장 비용 대비 투자 수익률을 정확히 알고 있다면, 최고테크놀로지책임자에게 올해 신규 엔지니어를 5명 채용하지 않는 대신 내년에 20명을 더 채용할 수 있다고 말해 줄 수 있다. 우리는 부서장들에게 이런 제안을 자주 했다. 예를 들어 앞으로 세 분기 동안 낭비를 줄이고 고객 개발과 지속적인 개선에 집중하는 린lean 방식을 유지하라고, 그러면 우리 회사의 비즈니스 모델을 통해 얻게 될 배당금이 그것을 충분히 보상하고 남을 것이라고 말이다. 이는 또한 구독 사업의 성장 능력에서 반복적 이익이 매우 중요한 이유이기도 하다.

셋째, 이 도표를 이용해 성장 효율성 지수Growth Efficiency Index, GEI라는 개념과 관련된 영업 및 마케팅 지출을 관리한다. 여러분이 새로운 사업을 성장시키기 위해 노력하면서 영업과 마케팅에 1달러를 쓴다고 가정해 보자. 이를 통해 새롭게 발생하는 반복적 수익이 얼마나 되는가? 이것이 바로 여러분의 성장 효율성 지수로 앞으로 얼마나 많이, 얼마나 빠르게 성장할지를 알려 준다. 성장 효율성 지수가 1보다 크다면 현재 신규 사업을 통해 얻는 것보다 더 많은 비용을 지출하고 있는 것이다. 성장 효율성 지수가 1 미만인 경우에는 버는 것보다 적게 쓰는 것인데, 여기가 분명 여러분이 마지막에 도달하고 싶은 지점일 것이다! 하지만 성장을 추구하는 많은 회사가 흔히 1.0에서 2.0 사이의 성장 효율성 지수를 보인다.

사실 실제로 손해를 볼 정도로 성장 지출을 늘릴 수도 있다. 믿기지 않는가? 은행에 현금이 있어 자본을 가용할 여건이 된다면, 반복적 이익이 양호하다면, 고객 이탈률과 성장 효율성 지수 수치가 괜찮다면 성장을 가속화해야 한다. 이는 고민할 필요도 없이 당연한 일이다. 그래야 사업에 이롭다. 지금 당장 반복적 수익을 올리는 데 돈을 쓰고 있으니, 해마다 다시 그 일에 돈을 쓸 필요가 없는 것이다. 그런데 놀랍게도 월스트리트의 일부 인사들은 아직도 이를 이해하지 못하는 것 같다.

재무 팀, 숫자에서 벗어나 비즈니스 모델의 설계자가 되다

타일러는 몇 년 전부터 캘리포니아주 하프문베이Half Moon Bay에서 해마다 최고재무책임자 모임을 주최하기 시작했다. 처음에는 그 모임의 성격이 상당히 의심스러웠다. 대체 그들이 모여서 뭘 하는 거지? 재무회계기준위원회FASB의 최신 보고서를 꼼꼼하게 파고드나? 가상 야구팀을 만들어 대결하는 판타지 베이스볼 게임을 하나? 알고 보니 그들은 서로 정보를 교환하고 있었다. '우리는 이런 것을 추적하고 있다, 우리가 중요하게 여기는 건 이런 것들이다, 이건 아무래도 과대 선전인 듯하다' 등의 정보 말이다. 이 모임은 해마다 규모가 커져, 최근 타일러는 샌프란시스코 '서브스크라이브드' 콘퍼런스에 100명이 넘는 최고재무책임자와 재무 담당 간부, 은행가, 애널리스트를 초대했다. 이들은 시장에 대해 이야기하고, 설문 조사 결과를 검토하고, 모범 사례들을 살펴본다.

내가 이 모임에 매년 참석하면서 알게 된 사실이 하나 있는데, 재무 팀이 하는 일이 극적으로 달라졌다는 점이다. 20세기로 거슬러 올라가 보면 재무 팀의 임무는 회사에서 사용하는 모든 비용을 추적해 그것을 판매 단가에 포함시키는 것이었다. 그 제품을 만드는 한계 비용은 얼마인가? 제품 아이디어를 생각해 내기까지 비용은 얼마나 들었나? 제품 판매와 관련해 채널에 지급해야 하는 돈은 얼마인가? 관리해야 하는 간접비는 얼마나 되는가? 전통적으로 최고재무책임자가 하는 일의 80퍼센트는 사람들에게 무슨 일이 일어났는지 이야기하고, 점수를 매기고, 예산 집행 상황을 추적하는 것이었다. 그리고 나머지 20퍼센트는 그 수치들을 해석해 자원을 배분하고, 예상 안을 만들고, 전략을 관리하고, 이야기의 다음 부분을 쓰는 것이었다. 그런데 오늘날에는 그 비율이 역전되었다.

지금도 규정 준수와 보고는 여전히 중요하니 오해하지 말기 바란다. 이 두 가지는 절대 빼놓을 수 없는 필수 요소다. 그러나 특히 2008년의 경기 침체 이후 최고재무책임자들은, 시장에서 출현한 새로운 과제와 빠르게 변화하는 규제 환경에 대응하기 위해 자신들의 책임이 극적으로 확장되었음을 깨달았다. 역동적인 비즈니스 모델들을 중심으로 새로운 세계가 구축되었고, 갈수록 재무 팀이 그 모델을 책임지는 경우가 늘고 있다. 결국 중요한 사실은 비즈니스 모델과 예산이 다르다는 점이다. 예산은 추정 수익에 따라 인력과 돈을 나누어 주는 것이다. 반면에 비즈니스 모델은 전략, 통찰력, 아이디어가 혼합된 것으로, 변화에 영향을 미치는 동시에 변화에 반응하는 양적이면서 유동적인 틀로 귀결된다.

그리하여 비즈니스 모델은 갈수록 재무 팀에 속하게 되고, 오늘날 재무 팀은 새로운 비즈니스 모델의 설계자 역할을 하기에 이르렀다.

14장

IT: 재고 관리에서 구독자 기반으로 전환하라

IT가 장애물이 되기 시작했다

누구나 자기 회사의 IT 부서에 대해 불평하기를 좋아한다. IT는 장애물, 병목 현상 등과 동의어다. 물론 전부 말도 안 되는 이야기다. 진지하게 생각해 보면 지난 20년 동안 IT의 활약은 정말 놀라웠다. IT 부서의 전반적인 목표가 비즈니스 시스템을 표준화해 회사의 업무 효율을 높이는 것이라면, 대부분의 IT 부서는 그 일에서 큰 성공을 거두었다. 1990년대에는 오라클, SAP, JDE, 피플소프트PeopleSoft 같은 대규모 전사적 자원 관리 시스템을 설치해 마침내 회사에 합법적인 기록 시스템을 제공했다. 덕분에 모두들(그러니까 거의 모두) 행복해졌다. 그리고 갑자기 IT가 멋있어 보였다.

그러다가 '클라우드'라는 것이 생겨났다. 갑자기 새로운 플러그 앤드 플레이 방식(컴퓨터를 켜면 프로그램들이 자동으로 호출되어 실행되는 방식)의 서비스형 소프트웨어 비즈니스 애플리케이션이 폭발적으로 증가했다. 처음에는 IT 부서에서도 이 물건을 경계하는 시선으로 바라봤다. 기업들이 이런 애플리케이션을 곧바로 구입해 사용한다는 생각 자체가 멀게만 느껴졌기 때문이다. 하지만 보안 문제가 일단 해결되자 이런 서비스형 소프트웨어 애플리케이션이 대응 능력을 훨씬 높여 준다는 사실을 깨달았다. 여러분에게 사용하기 쉬운 비용 관리 앱이 필요한가? 내가 컨커Concur와 협력해 재빨리 하나 만들어 오겠다. 마케팅 자동화 도구가 필요한가? 마케토Marketo가 해결해 줄 것이다. 파일을 더 손쉽게 공유하거나 보호하고 싶은가? 박스가 여러분을 구해 줄 것이다. 믿어지는가? IT가 이렇게 훨씬 멋있어지다니 말이다!

하지만 슬프게도 최근 몇 가지 걸리적거리는 장애물이 생겼다. IT가 또다시 힘들게 발을 질질 끌며 헤매기 시작한 것이다. 기업들은 IT 부서가 답할 수 없는 질문들을 던지기 시작했다. 왜일까? 기업들의 기본적인 IT 시스템이 구독자가 아닌 재고 관리 단위(제품 라인에 할당된 식별 코드)에 기반을 두고 있기 때문이다. 예를 들면 이런 상황이다.

내 구독자는 어떤 사람들인가?

SAP나 오라클에 여러분이 특정 시기에 얼마나 많은 유효 구독자를 보유하고 있었는지 물어보라. 아마 난감해하며 당황할 것이다. 그들의 우주에는 그런 개념 자체가 존재하지 않는다. 주문, 회계, 제품 시스템? 이 부문은 확실히 안다. 그러나 전사적 자원 관리 시스템에다 여러분이 상향 판매를 얼마나 했는지, 지난 한 해 동안 구독을 갱신한 고객이 몇 명이나 되는지 물어보면 아무런 대답도 얻지 못할 것이다. 전사적 자원 관리 시스템은 고객 중심 거래를 기반으로 구축되어 있지 않다. 그리고 고객과의 지속적인 관계를 통해 수익을 창출할 수 없다면 여러분은 이미 실패한 것이나 다름없다.

내가 원하는 방식대로 서비스 가격을 책정할 수 있는가?

몇 년 전에 높은 평가를 받는 대형 신문사의 디지털 책임자와 이야기를 나눈 적이 있는데, 그 회사는 유료 구독자만 콘텐츠 전체를 볼 수 있는 페이월을 구축하는 데 성공한 최초의 신문사 중 하나였다. 그 책임자에 따르면 그들은 지난 10년 동안 두 가지 요금제만 제공해 왔다고 한다. 스탠더드 요금과 프리미엄 요금인데 둘 다 연간 계약제였다.

그러던 중 더 나은 방법을 도입할 수 있으리라는 생각을 했다. 기사 몇 개만 읽고 싶어 하는 일회성 독자를 위한 1일 패스는 어떨까? 좋은 아이디어 같았다. 그래서 6개월 동안 IT 팀과 함께 많은 노력을 기울인 끝에 마침내 이 기능을 선보이면서 대대적인 광고까지 했다. 그리고 어떻게 되었을까?

별 효과가 없는 것으로 판명 났다. 이론상으로는 괜찮은 생각이었고 실험을 해 보는 것은 언제나 좋은 일이지만, 시간이 그렇게 오래 걸리면 곤란하다. 그때 그들은 깨달았다. 어떻게 가격을 책정해야 적절한지 알아내는 유일한 방법은 새로운 아이디어를 끊임없이 시도해 보는 것이지만, 6개월에 걸쳐 아이디어 하나만 시험해 보는 것은 타당하지 않다는 사실을 말이다.

모든 실험에 그렇게 시간과 노력이 많이 든다면 새로운 것을 실험하고 시도하기가 정말 어렵다. 구독 서비스는 단순한 월 기본 요금부터 종량제 요금, 일회성 요금, '위의 내용을 다 포함하는 요금'에 이르기까지 다양한 요금제를 제공한다. 그에 비해 전사적 자원 관리 시스템의 경우 단 한 가지 가격 변동을 시행하는 데 몇 개월이 걸릴 수도 있다. 일례로 예전 세상에서는 월간 요금을 10달러에서 11달러로 올리고 싶다면 그 것이 좋은 생각인지 아닌지 판단하기 위해 한참을 기다려야만 했다. 이 제 그런 방법은 더 이상 쓸 수 없다. 구독 기업들은 새로운 상품에 대한 욕구를 측정할 때 신속한 A/B 가격 테스트A/B price test(A/B 테스트는 A와 B 라는 두 가지 버전을 제공해 어느 쪽이 더 효과적인지 비교하는 실험이다—옮긴이)를 수행할 수 있는 능력을 갖추는 것이 필수다.

'갱신' 버튼은 어디에 있는가?

기본적으로 전사적 자원 관리 시스템은 거래 추적을 위한 '구입' 버튼만 제공한다. 문제는 구독 서비스의 경우 고객이 서비스에 가입하고 업그레이드하고 추가하고 갱신하는 데 따라 서비스 내용이 계속 변한다는 것이다. 안타깝게도 전사적 자원 관리 시스템은 월 단위 갱신을 처리하기 위해 매달 다른 재고 관리 단위(또는 제품 카탈로그 항목)를 작성해야 하는 등, 기업들이 가격 책정 시 낡아빠진 또 다른 해결책에 의존하게 만든다. 이 시스템에는 장기간에 걸쳐 구독 생애 주기를 관리할 수 있는 중요한 도구가 없다.

예를 들어 여러분이 언어 학습용 앱을 판매하는데 출장을 자주 다니는 기업 임원들을 위한 새로운 구독 서비스를 도입하고 싶다고 가정해 보자.

전사적 자원 관리는 이 새로운 서비스를 뭐라고 부를까? 아마 '2월의 서비스 재고 관리 단위' 같은 이름으로 부를 것이다. 참 힘든 상황이다.

왜 모든 이에게 판매할 수 없는가?

여러분 회사가 대기업들을 대상으로 사물인터넷 분석 서비스를 시작한 제조업체라고 가정해 보자. 지금까지는 상황이 아주 좋다. 하지만 디지털 서비스를 판매하고 있는 만큼 이를 중소기업과 일반 소비자에게도 판매할 수 있어야 한다. 전사적 자원 관리 시스템이 청구서를 발송할 때마다 계속 400달러씩 청구하지만 않는다면 말이다!

세일즈포스나 박스 같은 구독 경제 회사들은 개인 사용자부터 대기업에 이르기까지 모든 이들에게 서비스를 판매해 성공을 거두어 왔다. 이들에게는 B2B 환경에서 매우 복잡한 송장이나 계약을 관리하는 툴과 B2C 환경에서 다량의 반복 결제(자동 결제) 같은 업무를 처리하는 툴이 모두 필요하다.

또한 이 툴들은 웹 셀프서비스, 모바일 기기, 직접 판매 또는 채널 판매, 페이스북 같은 다양한 채널을 통해 들어오는 고객들을 관리해 내야 한다. 기존의 기업 테크놀로지는 B2B와 B2C 중 하나를 선택하게 하지만, 여러분에게 정말로 필요한 것은 누구에게나 판매할 수 있는 'B2Any' 능력이다.

재정 상태는 어떻게 돌아가고 있는가?

여기 또 하나의 실화가 있다. 내 친구가 어떤 서비스형 소프트웨어 회사의 CEO 자리에 앉게 되었다. 그는 간단한 실험을 하나 해 봐야겠다고 생각하고는, 재무 팀과 영업 팀에 따로 회사의 최근 월간 반복적 수익이 얼마인지 알려 달라고 했다. 그는 완전히 다른 두 가지 수치를 받았다. 그런데 알고 보니 영업 팀의 수치가 더 정확했다! 어떻게 이럴 수가? 구독기업은 예약, 청구, 현금 흐름, 수익이 서로 어떻게 연결되어 있는지 측정하는 능력에 따라 살아남을 수도 있고 망할 수도 있다. 하지만 불행히도 이 데이터들은 서로 다른 소프트웨어 사일로에 들어 있다. 예약은 고객 관계 관리 시스템에, 청구서와 현금 흐름은 총계정 원장이나 전사적자원 관리 시스템에 들어 있고, 수익은 복잡한 일련의 스프레드시트로계산하는 경우가 많다. 이것들을 전부 연결시키려면 운이 따라야 한다.

위와 같은 충족되지 못한 요구 사항들의 목록이 쭉 이어진다. 갑자기 IT가 다시 뒤처지고 있다.

왜 이런 일이 생길까? 전사적 자원 관리 시스템의 속성이 한 가지 원인이다. 이 시스템은 지속적으로 소비되는 서비스를 유지하기 위한 것이 아니라 화물 운반대에 실린 제품을 추적하기 위해 만들어졌다. "검은색이기만 하면 어떤 색이든 다 괜찮다"라던 포드의 말을 기억하는가? 그것은 전사적 자원 관리를 간결하게 표현한 말이기도 하다. 수십 년 동안표준화에 주력하면서 회사가 제품 사업을 확장하도록 지원해 온 IT는,

이 시스템이 새로운 구독자 중심 비즈니스 모델이 지닌 역동성에 비해 너무 제한적이라는 사실을 깨달아 가고 있다. 그렇다면 오늘날의 일반적인 IT 아키텍처는 어떤 모습인지 살펴보기로 하자.

기존 IT 아키텍처는 고객의 끊임없는 요청과 변화에 속수무책이다

아래 도표의 맨 오른쪽에 재무 시스템이 있다. 대부분의 기업들이 15~25년 전에 도입한 것이다(현재 이런 시스템들은 거의 대부분 오라클이 소유하고 있다). 전사적 자원 관리 시스템을 도입한 직후 기업들은 세일즈포스나 마이크로소프트 같은 고객 관계 관리 시스템을 구축했다. 그리하여 전사적 자원 관리와 고객 관계 관리는 IT 인프라의 두 축으로 자리 잡았다. 물론 그 중간에 견적 시스템, 주문 시스템, 주문 처리 시스템 등

고객 관계 관리 + 선형 업무 처리 관리 + 전사적 자원 관리

온갖 것들이 있다. 그리고 그것들은 전부 정확히 선형 구조를 유지하며 데이지 체인(daisy-chain) 방식으로 차례차례 연결된다. 직렬화되어 있는 것이다. 그것들을 함께 묶어 주는 것이 바로 전지전능한 '주문(order)'이다.

그 모든 것이 어떻게 작동하는지 이해하기 위해 이 시스템 설계의 중심이 된 예전 부서들을 떠올려 보자. 여러분 회사에서 만든 장치를 50개 구입하려는 고객이 있다고 가정해 보자. 영업부에서는 "이 장치 50개의 구입 가격은 1만 달러입니다"라는 내용의 견적서를 발행한다. 고객이 가격에 동의하면 그 견적서를 먹지로 복사해(1980년대 초 이전에 태어난 비밀레니얼 세대라면 먹지 복사를 기억하리라) 다음 담당 부서인 주문 접수처에 전표를 전달한다. 그러면 주문 접수처 담당자는 "모든 관련 규정을 준수했고 고객이 신용 조회를 통과했으니 주문서를 제출하겠습니다"라고 말한다. 그리고 또 다른 서류 한 장이 주문 처리 부서로 전달된다(이 서류가 어디로 갈지 여러분도 알 것이다).

창고에 있는 친절한 주문 처리 담당자는 장치 50개를 상자에 넣고 테이프로 봉한 다음 발송한다. 그런 다음 또 다른 서류 한 장이 누군가의 '받은편지함'으로 전달되면 그는 제품 가격과 세금, 발송 비용, 기타 적용 가능한 모든 할인을 계산해 송장을 작성한 뒤 그 송장을 우편으로 발송한다.

그리고 수금 부서에 이 사실을 알리면 수금 부서에서 구매 주문서를 발송하고 신용카드 대금을 청구한다. 마지막으로 주문 처리 부서의 회계 담당자가 장부에 1만 달러를 기입한다. 확실치는 않지만 어쩌면 이런 서류들이 공기 수송관을 통해 각 부서로 전달될 수도 있다.

물론 현실에서는 상황이 훨씬 더 복잡하다. 규모가 어느 정도 되는 조직이라면 이런 시스템이 하나만이 아니라 수십 개씩 있을 것이다. 그것이 기업 인수의 결과든 신규 사업부 설립의 결과든, 이 주문 처리 사슬은 계속 증식하는 경향이 있다. 어쩌면 새로운 제품 라인을 위한 새로운 업무 처리 관리quote-to-cash, QTC, Q2C 시스템을 마련했을 수도 있다. 어쩌면 기업을 인수하는 과정에서 물려받은 시스템을 계속 유지했을지도 모른다. 어쩌면 독자 시스템이 필요한 완전히 새로운 유통 채널(부가가치 리셀러value-added reseller, VAR, 디지털 전자상거래업체 등)을 추가했을 수도 있다(부가가치 리셀러는 기존 상품에 새로운 기능이나 서비스를 추가해 최종 소비자에게 되파는 업체를 가리킨다—옮긴이). 어쩌면 새로운 나라에 진출한 덕에 해당 지역의 규정과 결제 프로토콜에 맞는 다른 시스템이 필요해졌을 수도 있다.

최근에 44개의 업무 처리 관리 시스템을 동시에 운영하는 매출 50억 달러 규모의 회사 임원과 이야기를 나눈 적이 있다. 그냥 이렇게 쓰기만 해도 머리가 지끈거린다. 또 처음 설계한 사람만 관리할 수 있는 1970년대 후반에 구축한 시스템을 여전히 사용 중인 회사와 이야기해 본 적도 있다(이 회사는 그 설계자에게 공짜 헬스클럽 평생 회원권을 끊어 주었으며 절대 은퇴를 허락하지 않을 작정이다).

그렇지만 우리는 어떻게 이런 일이 벌어졌는지 알 수 있다. 처음에는 제품 배송과 판매를 효율적으로 하고 싶어서 대규모 전사적 자원 관리 시스템을 설치했다. 나중에 여기다 영업 팀을 위한 견적 시스템을 추가했다. 그리고 자체 서브시스템을 갖춘 회사 몇 곳을 인수했는데, 백엔드 프로세스 부문을 전부 교체하기보다 문서 양식과 이메일 서명만 바꾸는 편이 훨씬 쉽다고 판단했다. 그러던 어느 날 잠에서 깨어 보니, 뭐가 어디에 있는지 아무도 모르고 어떤 일이든 하나를 끝내려면 6개월씩 기다려야 하는 상황이 되어 버린 것이다.

예전에는 이 시스템이 효과가 있었다. 먹지 복사한 서류들이 모든 경로를 통과하면 일이 끝났다. 하지만 요즘 우리는 그런 식으로 정적인 거래가 이루어지는 세상에 살지 않는다. 그때에 비해 상황은 훨씬 역동적으로 바뀌었다. 가입자는 계속해서 서비스를 업그레이드하거나 다운그레이드하거나 일시 중단하거나 다양하게 조정한다. 그들은 해외로 휴가를 떠나기도 하고(서비스 일시 중지) 새로운 휴대전화 서비스를 원하기도 한다(서비스 추가).

오늘날의 고객들은 이런 열악한 선형 체계에다 새로운 요청과 변화를 쏟아붓는다. 기업들은 하루에 수천 건씩 벌어지는 사건에 대응할 수 있는 민첩성을 갖춰야만 한다. 그렇지만 그들은 또한 불안하다. 요즘은 기회만큼이나 많은 위협이 도사리고 있는 세상이다. 그래서 그들은 시장 진출 전략이나 가격 책정 모델, 새로운 서비스 등을 실험해 보고 싶어 한다.

그렇다면 이런 선형 업무 처리 관리 시스템이 새롭고 역동적인 서비스의 세계를 만나면 어떻게 될까? 움직이지 않는 물체와 막을 수 없는 힘이 만나면 어떻게 될까? 별로 아름답지 않은 광경이다.

구독과 기존 IT 아키텍처의 만남이라는
불협화음에서 벗어나자

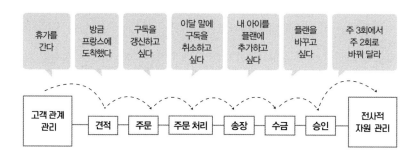

이 시스템에는 중요한 문제가 있는데, 바로 3가지의 '할 수 없는 일'이다.

첫째, 구독자 경험을 변경하고 싶어도 할 수 없다. 끝없이 이어지는 고객 이벤트를 처리하기 위해 각각의 시스템을 다시 코딩해야 한다. 예를 들어 서비스 가격과 패키지를 변경하려고 할 경우 어떤 일이 벌어질까? 가격을 1달러에서 1달러 50센트로 올리는 것만큼 손쉬운 일이 아니다. 주간 서비스 계약을 월간 서비스 계약으로 전환하거나 가격 책정 모델을 사용자 수 기반에서 사용량 기반으로 전환한다고 가정해 보자. 앙증맞은 선형 모델로는 이런 변화에 제대로 대응할 수 없다. 한 가지를 바꾸면 모든 것이 바뀐다. 전부가 데이지 체인 방식으로 물려 있어 시스템 상부에서 견적을 변경하면 다른 것들이 몽땅 차례대로 영향을 받는다. 이런 식으로 몇 년이 지나면 난도질된 온갖 종류의 이상한 시스템, 비밀 실험실, 무시무시한 밀실만 남는다.

둘째, 가격을 신속하게 변경하고 싶어도 불가능하다. 매출 3억 달러 규모의 소프트웨어 회사 최고재무책임자가 내게 털어놓은 이야기가 있다. "우리에겐 훌륭한 고객들이 있고, 그들은 다음에 뭘 보고 싶은지 말해 줍니다. 하지만 언제나 가격과 패키징이 우리 회사의 가장 큰 문제입니다. 새로운 기능을 통해 수백만 달러를 벌 수 있다고 생각하면서도, 가격을 어떻게 책정해야 할지 몰라 기존 제품에 포함시켜 무료로 배포하고 마는 거죠. 그걸 알아내기까지 시간이 너무 오래 걸립니다."

셋째, 비즈니스 통찰력 이야기를 좀 해 보자. 고객과 그들의 전체 구독 생애 주기를 한눈에 보고 싶어도 볼 수가 없다. 요즘에는 누구나 '빅 데이터' 회사가 되고 싶어 한다. 그들은 자기네 사업을 다각도로 살펴보고 싶다는 생각에, 모든 구독자 정보와 재무 정보를 '데이터의 호수' 속에 집어넣어 버린다. "이걸 호수에 던져 넣으면 모든 일이 저절로 해결될 게 틀림없어. 필요한 통찰력을 얻을 수 있을 거야. 데이터 호수에 사는 여자가 우리한테 말해 줄 거야!" 하지만 그 과정에서 수십 개의 시스템에서 얻은 정보들이 아무것도 구분되지 않는 혼란 속에 빠져들고 만다. 조각 그림 맞추기 퍼즐이 저절로 맞춰지기를 바라는 것이나 다름없다. 그것들은 애초에 함께 작동하도록 설계된 적이 없는 이질적인 시스템들이다.

그럼 이런 선형 업무 처리 관리 시스템이 구독자 데이터나 반복 비즈니스 지표를 보고해 달라는 요청을 받으면 어떻게 될까? 비극이 닥친다. IT 부서 사람들은 백엔드 프로세스를 효율적으로 조정하기 위해 모든 시간을 투자했지만, 실제로는 그 과정에서 상황을 더 취약하게 만들어 끔찍한 고객 경험, 쓸데없는 간접비 지출, 규정 위반 위험 증가, 혁신 중단, 성장 저해 같은 결과를 낳는다. 옴짝달싹 못 하는 상황에 처하는 것이다.

이런 문제를 해결할 수 있는 방법은 무엇일까? IT 조직은 아키텍처를 발전시켜 조직의 새로운 요구 사항을 충족시켜야 한다는 사실을 인식하고 있다. 그렇다면 이 새로운 아키텍처는 어떤 모습이어야 할까? 무엇보다 구독자 ID를 아키텍처의 중심에 두어야 한다. 이 책의 시작 부분에서 소개한 내가 좋아하는 도표가 기억나는가? 여러분이 절대 잊지 말아야 하는 그 도표 말이다. 새로운 IT 아키텍처는 이와 매우 흡사하다. 선형이 아닌 원형을 띠어야 한다는 이야기다.

구독은 갱신, 일시 중단, 업그레이드, 다운그레이드 등이 지속적으로 이루어지는 역동적인 순환 행위다. 따라서 이 도표의 안쪽 원에서 진행되는 구독자 행동을 바깥쪽의 비즈니스 시스템에 전달해야 한다. 구독자 경험으로 다시 돌아가 보자. 어떤 구독자가 사용 한도에 맞닥뜨려 알림 메시지, 신용 조회, 그리고 잠재적으로 새로운 사용 단계 제안까지 유발한다고 가정해 보자. 또는 어떤 사람이 외국에 도착해 로밍 서비스와 권한 확인 기능을 활성화한 경우를 가정할 수도 있다. 이렇게 조건에 따라 달라지는 시나리오를 한 장소에서 모두 조정할 수 있어야 한다.

가격과 패키징은 어떨까? 몇 주가 아니라 단 몇 분 안에 새로운 서비

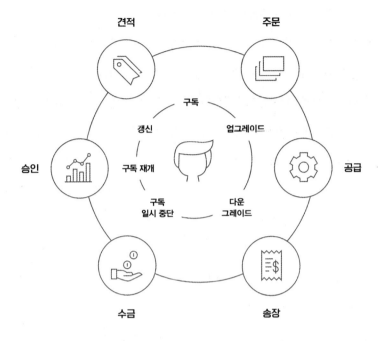

견적   주문

구독
갱신   업그레이드
승인   구독 재개   공급
구독
일시 중단   다운
그레이드

수금   송장

스와 가격 모델을 가동할 수 있어야 한다(《파이낸셜타임스》가 브렉시트 주말을 이용한 것처럼). 우리가 함께 일하는 회사들 가운데 거의 80퍼센트는 일종의 사용량 기반 모델을 활용하고 있다. 그러므로 여러분은 사용자 수, 사용 시간, 박스의 유형, 이벤트의 종류, 저장 용량, 위치, 텍스트 형태, 가족 구성 같은 다양한 가격 지표에 따라 다양한 가격을 책정하는 실험을 할 수 있는 시스템이 필요하다. 여러분이 새로운 서비스를 내놓을 때, '바깥쪽'에 있는 여러 시스템은 이제 '안쪽'에서 진행되는 구독자 행동에 대한 정보를 알아내는 고객 접점 역할을 한다. 여러분은 그런 반응들(업그레이드 요구, 다운그레이드 요구, 탈퇴 요구 등)을 연구하고, 거기에 맞춰 필요한 수정과 개선 작업을 반복하게 된다.

마지막으로 비즈니스 통찰력은 어떨까? 넷플릭스는 자신들이 다음 해에 오리지널 콘텐츠를 제작하기 위해 80억 달러를 투자할 수 있다는 사실을 어떻게 아는 걸까? 중요한 측정 기준을 활용해 사업 현황을 보고할 수 있기 때문이다(반복적 비용이 이 정도고 반복적 수익은 이러하니 우리가 원하는 일을 할 수 있는 이만큼의 마진이 생긴다고 말이다). 슬랙은 어떻게 고객 회사들의 사용자가 줄어든 만큼 '흔쾌히' 가격을 제해 줄 수 있을까? 줄어든 사용자에게 요금을 부과하지 않는 것처럼 고객 회사들의 요구에 맞춰 더 적극적이고 합리적으로 서비스를 조정하면 결국 장기적으로 성공한다는 사실을 알고 있기 때문이다.

낡은 데이지 체인 방식으로 엮여 있는 시스템은 더 이상 이치에 맞지 않는다. 박스의 CEO 애런 레비가 지적한 것처럼, 예전에는 SAP가 제공하는 더 괜찮은 솔루션을 도입하는 것만으로 문제를 해결할 수 있었다. 하지만 이제는 그렇지 않다. 오늘날 IT야말로 여러분의 성패를 가르는 분야다. 여기에서 새로운 서비스와 새로운 경험을 시작해야 한다. 여기에 시험대를 설치하고 실험을 계속해야 한다. 여기에서 수정과 개선 작업을 반복하며 확장해 나가야 한다. 그리고 여기에서 자유롭게 성장할 수 있는 발판을 마련해야 한다. 갈수록 재고 관리 단위가 아닌 구독자를 기반으로 하는 비즈니스 시스템들이 늘어나면서 이런 자유가 가능해지고 있다.

15장

PADRE 모델로
구독 문화를 형성하라

기업 내 구독 문화 형성의 어려움

마침내 새로운 구독 상품을 출시하게 된 것을 축하한다. 엔지니어들은 베타 버전을 실험하고, 마케팅 팀은 구독자들을 중심으로 4P를 재창조하며, 영업 팀은 성장을 위한 확실한 경로를 찾고, 재무 팀은 이제 회사 전면에 나서서 전환을 주도하며, IT 팀은 새로운 서비스를 내놓고 수정과 개선을 반복하고 있다. 행동 데이터와 반복적인 매출이 쏟아져 들어오기 시작한다. 모든 것이 아주 잘되고 있다.

아니면 예상과 달리 잘 풀리지 않는다. 모든 것이 멋짐과는 거리가 멀다. 영업 팀은 엔지니어들에게 이런저런 새 기능을 만들어 달라면서 성가시게 군다. 엔지니어들은 영업 팀에게 판매에나 집중하라고 짧게 쏘아붙인다. 재무 팀은 영업 팀에 신규 고객들 중 상당수가 이탈할 위험이 있다고 말한다. 영업 팀은 언제나 그렇듯이 마케팅 팀에 책임을 미룬다. 그리고 다들, 언제나, 무슨 이유로든 IT 팀을 못살게 군다. 급박한 경고 신호를 보내거나 발등에 떨어진 불을 끄는 것 정도 외에는 부서끼리 협력이 잘 이루어지지 않는 듯하다.

왜 이런 상황이 된 걸까? 비즈니스 모델은 변했지만 낡은 업무 방식은 변하지 않았기 때문이다.

'고객 중심 기업'이 된다는 것은 개념 자체는 간단하지만 사실 실현하기가 매우 어려운 일로 드러나고 있다. 고객 중심 기업이 되려면 문화가 바뀌어야 한다. 제품 문화는 남의 일에 신경 쓰지 않고 자기 할 일만 하면서, 맡은 일이 끝나면 다음 사람에게 일을 넘기는 조립 라인 같은 마인드셋과 조직을 중심으로 형성되었다. 하지만 이제는 이런 문화가 통하지 않는다. 구독 문화는 시간이 지나도 고객이 계속해서 서비스를 원활하게 이용할 수 있게 하고, 그러한 지속적인 가치를 매출로 전환하는 것이다.

그런데 왜 이런 구독 문화를 형성하는 일이 그토록 어려울까? 과거부터 작동해 온 조직 구조가 미래를 방해하고 있기 때문이다. 조직은 우리를 가로막는 가장 큰 방해 요소다. 마치 공포 영화의 한 장면처럼, 집 안 어딘가에서 무서운 전화가 걸려 온다.

우리는 제품, 마케팅, 영업, IT 같은 기본적인 기능 구조에 대해 배웠다. 머리말에서 이야기한 것처럼, 이런 구조는 제2차 세계 대전 이후에 대기업들이 빨리 성장하려고 노력할 때는 큰 의미가 있었다. 부서별로 엄격하게 구분된 조직이 훨씬 빨리 규모를 키울 수 있다는 생각이었다. 하지만 오늘날의 고객들은 다른 방식으로 일할 것을 요구하며 조직 구조 같은 것은 전혀 신경 쓰지 않는다.

주오라도 초반에 이런 문제를 겪었다. 사업은 순조롭게 확장되고 있었다. 하지만 다른 많은 기업처럼 우리 역시 조직이 사일로화하기 시작했다. 가면 갈수록 부서들끼리 언쟁을 벌이는 일이 잦아졌다. 이때 고객에게 도움이 되는 일은 무엇이며 복잡한 상황 속에서 길을 잃은 고객은 없는지 고민하는 것이 아니라, 누가 무엇을 해야 하는지를 놓고 서로 따졌다. 이런 식으로 자리 잡기 시작한 사일로 마인드셋을 타파해야 한다는 사실이 분명해졌다. 하지만 어떻게 해야 할지 알 수가 없었다.

우리가 처음 떠올린 아이디어는 고객 팀을 조직하는 것이었다. 진정한 고객 중심 기업이 되려면, 모든 고객이 자신들에게 헌신하는 상호 보완적인 기술력을 갖춘 전담 팀을 가져야 하지 않겠는가? 그래서 당신은 이 고객의 마케팅 담당자다, 당신은 이 고객의 영업 사원이다, 당신은 이 고객의 제품 담당자다, 이런 식으로 역할을 정했다. 하지만 이는 꽤 문제가 많은 방법인 것으로 판명 났다. 조직이 별로 유연하지 못했다. 그리고 확장성이 많이 떨어졌다.

게다가 같은 전문 지식을 공유하는 사람들끼리 모여 있는 편이 여전히 이롭긴 하다. 개발자들은 같이 일할 때 더 좋은 결과를 낳기 때문에 여러분도 개발자들이 모여 있기를 바랄 것이다. 영업 사원들 역시 자기들끼리 모여 정보를 교환하고 공통된 교육을 받는 편이 좋다. 확실히 기술 전문화는 사라지지만, 각 부서의 책임만 고려하는 직능별 조직은 사라지지 않을 듯하다. 우리는 명확한 직능 역할을 원했다. 그렇지만 그와 동시에 조직도를 넘어서서 회사를 고려하고, 정확하게 고객을 중심에 두는 방식을 원했다. 그리고 모든 직원이 회사 전체에 대해 주인 의식을 갖기를 바랐다.

그래서 우리는 'PADRE'를 고안해 냈다.

PADRE란 무엇인가

PADRE가 무엇일까? 이것은 우리 회사를 고객과 연결된 8개의 서브시스템들로 이루어진 통합 조직으로 시각화하기 위한 방법이다.

먼저 '파이프라인Pipeline' 서브시스템부터 시작했는데, 이는 고객 중심 구독 회사들이 '포지셔닝'이라고 부르는 것에 해당한다. 파이프라인 서브시스템의 핵심 목표는 시장 인지도를 높이고 이를 수요로 전환하는 일이다. 그러려면 시장이 여러분의 이야기(여러분이 누구인지, 왜 존재하는지, 어떤 일을 하는지, 어떤 이익을 제공할 수 있는지 등)를 이해해야 한다. 또 잠재 고객들만 상대하는 것이 아니라 그들에게 영향을 미치는 언론인, 애널리스트, 자주 소통하는 가까운 업체 같은 대상들까지 상대한다. 여기서 의도는 우리 웹 사이트를 방문해 앱을 다운로드하고 영업 사원이나 리셀러와 이야기를 나누는, 그러니까 우리 회사에 관심 있는(그리고 가능하다면 정보에 밝은) 잠재 구독자 기반을 구축하는 데 있다.

다음은 '고객 확보Acquire' 서브시스템인데, 이것은 이른바 '구매자의 여정'을 총망라한다. 이 잠재 구독자는 어떤 식으로 의사 결정을 내리는가? 그들의 성공 기준은 무엇인가? 그들이 활용하는 대안은 어떤 것인가? 그들이 반대할 가능성이 있는 것은 무엇인가? 그들이 상의해야 하는 대상(배우자, 가족, 상사, 최고재무책임자, 소속 팀 등)은 누구인가? 우리와 고객의 이해관계가 일치하므로 고객이 잘될수록 우리도 잘된다는 사실을 그들에게 어떻게 납득시킬 수 있을까? 일단 어떤 회사가 고객이 되어 구독 관계 계약을 체결한 후에야 우리는 비로소 실질적인 가치 창출을 시작할 수 있다. 그리고 고객이 많을수록 다양한 업계에서 구독 모델이 작동하는 방식을 배울 수 있고, 더 많은 모범 사례와 벤치마킹을 모든 이들과 공유할 수 있다. 그렇다면 우리는 어떻게 이런 일이 일어나게 할까?

'도입Deploy' 서브시스템이다. 어떻게 하면 우리 고객들을 일으켜 세워 최대한 신속하고 효율적으로 달려들게 할 수 있을까? 끌어들여 실제로 해 보도록 만들지 못하면 애초에 실패할 운명이다. 여러분은 핏빗Fitbit 같은 스마트 밴드를 구입해 며칠 착용하고는 그 뒤로 완전히 잊어버린 경험을 해 봤는가? 〈클래시 오브 클랜〉 게임을 하며 마을을 세워 본 적이 있는가? 여러분 회사의 영업 팀은 실제로 이 새로운 콘텐츠 지원 시스템을 사용하고 있는가? 식재료 구독 서비스 회사인 블루에이프런Blue Apron이나 선바스켓Sun Basket에서 구입한 밀 키트meal kit로 처음 요리하는 경험을 즐겨 봤는가? 핵심은 구독자들이 서비스를 이용하도록 유도해 조만간 그 서비스에 돈을 쓰게 하는 것이다.

이어서 '운영Run' 서브시스템이 있다. 여러분의 구독 기업은 구독자들이 여러분의 서비스를 얼마나 잘, 그리고 얼마나 오랫동안 이용하는지에 따라 성공과 실패가 결정된다. 고객 성공을 이끌어 내지 못하는 것은 무엇이든 기업의 성장과 가치 추구에 해가 된다. 여러분 회사의 구독자들은 매일, 매주 로그인하는가? 그들이 날마다 성공적인 경험을 하게 하려면 어떻게 해야 하는가? 고객이 사용하지 않는 기능은 어떤 것인가? 그들은 성능에 만족하는가? '서비스 중지 시간' 문제가 발생하는가? 고객들이 여러분에게 좋은 점수를 주는가? 안 좋은 일이 벌어지거나 누군가가 실수를 저지르면, 여러분은 거기에서 어떻게 교훈을 얻는가?

마지막으로 '확장Expand' 서브시스템이다. 여러분이 구독자들에게 바라는 것은 유지, 성장, 홍보, 이 3가지다. 고객은 여러분이 제공하는 서비스를 통해 원하는 가치를 얻어야 하므로, 그들이 다른 데서 이용할 수 있는 것보다 뛰어난 서비스를 제공해야 한다. 어떻게 해야 가능할까? 어떻게 해야 고객과 더 깊은 관계를 맺을 수 있을까? 고객이 사용해 주었으면 하는 다른 기능이 있는가? 우버를 애용한다면 카풀 서비스인 우버풀UberPool은 이용해 봤는가? 직장에서 노트북으로 스포티파이가 제공하는 노래를 듣는다면 소노스Sonos의 스피커 제품과 연결해 들어 본 적 있는가? 고객 성공이 단순히 기능적인 역할이 아니라 회사를 이끄는 기본 지침이 되게 하려면 어떻게 해야 할까?

한편 PADRE는 '집 뒤쪽'을 관리하는 3가지 핵심 서브시스템의 지원을 받는다. '인력People' '제품Product' '자금Money' 서브시스템이 그것이다. 우리는 훌륭한 인재를 고용해 그들이 성장, 발전하도록 도와야 한다. 인력 배치 계획이 회사의 비즈니스 목표와 일치하려면 어떻게 해야 할까? 또한 우리는 고객들이 비효율성 문제의 해결을 넘어서서 새로운 기회의 창출로 나아가도록 돕는 우수한 제품을 만들어야 한다. 어떻게 하면 지속 가능한 방법으로 훌륭한 아이디어를 계속 연구 개발할 수 있을까? 마지막으로 우리는 자원을 효율적으로 관리해야 한다. 신속하게 대폭적인 성장을 이루려면 돈을 어떻게 써야 할까?

그래서 사실 정식 명칭은 PADRE/PPM이지만 PADRE라고 줄여 부른다. PADRE는 다음과 같은 형태를 띤다.

 파이프라인
- 웹과 소셜 미디어
- 홍보
- 이벤트

 확장
- 소비량 증가(상향 판매)
- 기능 향상(교차 판매)
- 고객을 통한 홍보

 고객 확보
- 영업 팀
- 리셀러 채널
- 셀프서비스

 인력
- 채용
- 적응과 교육
- 경력 개발

 도입
- 구현
- 고객 교육
- 고객 채택

 제품
- 연구 개발
- 제품 마케팅
- 베타 혁신

 운영
- 고객 계정 관리
- 기술 지원
- 고객 성공

 자금
- 재무
- 운영
- 법률

"아니, 잠깐만요, 티엔. 이거 좀 이상한데요?"라고 말할지도 모르겠다. "이건 리브랜딩 실습인가요?" "기존과 똑같이 융통성 없는 조직 구조에 이름만 바뀐 거 아닌가요?" "파이프라인은 마케팅이고, 고객 확보는 영업 활동 같은데?" 이런 모든 의문에 나는 "절대 아니에요"라고 답할 것이다.

이것은 부서와 역할, 조직도를 초월하는 시각이다. 구독자 중심 기업을 지속적으로 고려하는 방식이다. 이것을 둘러싼 주변의 것들은 항상 바뀐다. 당연한 일이다. 우선순위 역시 변한다. 사람들이 왔다가 떠나고, 작업 그룹이 만들어지고, 프로젝트가 끝난다. 규모가 커짐에 따라 전문화되기 시작하고, 상황은 당연히 더 복잡해진다. 조직은 성장하기 시작하고 예상치 못한 온갖 특이한 방법으로 확장될 수 있다. 그러나 이 8개의 서브시스템은 그대로 유지된다.

그리고 여기 가장 중요한 부분이 있다. 그것은 바로 이 개별 서브시스템들이 성공할 수 있는 유일한 방법은 여러 부서 간의 조정을 통해서라는 사실이다.

예를 하나 들어 보자. 우리 회사는 '도입' 과정에서 어려움을 겪었다. 사람들이 우리 시스템을 사용하도록 유도하는 데 문제가 있었던 것이다. 우리는 매우 정교한 금융업체용 소프트웨어 플랫폼을 관리하고 있는데, 이는 사용자에게 암호와 로그인 정보를 보내기만 하면 되는 그런 간단한 작업이 아니다. 그래서 처음에는 본능적으로 배포 그룹 deployment group(우리 업계에서는 이것을 '프로페셔널 서비스'라고 부른다)에 이 문제를 물어보려고 했다. 하지만 그렇게 하지 않았다. 우리는 모든 사람들에게 문제점을 상의했다.

회사 외부에서 회의를 개최했고, 그 회의에 참석한 모든 부서는 도입 과정을 개선할 수 있는 방법을 브레인스토밍했다. 그리고 결국 우리가 안고 있는 문제는 영업 팀이 적절한 기대치를 설정하지 않은 것과 많은 관련이 있다는 사실을 밝혀냈다.

영업 팀에서는 이렇게 말했다. "이러면 어떨까요? 앞으로는 고객이 계약서에 서명하기 전에 미리 소요되는 작업 기간과 고객 쪽에서 준비해야 하는 재원이 설명되어 있는 작업 명세서를 제공해 모든 일을 투명하게 진행하는 겁니다."

그러자 엔지니어링 팀에서는 신규 사용자의 적응을 돕는 과정인 온보딩onboarding 중 없앨 수 있는 가외의 단계가 있는지 찾아보겠다고 했다. 그리고 고객 지원 팀에서는 "제품을 도입한 기업들이 그 직후에 해 준 긍정적/부정적 피드백을 바탕으로 체크 리스트를 만들면 어떨까요? 문제가 뭔지 알았으니까 다시 처음으로 돌아가 문제를 미리 해결하도록 하죠"라고 말했다.

우리 회사의 모든 부서는 이런 식으로 내놓을 수 있는 이야기를 가지고 있다. 한 부서에 문제가 발생한 경우 해결할 수 있는 답은 언제나 조직 전체에 흩어져 있기 마련이다.

주오라의 PADRE 실제 운용 사례

PADRE는 주오라에서 하는 모든 업무에 스며들어 있다. 우리는 이것을 중심으로 파이프라인 범위, 판매 수량, 새로 도입된 로고, 고객 유지율 통계, 신장률 등 모든 측정 기준을 정한 뒤 회사 전체와 공유한다. 신입 사원들이 회사에 적응하는 과정에서도 PADRE에 관한 교육을 실시한다. 주별, 분기별, 연도별로 PADRE 중심의 운영 흐름을 만든다. 매주 모든 관리자들은 우리의 현 위치를 보여 주는 8장짜리 슬라이드 덱(각 서브시스템마다 1장씩)을 받는데, 여기에는 빨간색/녹색/노란색 깃발로 핫 스폿이 표시되어 있다. 그리고 회사 규모가 늘어나 고객들을 세분화하기 시작하면 지리적 위치나 고객 규모를 기준으로 '프랜차이즈' PADRE 보고서를 작성한다.

경영진은 분기마다 한 차례씩 8개의 서브시스템 중 하나를 면밀하게 살펴본다. 한 분기는 13주니 그 정도면 시스템이 제대로 가동되고 있는지 확인하기에 충분한 시간이다. 때로 필요한 경우에는 서브시스템 중 하나를 한 분기에 두 차례씩 분석하기도 한다. 그리고 흔히 규모 문제 때문에 사업이 변곡점에 도달해 시스템에 이상이 발생하면 언제든 해당 시스템을 개편할 수도 있다. 하지만 이는 나부터 시작해 직능별 리더들과 각 부서장들에 이르기까지 모든 부서가 힘을 합쳐 해야 하는 일이다. 그래서 예컨대 우리가 단일 제품 회사에서 다중 제품 회사로 바뀌는 시점에서 제품 서브시스템을 대대적으로 개편했을 때 모든 부서가 이 일에 관여했다.

PADRE는 운영 체제지만 그보다 더 중요한 사실은 이것이 하나의 문화를 공식화하는 방법이라는 점이다. 우리가 작은 회사일 때 누리던 것과 똑같은 직관적인 고객 통찰력을 계속 유지하는 길을 골조로 하는 문화말이다.

이는 또한 항상 예리한 자세를 견지하는 것을 중심으로 하는 문화기도한데, 이 일은 규모가 커질수록 어려워진다. 그리고 우리의 모든 제도적 지식이 소수의 머릿속에만 갇혀 있지 않도록, 그래서 뿔뿔이 흩어지거나 분산되지 않도록 막아 주는 확실한 방법이기도 하다. 왜냐하면 결국 여러분의 고객 통찰력이 여러분의 본질을 규정하기 때문이다. 그것이 곧 여러분의 경쟁력이다. 통찰력을 잃으면 자기 자신을 잃게 된다.

 ## 새로운 세상이 빚어낸 행복한 비즈니스 세계

옛날에 우리는 정육점 주인, 제빵사, 대장장이, 농부 등 물건을 파는 사람들과 알고 지냈다. 그리고 물건을 사는 사람들, 우리 마을에 사는 이웃들도 다 알고 지냈다. 하지만 산업 혁명이 제품 시대를 열면서 그 모든 지식은 이미 오래전에 사라졌다.

그런데 그것이 대규모로 다시 돌아오고 있다. 그리고 그 과정에서 애초에 필요도 없었던 여러 가지 것을 없애고 있다. 계획적 노후화, 매립 경제landfill economy, 그리고 소유권이라는 개념 자체 말이다. 우리는 모두 느리고 무거운 느낌을 주는 기업과 조직에 속해 있었다. 그러나 이 새로운 모델을 작동시키면 여러분은 성상을 이룰 수 있다. 성장도 나름의 문제를 안고 있지만, 진정한 성장을 이루면 모든 것이 훨씬 더 가볍게 느껴지기 시작한다는 사실을 알게 될 것이다. 그 바퀴가 돌아가면 여러분은 새로운 아이디어를 실험하고, 내부가 아닌 외부로 시선을 돌리고, 실수가 아닌 통찰력을 통해 교훈을 얻는다(어쩌면 간혹 실수를 저지를지도 모르지만).

그렇지만 여기서 가장 중요한 점은 여러분이 실제로 누구와 함께 일하는지 알고 있다는 사실이다. 모든 것이 유동적으로 느껴지지만 동시에 응집력 있고 정보가 풍부하며 영감으로 충만하다. 이것이야말로 우리가 늘 이야기하는 '디지털 전환' 경험이다.

이는 또한 훨씬 더 행복한 사업이기도 하다. 왜일까? 구독은 전적으로 고객의 행복에 기반을 둔 유일한 비즈니스 모델이기 때문이다. 생각해 보라. 고객이 만족하면 여러분의 서비스를 더 많이 사용하고, 친구들에게 입소문을 내고, 결국 여러분은 성장하게 된다. 여러분은 예측 가능한 수익이 있는 상태에서 매 분기를 시작하게 된다. 데이터에 근거해 현명한 의사 결정을 내릴 수 있다. 고객 통찰력을 활용해 엄청난 경쟁 우위를 확보할 수 있다.

우리는 이를 행복한 비즈니스 세계라고 부른다. 행복한 고객과 행복한 회사가 서로를 키워 주는 경제, 시작도 끝도 없이 끊임없이 변화하는 경제가 우리 눈앞에 펼쳐져 있다.

부록

구독 경제 지수

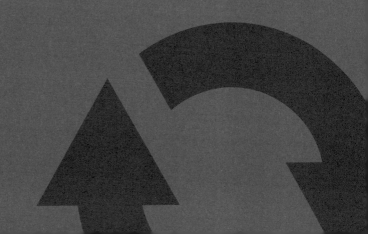

이 구독 경제 지수SEI는 구독 중심 비즈니스를 위한 재무 플랫폼, 포괄적인 요금 청구, 그리고 주오라 서비스와 관련하여 익명으로 집계된 시스템 생성 활동을 기반으로 한다. 이 지수는 전 세계에서 서비스형 소프트웨어, 미디어, 통신, 기업 서비스 등 다양한 업종에 종사하는 수백 개 기업의 성장 지표를 반영한다.

이 연구에 반영된 요금 청구 내역의 폭과 깊이는 구독 경제의 급속한 발전을 말해 준다. 앞에서도 이야기했듯이 가트너의 예측에 따르면 2020년까지 소프트웨어 공급업체의 80퍼센트 이상이 구독 기반 비즈니스 모델로 전환하고 세계적인 대기업 가운데 50퍼센트 이상이 디지털 방식으로 개선된 제품과 서비스, 경험에 의존하게 될 것이다.

반복적 수익 기반의 비즈니스 모델은 새로운 것이 아니지만 클라우드를 통해 가능해진, 쓴 만큼만 요금을 내는 종량제pay-as-you-go 서비스 덕에 최근 몇 년 사이에 폭발적으로 성장했다. 세계화로 인해 제조업과 제품 판매업에서 마진에 대한 압박감이 증가하는 가운데 구독 기반 기업들은 안정적이고 예측 가능한 수익 전망, 소비자와의 직접적인 관계에서 얻은 데이터 중심의 통찰력, 상대적으로 적은 고정 비용에 힘입은 거대한 규모의 경제 등을 통해 수혜를 입어 왔다.

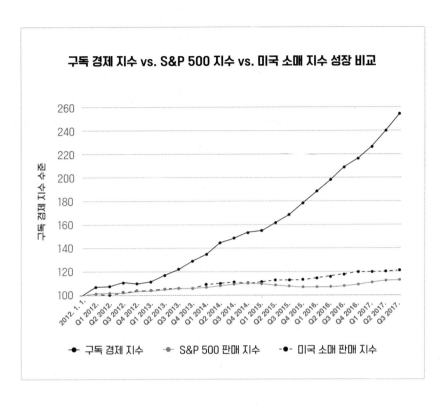

구독 경제 지수 vs. S&P 500 지수 vs. 미국 소매 지수 성장 비교

구독 경제 지수 수준

260
240
220
200
180
160
140
120
100

2012. 1. 1.
Q1 2012.
Q2 2012.
Q3 2012.
Q4 2012.
Q1 2013.
Q2 2013.
Q3 2013.
Q4 2013.
Q1 2014.
Q2 2014.
Q3 2014.
Q4 2014.
Q1 2015.
Q2 2015.
Q3 2015.
Q4 2015.
Q1 2016.
Q2 2016.
Q3 2016.
Q4 2016.
Q1 2017.
Q2 2017.
Q3 2017.

• 구독 경제 지수   • S&P 500 판매 지수   •• 미국 소매 판매 지수

S&P 500 주당 매출액 지수 및 미국 소매업계 판매량 지수와 비교한 분기별 구독 경제 지수 수준. 모든 지수는 2012년 1월 1일에 100을 기본값으로 정하며, 이 지수들이 측정한 1년 추적 총매출액의 분기별 증가에 비례해 증가한다. 2012년 1월 1일부터 2017년 9월 30일까지 6년도 채 안 되는 기간 동안 구독 경제 지수는 연평균 17.6퍼센트의 성장률을 기록했다. S&P 500 판매 지수는 연평균 2.2퍼센트, 미국 소매 판매 지수는 연평균 3.6퍼센트의 성장률을 보였다.

이 연구는 주오라의 수석 데이터 사이언티스트인 칼 골드가 진행했다.

구독 사업의 매출은 S&P 500 매출과 미국 소매업계 매출이라는 두 가지 중요한 일반 기준보다 상당히 빠르게 성장했다. 종합적으로 살펴보면 2012년 1월 1일부터 2017년 9월 30일 사이에 구독 사업 매출이 S&P 500 기업 매출보다 약 8배(17.6퍼센트 대 2.2퍼센트), 미국 소매업계 매출보다는 약 5배(17.6퍼센트 대 3.6퍼센트) 빠르게 증가했음을 구독 경제 지수는 보여 준다.

구독 경제 지수 성장과 GDP 성장 사이에는 상관관계가 존재한다. 구독 경제 지수와 GDP 모두 2016년 말~2017년 초 즈음부터 성장이 둔화되었다. 2016년 3분기에 2.8퍼센트로 최고치를 찍은 미국의 GDP 성장률은 2017년 1분기에 1.2퍼센트까지 떨어졌다. 구독 경제 지수 성장률도 그와 같은 시기인 2016년 3분기에 21.6퍼센트까지 올랐다가 14.3퍼센트의 연평균 성장률을 기록하는 수준으로 떨어졌다. 최근에는 구독 경제 지수와 GDP 모두 2분기와 3분기에 성장률이 다시 치솟았다. 구독 경제 지수는 두 분기 연속으로 약 24퍼센트의 연 성장률을 보여 2014년 2분기 이후로 가장 빠른 성장세를 기록했다. 같은 시기에 GDP도 매우 강하게 반등해 2분기에는 연 성장률 3.1퍼센트라는 놀라운 성적으로 2015년 1분기 이후 최고의 실적을 올렸고, 3분기에도 2.5퍼센트의 양호한 성과를 보였다.

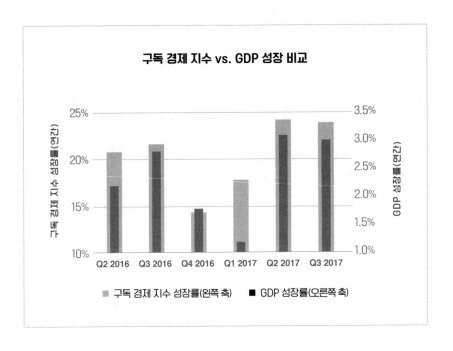

구독 경제 지수 vs. GDP 성장 비교

구독 경제 지수 성장률(왼쪽 축)과 미국 GDP 성장률(오른쪽 축) 비교. 2016년 말 즈음해서 전반적인 GDP 성장이 둔화되었다가 2017년에 다시 성장이 가속화되는데, 구독 경제 지수도 그와 비슷한 궤적을 따라가고 있다는 사실에 주목하자.

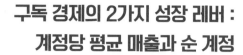

구독 경제의 2가지 성장 레버 : 계정당 평균 매출과 순 계정

다음 도표는 구독 경제 성장의 두 가지 기본 요인인 계정당 평균 매출 average revenue per account, ARPA과 순 계정net account 증가를 보여 준다. 회사에서 청구하는 총액수가 증가했다면, 이는 요금이 청구된 계좌가 늘거나 각 계정에 청구된 금액이 느는 것 중 적어도 한 가지 상황이 발생했음을 의미한다. 지난 5년간 구독 경제 지수는 거의 지속적으로 성장했지만, 계정당 평균 매출 성장은 둔화되거나 심지어 역전되기까지 한 시기가 있었다. 기업들이 계정당 평균 매출 성장보다 순 계정 성장을 우선시한 시기가 두 번 있었는데, 2012~2013년과 2014년 말~2015년 중반이었다. 이 시기에 총 계정 수는 급격히 증가했지만 계정당 수입은 정체되거나 감소했다.

이런 두 차례의 시기 뒤에는 새로운 순 계정 수가 감소하는 조정 단계가 뒤따랐지만 계정당 평균 매출액은 증가했다. 구독 경제의 가격 책정은 유연하고 반복적인 과정이다. 기업들은 '점유 및 확장'을 꾀할 때 정액 요금과 사용량 기반 모델을 조합해 자주 실험을 해 본다. 신규 계정 증가를 우선시하는 전략을 쓸 때는 경쟁력 있는 가격을 통해 성장을 추구하다가, 나중에는 '레버를 바꿔' 종량제 요금 청구와 대형 고객에 대한 상향 판매를 통해 계정당 평균 매출을 늘리려고 한다.

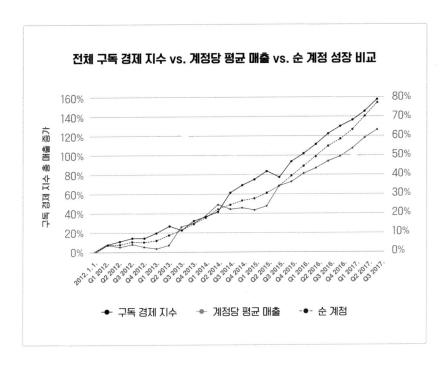

전체 구독 경제 지수 vs. 계정당 평균 매출 vs. 순 계정 성장 비교

반복적 수익이 증가하려면 구독자들에게 더 많은 요금을 청구(계정당 평균 매출)하거나 더 많은 구독자에게 요금을 청구(순 계정)해야 한다. 왼쪽 축은 구독 경제 지수 누적 성장률을 나타낸다. 오른쪽 축은 계정당 평균 매출과 순 계정의 누적 비율 변화를 각각 보여 주는데 둘 다 증가하고 있다. 측정한 기간 동안 계정 수는 거의 지속적으로 증가했지만, 계정당 평균 매출은 성장이 둔화되거나 심지어 역전된 경우도 있었다.

최근 2년(2015년 3분기~2017년 3분기) 동안은 높은 순 계정 증가율과 견실한 계정당 평균 매출 성장이 모두 이루어진 '딱 좋은' 시기였다.

비즈니스 모델별 구독 매출 증가

다음 도표는 B2B, B2C, B2A~Any~ 비즈니스 모델 하위 지수~subindex~의 상대적인 성장률을 보여 준다. 각각의 하위 지수는 최소 25개 기업의 데이터로 이루어진 전체 데이터 집합과 관련해 통계적 유의성을 가지므로 주 구독 경제 지수에서 '분기되어' 나온 것이다. 기본 지수 값으로 각각의 새로운 하위 지수 분기를 시작하면 비교하기가 더 쉽다.

기본 코호트 분석과 마찬가지로, 이것도 과거가 어떻게 현재에 영향을 미치는지 보여 주기 위한 것이다. 예를 들어 B2B 하위 지수는 최근 몇 분기 동안 가장 빠른 성장 궤도를 경험했지만, 그래도 2012~2013년의 저점 기간에서 아직 회복 중인 것이 분명하다. 기업들이 경비를 절감한 이 기간 동안에는 B2B 기업의 계정당 평균 매출과 신규 계정 성장이 모두 침체되었다. B2B 기업의 경우에는 성장률이 기업 성공의 주요 지표다. 예를 들어 소프트웨어 분야에서는 연 성장률이 20퍼센트 미만인 기업은 실패할 가능성이 92퍼센트나 된다(매킨지). 성공한 B2B 기업들은 영업 팀을 확대하고, 새로운 제품 버전과 상향 판매 경로를 추가하고, 해외 시장과 대기업 고객 진출을 추구하고, 사용량 기반 요금제를 채택해 비즈니스 모델을 최적화해야 한다. 이들의 가장 큰 당면 과제는 시스템상 제약과 서로 충돌하는 기록 시스템이다.

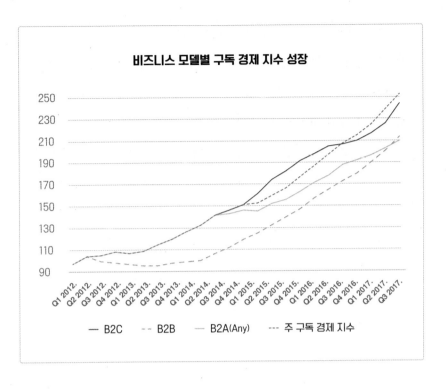

비즈니스 모델별 구독 경제 지수 성장

— B2C   - - B2B   — B2A(Any)   - - - 주 구독 경제 지수

구독 경제 지수에 대한 비즈니스 모델별 하위 지수. B2A 회사들은 개인과 기업 모두를 대상으로 구독 서비스를 제공한다. 각 하위 지수는 25개 기업의 데이터 분석이 가능해진 시점의 주 구독 경제 지수 값에서부터 시작된다. B2B는 2012~2013년에 조사를 시작한 직후 하락했지만 최근 몇 분기 동안에는 가장 빠르게 성장하는 하위 지수다. B2C는 2015년에는 성장 속도가 가장 빨랐지만 2016년에는 성장이 둔화됐다. B2A 기업들은 2016년까지는 전반적으로 주(평균) 지수를 따라갔지만 2016년부터 성장 속도가 급격히 느려졌다. 그래서 지금은 B2B와 B2C가 B2A를 앞지른 상태다.

B2C 기업은 순 사용자 증가가 핵심 지표다. 성공한 B2C 기업들은 신속한 가격 실험을 통해 구독자 확보 비율을 늘리고, 행동 통찰과 지불 의사에 근거한 맞춤형 상품으로 고객 유지율 및 계정당 평균 매출을 높이며, 전자 결제 방식의 복잡성을 줄여 획득률을 증가시킨다. 이들이 직면한 과제로는 부적절한 가격 책정 및 패키징으로 인한 비교적 높은 구독 해지율, 변덕스러운 소비자 행동, 열악한 결제 및 획득 시스템으로 인한 수익 손실 등이 있다. 우리가 조사한 B2C 회사들은 2015년에 가장 빠른 성장률을 보였지만 최근에는 성장 속도가 느려졌다.

지난 1년 동안(2017년 3월까지) 구독 경제 지수에서 B2B와 B2C 기업은 각각 23퍼센트와 18퍼센트 성장했다. B2B 기업들은 비교적 일관되게 성장한 반면 B2C는 2016년 말부터 2017년 초까지 성장이 둔화됐다. 최근에는 B2C가 반등해 3분기에 7.9퍼센트나 성장했다(연 성장률은 31.8퍼센트). B2A 기업들은 2016년까지는 전반적으로 주(평균) 지수를 따라갔지만, 2016년부터 성장 속도가 급격히 느려져 지금은 B2B와 B2C가 모두 B2A를 앞지른 상태다.

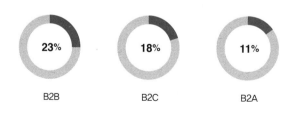

●… 최근 12개월 성장률

23% B2B

18% B2C

11% B2A

산업별 구독 매출 증가

구독 경제 분야에서는 어떤 산업이 번창하고 있는가? 실리콘 밸리를 거점으로 하는 구독 요금 청구 및 금융 서비스형 소프트웨어 회사인 주오라의 주요 고객 기반은, 반복적 매출 모델로 전환을 꾀하는 서비스형 소프트웨어 전문 기업과 온프레미스 기업 같은 다른 소프트웨어업체들이다. 따라서 서비스형 소프트웨어가 첫 번째 하위 지수인데, 2013~2014년에는 주 지수보다 실적이 저조했지만 최근에는 주 지수를 따라잡아 이를 상회하고 있다. 미국 GDP와 구독 경제 지수 성장률이 둔화된 2016년 말, 서비스형 소프트웨어 기업들은 비교적 영향을 받지 않았지만 미디어나 통신, 기업 서비스는 모두 부진 상태에 빠졌다. 미디어와 통신 분야는 6개월 사이에 회복세로 반등했지만 기업 서비스는 여전히 부진해 2016년 한 해 동안 4.4퍼센트 성장하는 데 그쳤다.

주오라의 고객 기반이 더 넓어지고 다양해짐에 따라 더 많은 하위 지수가 등장했다. 이런 새로운 하위 지수는 대부분 주 지수의 성과를 비슷하게 따라간다. 예를 들어 기업 서비스 성장률은 초기에는 평균 성장률보다 부진했지만, 이 연구의 후반을 보면 주 지수를 따라감을 확인할 수 있다.

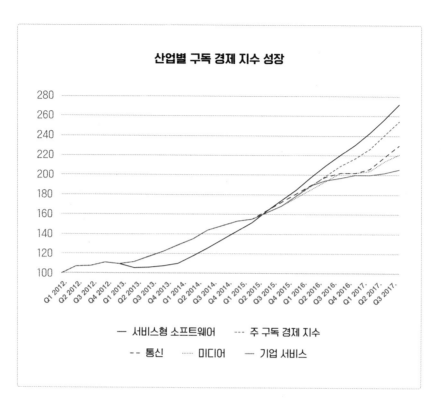

산업별 구독 경제 지수 성장

기업 서비스, 통신, 서비스형 소프트웨어, 미디어 분야의 하위 지수. 각 하위 지수는 25개 기업의 데이터 분석이 가능해진 시점의 주 구독 경제 지수 값에서부터 시작된다. 구독 경제 지수를 구성하는 모든 기업이 이 범주들 중 하나에 속하는 것은 아니라는 사실을 유념하자. 서비스형 소프트웨어가 첫 번째 하위 지수인데, 2013~2014년에는 주 지수보다 실적이 저조했지만 최근에는 주 지수를 따라잡아 이를 상회하고 있다. 최근 들어 더 많은 하위 지수가 등장했는데 대부분 주 지수와 비슷한 성과를 올리고 있다.

● ·· 최근 12개월 성장률

23%	**14%**	**9%**	**4.4%**
서비스형 소프트웨어	통신	미디어	기업 서비스

구독 경제에서는 규모가 중요하다. 매출 1억 달러 이상의 기업들로 이루어진 하위 지수는 2014년에 시작한 이래 최고 실적을 기록했다. 이런 대기업들은 스타트업과는 달리 자원이나 유통 채널, 새로 확보한 고객, 성장 경로가 더 많다. 결과적으로 이들은 연구 초반에 이야기한 네트워크 효과를 통해 이익을 얻는다.

스타트업들의 경우 매출액이 100만 달러 미만인 초반의 '허니문' 성장기 이후에 진짜 난제가 기다리고 있는 듯하다. 다음 도표에서 볼 수 있듯이 매출 규모가 100만 달러에서 2000만 달러 사이인 매출 밴드가 가장 힘든 성장세를 나타내고 있다. 대부분의 회사들은 처음에 판매할 제품을 정하고 필요한 초기 자금을 지원받은 뒤 실제 시장 크기를 규정하게 되는데 그 크기는 매우 다양할 수 있다. 매킨지에 따르면 인터넷 서비스 기업들 가운데 1억 달러 이상의 매출을 올리는 곳은 28퍼센트뿐이라고 한다.

지난 6개월 동안, 규모가 가장 큰 기업들은 이전 6개월에 비해 성장 속도가 빨라진 반면 중소기업들은 모두 성장률이 소폭 감소했다.

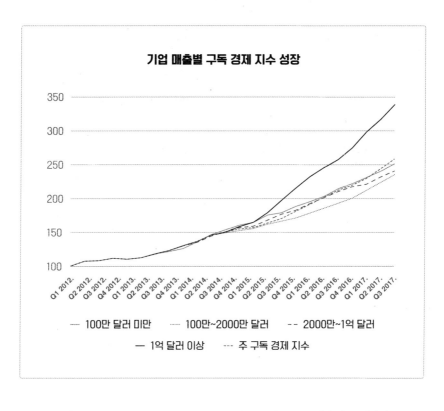

기업 매출별 구독 경제 지수 성장

매출 밴드를 기준으로 하는 기업 규모에 대한 구독 경제 지수 하위 지수. 각각의 하위 지수는 25개 기업을 조사 대상에 포함시킬 수 있게 된 시점의 주 구독 경제 지수 값에서부터 시작된다. 매출 밴드는 주오라 플랫폼에서 호스팅하는 특정 제품이 아니라 해당 회사의 전체 매출을 가리킨다. 매출 1억 달러 이상의 기업들로 이루어진 하위 지수는 2014년에 시작한 이래 최고 실적을 기록했다.

최근 12개월 연평균 성장률

최근 12개월 연평균 성장률

17%	21%	15%	31%
100만 달러 미만	100만~2000만 달러	2000만~1억 달러	1억 달러 이상

비즈니스 모델별, 업계별, 기업 규모별,
지역별 구독자 이탈률

가장 기본적인 의미의 이탈률은 일정 기간 동안 떠나간 총 구독자 비율을 말한다. 이탈은 열악한 고객 서비스, 제대로 업그레이드되지 않는 제품, 경쟁업체에서 제시한 더 좋은 조건, 사업 실패 등 다양한 이유 때문에 발생할 수 있다.

수익이 반복적으로 발생하려면 이탈하는 고객보다 구독을 갱신하는 고객 비율이 더 높아야 하며, 이것이 실질적으로 회사 규모를 결정한다. 따라서 뛰어난 서비스, 훌륭한 기능, 고객 성공 등에 투자해 이탈을 줄이는 것이 모든 구독 기반 사업 전략의 핵심이다.

이탈 줄이기가 중요한 것은 초반의 수익 손실뿐 아니라 코호트 기

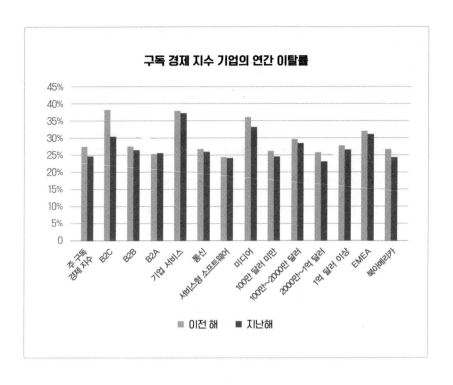

구독 경제 지수 기업의 연간 이탈률

이전 해 ■ 지난해

하위 지수의 지난해(2016년 9월 30일~2017년 9월 30일) 연간 이탈률과 장기적인 평균 이탈률(이전 해) 비교. 전반적으로 볼 때 지난해에는 이탈률이 감소했는데 특히 소비자 구독 제품(B2C)과 미디어 기업이 두드러진다(둘 다 장기적으로는 평균 이탈률이 더 높았다). 각 범주마다 이탈률이 가장 높은 쪽은 B2C, 기업 서비스(미디어가 근소한 차로 2위), 100만~2000만 달러, EMEA(유럽, 중동, 아프리카)다.

회비용 때문이기도 하다. 시간이 지날수록 성공적인 계정이 늘어나는 것이다. 당연한 일이지만 B2C 쪽이 이탈률이 더 높고 B2B는 낮은 편이다. 디지털 B2C 기업(미디어 포함) 쪽에는 결제 문제, 신용 카드 문제,

흥미 감소, 경쟁 등으로 인해 빈번하게 이탈하는 개인 사용자들이 많다. B2B 기업(구독 경제 지수에서는 소프트웨어 쪽에 무게가 많이 실린다)은 안정적으로 성장 중인 기업 고객에게 솔루션을 제공하는 경우가 많기 때문에 유리하다.

구독 경제 지수의 연평균 이탈률은 보통 20~30퍼센트 사이이다. 비즈니스 모델 가운데 이탈률이 가장 높은 쪽은 B2C 기업들이며 B2B 기업들은 가장 낮다. 업종별로 보면 미디어 분야의 이탈률이 가장 높고 서비스형 소프트웨어가 가장 낮다. 지난 한 해 동안에는 이탈률이 전반적으로 감소했는데 특히 B2C와 미디어 기업들의 감소가 눈에 띈다.

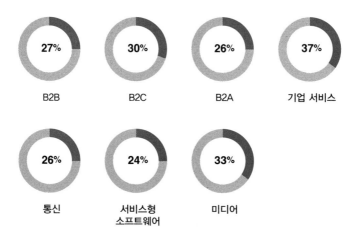

●… 최근 12개월 이탈률

| 27% | 30% | 26% | 37% |
| B2B | B2C | B2A | 기업 서비스 |

| 26% | 24% | 33% |
| 통신 | 서비스형 소프트웨어 | 미디어 |

지역별 성장: EMEA와 북아메리카

구독 경제 지수에는 2017년 1분기부터 EMEA Europe, Middle East, Africa(유럽, 중동, 아프리카)와 북아메리카 지역 하위 지수가 포함되었는데, 관련 데이터는 2016년 1분기부터 축적되어 있다. 지난 1년 반 동안 EMEA와 북아메리카 지수는 거의 동일한 양만큼 증가했다. 2016년 4월부터 누적된 EMEA의 성장률은 35.2퍼센트(연 성장률은 22.3퍼센트)로, 누적 성장률이 34.7퍼센트인 북아메리카(연 성장률 22퍼센트)를 근소한 차이로 이겼다. 하지만 EMEA 지수 성장은 꾸준히 이루어진 것이 아니라 2016년 2분기에 완만하게 시작해 2017년 1분기에 큰 폭으로 상승했다. 하지만 EMEA 지수에는 북아메리카 지수에 비해 훨씬 적은 수의 회사가 포함되어 있으므로, 이런 급격한 변동은 작은 표본 크기로 인한 노이즈가 반영된 것일 수 있다. 전체적으로는 EMEA와 북아메리카 기업들이 구독 경제 분야에서 거의 같은 속도로 성장하고 있는 듯하다.

요약하자면 유럽의 구독 경제도 분명히 성장하고 있다. 지난 18개월 동안 유럽의 구독 기업들은 22퍼센트 정도 성장률을 보인 미국 회사들보다 더 나은 성과를 올리기도 했다. 지난 10년 동안은 거의 유럽 전체 경제 성장률이 미국의 성장률보다 뒤처졌기 때문에 이는 주목할 만한 사실이다.

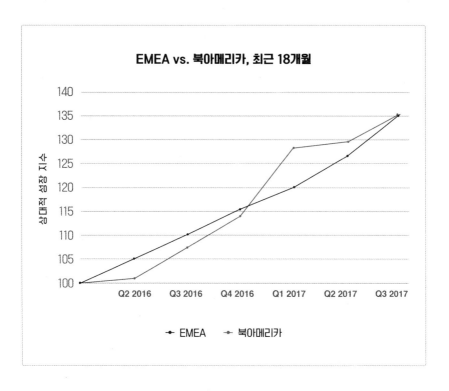

EMEA vs. 북아메리카, 최근 18개월

이 도표는 EMEA 하위 지수와 북아메리카 하위 지수의 상대적인 반복적 매출 증가율을 보여 주는데 둘 다 2016년 1분기 말에 기본값 100에서 시작한다. 매 분기마다 각 지역의 성장률과 동일한 비율로 지수가 상승한다. 북아메리카는 높은 성장세로 시작했다가 시간이 지나면서 성장이 약간 둔화된 반면, EMEA는 처음에는 성장 속도가 느렸지만 하반기에 접어들면서 완전히 격차를 좁혔다.

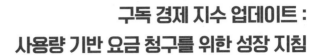

구독 경제 지수 업데이트 :
사용량 기반 요금 청구를 위한 성장 지침

사용량 기반 요금 청구는 가치를 수량화하는 방법이다. 목표는 고객들이 원하는 가치에 돈을 지불하도록 하는 것이다. 최고의 가격 책정 전략은 고객이 실제로 서비스를 이용하는 방식에 근거해 고객이 가장 중요하게 여기는 것에다 수치를 매기는 것이다. 이를 흔히 '가치 척도value metric'라고 부른다. 요컨대 가치 척도는 고객의 요구에 맞춰 조정하고, 고객과 함께 성장하며, 예측이 가능하다는 3가지 특징을 지녀야 한다(고객과 조직 양쪽 모두를 위해).

매킨지의 보고에 따르면 고객들 가운데 75퍼센트 이상이 인지된 가치와 일치하고, 이해하기 쉬우며, 추적이 용이한(따라서 비용을 예측할 수 있는) 가격 척도를 원한다고 한다. 그렇지만 현재 구독 기업의 27퍼센트만이 사용량 기반 가격 책정을 하고 있다. 이는 큰 실수다. 사용량 모델은 고객의 참여도를 높이고 고객 가치를 촉진할 수 있는 다양한 수단을 제공한다. 사업 유형에 따라 다르겠지만 사용자 수, 이메일, API application programming interface 호출, 매출량, 고객 이벤트 등이 그 수단이 될 수 있다.

이 최신 버전 구독 경제 지수에서는 구독 경제 분야에서 가장 빠르게 성장하고 있는 기업들의 성장 전략에서 사용량 기반 요금 청구 방식이 얼마나 이용되고 있는지를 조사했다. 이를 위해 1년간 총 550개 회사의

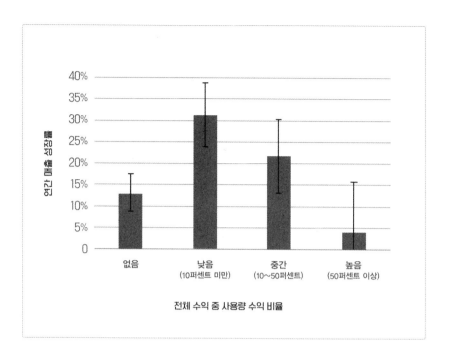

평균 성장률 대비 전체 수익 중 사용량 청구 요금 비율(평균, 95퍼센트 신뢰 구간 막
대). 사용량 기반 요금 청구 방식을 소규모로(10퍼센트 미만) 이용하는 기업들은 이
방식을 전혀 이용하지 않는 기업들에 비해 평균 2배 이상 빠른 성장세를 나타
냈다. 전자는 연 평균 성장률이 31퍼센트인데 비해 후자는 13퍼센트에 불과했다.
이 방식을 중간 수준으로(10~50퍼센트) 이용하는 기업들은 22퍼센트의 중간 수준
성장률을 보였지만, 이용 비율이 높은(50퍼센트 이상) 소수의 기업들은 평균 성장률
이 4퍼센트에 불과했다. 그러나 후자에 속한 기업 수가 적다는 것은 이 기업들의
성장률이 통계적으로 중요하지 않음을 의미한다.

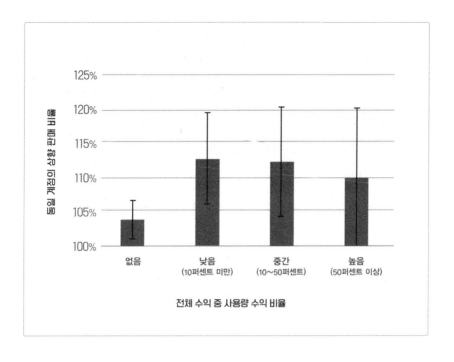

동일한 계정의 평균 상향 판매 비율 대 전체 수익 중 사용량 요금 청구액 비율(평균, 95퍼센트 신뢰 구간 막대). 사용량 기반 요금 청구 방식을 채택한 기업들은 그렇지 않은 기업에 비해 상향 판매 비율이 3배 이상 높았다(13퍼센트 대 4퍼센트).

사용량 요금 청구와 성장 지표를 관찰하고 구독 경제 지수 기업들의 연간 성장률을 몇 년에 걸쳐 비교했다. 놀라운 사실은 전체 수익 중 일부만(10퍼센트 미만) 사용량 기반 요금 청구 방식을 이용한 기업들이, 이 방식을 전혀 이용하지 않는 기업들에 비해 평균 2배 이상 빠르게 성장했다는 것이다.

사용량 기반 요금 청구 방식을 소규모로 이용하는 것은 빠른 성장 속도와 관련이 있지만, 요금 청구 대부분을 이 방식으로 하는 기업에는 이런 연관 관계가 적용되지 않는다. 이 방식의 요금 청구를 통해 수익의 50퍼센트 이상을 올리는 기업들은 수가 매우 적으므로, 표본 크기가 충분하지 않아 확실한 결론을 내릴 수가 없다. 하지만 이런 회사들은 평균보다 낮은 성장률을 나타낼 수 있다는 증거가 있다. 사용량 기반 요금 청구 비율이 중간 정도(매출액의 10~50퍼센트)인 기업들이 속한 세 번째 코호트는 평균적인 성장 속도를 보이는데, 이는 이 방식을 전혀 사용하지 않는 기업들보다는 높고 약간 활용하는 기업들보다는 낮은 수준이다.

사용량 기반 요금 청구 방식을 이용하는 기업이 왜 더 빨리 성장하는지 이해하기 위해 계정당 평균 매출 성장부터 시작해 반복적인 매출 증가를 유도하는 요인들을 조사했다. 동일한 계정이 구독 갱신을 할 때 더 고가의 상품을 구입하는 비율을 비교해 본 결과, 전체적으로 사용량 기반 요금 청구 방식을 이용하는 기업들이 이용하지 않는 기업들에 비해 상향 판매 비율이 높았다(전자는 12~13퍼센트, 후자는 평균 4퍼센트). 이는 사용량이 대개 단계별로 판매되고 반복적 매출 플랜과 연계되어 있어서, 서비스를 성공적으로 이용하는 고객들에게 필요한 업그레이드 경로를 명확하게 보여 주기 때문이다.

우리는 또한 반복적 매출 성장의 두 번째 요인인 계정 수 증가(또는 더 구체적으로 이탈로 인한 계정 상실)에 대해서도 조사했다. 사용량 기반 요금 청구를 채택한 기업들은 모든 수준의 사용량 기반 수익에서 이 방식

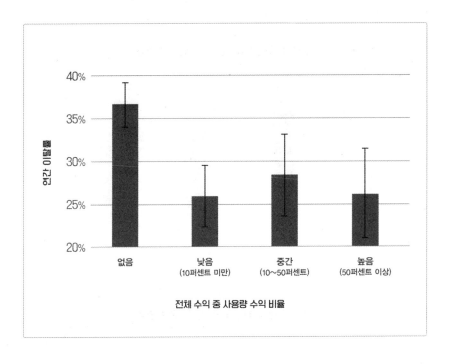

연간 이탈률 대비 전체 수익 중 사용량 기반 요금 청구액 비율(평균, 95퍼센트 신뢰 구간 막대).

을 이용하지 않는 기업들보다 훨씬 낮은 이탈률을 보였다. 이 방식을 이용하는 기업들의 연간 이탈률은 26퍼센트고 이용하지 않는 기업들은 37퍼센트로, 이용하는 쪽의 이탈률이 연평균 기준으로 약 10퍼센트 정도 낮다. 이런 낮은 이탈률은 남들보다 높은 고객 만족도와 고객들이 사용한 것에 대해서만 돈을 내게 한다는 구독 경제의 핵심 원칙을 이행한 노력이 반영된 것이다.

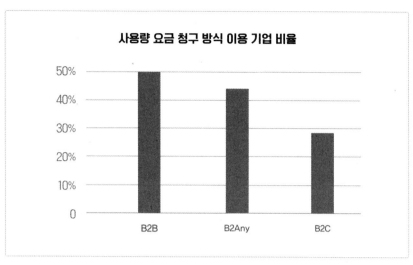

사용량 요금 청구 방식 이용 기업 비율

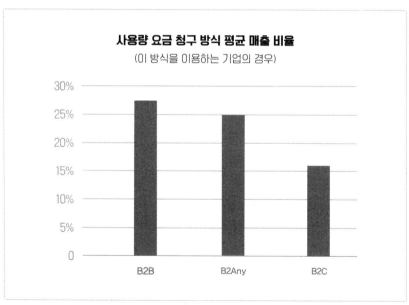

사용량 요금 청구 방식 평균 매출 비율
(이 방식을 이용하는 기업의 경우)

비즈니스 모델별 사용량 기반 요금 청구 비율

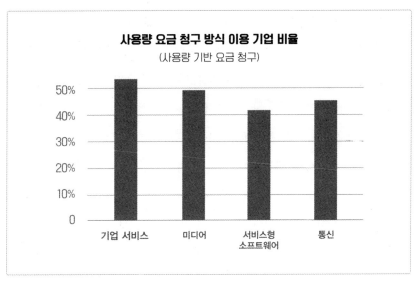

사용량 요금 청구 방식 이용 기업 비율
(사용량 기반 요금 청구)

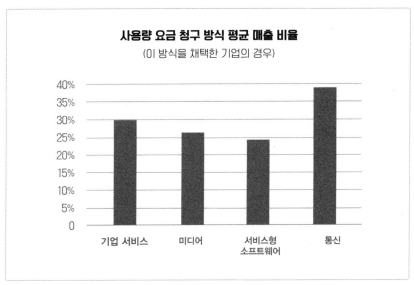

사용량 요금 청구 방식 평균 매출 비율
(이 방식을 채택한 기업의 경우)

업종별 사용량 기반 요금 청구 비율

어떤 고객들이 사용량 기반 요금 청구 방식을 채택하고 있는지 파악하기 위해 비즈니스 모델과 업종별로 채택 비율을 살펴봤다. 이 방식을 가장 많이 사용하는 쪽은 B2B 기업들이고, 개별 소비자에게 직접 판매하는 기업들이 가장 적게 사용한다. B2B 기업 가운데 약 50퍼센트가 이 방식을 사용하며, 이를 통한 매출 비율이 평균 25퍼센트 이상이었다. 개인 고객을 대상으로 제품을 판매하는 기업의 경우에는 이 방식을 사용하는 비율이 30퍼센트 미만이고, 이를 통해 얻는 매출이 평균적으로 전체의 16퍼센트밖에 안 되었다. 업종별 비교를 살펴보면 사용량 기반 요금 청구를 채택한 비율이 비교적 고른 편이지만 그중에서 서비스형 소프트웨어 기업들의 이 방식 채택 비율이 41퍼센트로 가장 낮은 것을 보고는 놀랐다.

그렇다면 사용량 기반 요금 청구 방식은 구독 경제 분야에서 일하는 모든 회사들에 확실한 성장 수단일까? 최고의 구독 경제 지수 회사들이 거둔 실적을 보면 이 방식을 아직 채택하지 않는 회사들에 엄청난 잠재력이 있음을 알 수 있지만, 그래도 최대한 주의하면서 점진적으로 접근하라고 권하고 싶다. 일반적으로 사용량에 따라 요금을 청구하는 서비스 기능은 구독 서비스 상품의 핵심적인 가치 측정 지표로, 사용 가치가 가장 큰 동시에 제공 비용이 가장 많이 소요된다. 명확한 가치를 제공하지 못하는 기능을 사용하는 데 대해 요금을 부과한다면 고객들의 참여를 유도하기는커녕 분노를 야기할 가능성이 높다!

마무리하며

구독 경제에서 반복적 매출 기반의 사업을 한다고 반드시 성공이 보장되는 것은 아니다. 하지만 계정당 평균 매출과 순 계정 성장을 극대화해 평균 고객 생애 주기를 연장하기 위해 계속 노력하면서 이탈률을 최소화하고 사용량 기반 요금 청구 방식을 활용한다면, 이 연구에서 살펴본 것과 동일하거나 그보다 더 빠른 성장률을 달성할 가능성이 높다.

구독 경제 지수 방법론

이 책에 실은 구독 경제 지수는 2012년 1월 1일부터 2017년 9월 30일까지 주오라 구독 관리 서비스에서 익명으로 집계한 시스템 생성 활동을 반영해 구독 사업의 유기적 성장을 추적했다. 주오라는 이 연구 내용을 1년에 두 차례씩 업데이트한다. 유기적인 반복적 매출 성장의 평균값을 측정하기 위해, 주오라는 최소 2년 이상 주오라 플랫폼을 사용한 365개가 넘는 기업의 시스템 활동을 가중 평균 내에서 이용한다. 구독 경제 지수 성장률은 가중 평균으로 계산되기 때문에, 주오라의 고객 기반이 증가하는 속도가 아니라 주오라 고객의 일반적인 매출 증가율을 반영한다. 구독 경제 지수의 하위 지수도 동일한 예외 사항을 따르며 최소 25개의 기업이 포함되어야 한다.

자료 출처

- ●·· **S&P 다우존스 지수**
  http://us.spindices.com/indices/equity/sp-500

- ●·· **미국인구조사국, 〈월간 소매업 및 외식 산업**Monthly Retail Trade and Food Services〉
  www.census.gov/econ/currentdata/dbsearch?program=MRTS&startYear=1992
  &endYear=2016&categories=44000&dataType=SM&geoLevel=US&adjusted=1
  &notAdjusted=1&submit=GET+DATA&releaseScheduleId=

- ●·· **매킨지, 〈빨리 성장하지 못하면 서서히 도태된다**Grow Fast or Die Slow〉
  www.mckinsey.com/industries/high-tech/our-insights/grow-fast-or-die-slow

- ●·· **미국 GDP 성장율**
  www.bea.gov/newsreleases/national/gdp/gdpnewsrelease.htm

감사의 말

먼저 구독 경제를 만들어 가는 과정에 참여할 수 있도록 도와준 주오라의 공동 창립자 K. V. 라오와 청 조우에게 감사한다. 세일즈포스에서 일할 기회를 주고 또 과감하게 내 사업을 시작할 수 있게 격려해 준 마크 베니오프의 도움도 잊을 수 없다.

프랭크 언스트, 밍 리, 모니카 사하, 레오 리우, 트래비스 허크, 시 양, 리처드 테리 로이드, 제프 요시무라, 메건 골든, 마두 라오, 그리고 주오라의 근본적인 성공에 도움을 준 수많은 초창기 직원들에게도 감사 인사를 전하고 싶다. 타일러 슬롯과 그의 경이로운 재무 팀 덕분에 비즈니스에 대한 우리의 마인드셋을 바꿀 수 있었다. 이 프로젝트의 실행 계획을 솜씨 좋게 관리해 준 마크 헬러와 성실하고 참을성 많은 내 조수 닌니 손버그도 정말 고맙다. 징 징 시아, 안 리, 토드 피어슨, 알비나 안타, 네이선 헬러, 스티브 예거, 케빈 수어, 로버트 힐든브랜드는 고맙게도 시간을 내서 이 책을 쓰는 데 필요한 자료 조사를 도와주었다. 편집 작업을 도와준 에리카 말즈버그와 아르티 라야푸라의 노고, 그리고 칼 골드의 귀중한 데이터 통찰력에도 감사한다. 숀 미들버셔와 로렌 글리시, 페이샨 리는 전문적인 디자인 기술을 발휘해 전체적인 작업을 지휘해 주었다. 제니퍼 필레기와 앤디 핵버트는 훌륭한 법적 지혜를 빌려주었다. 멋진 'ecomm' 그룹과 내 친구이자 파트너인 마크 디우앤에게도 감사한다.

우리 회사가 주최하는 '서브스크라이브드' 콘퍼런스, 잡지, 팟캐스트는 끝없는 영감과 통찰력의 원천이다. 특히 게스트로 출연해 준 앱다이내믹스의 데이비드 와드와니, 애로일렉트로닉스의 맷 앤더슨, 서프에어의 제프 포터와 맥 컨, 딜로이트디지털의 앤디 메인, 제너럴일렉트릭디지털의 지티스 바즈듀카스, 그레이즈의 앤서니 플레처, 포드의 제이미 앨리슨, 정보서비스산업협회의 J. B. 우드, 크런치롤의 레이드 드마커스, 펜더의 앤디 무니와 이선 캐플런, 그리고 샘 제닝스, 피터 크레이스키, 주디 로어, 앤 잰저, 로비 켈먼 백스터에게 진심 어린 감사를 전한다.

책을 처음 써 보는 내게 이 작업은 정말 진귀한 경험이었다. 에이전트인 레빈그린버그의 짐 레빈, 펭귄랜덤하우스 출판사의 담당 편집자 카우식 비스와나스, 그리고 칼리 애들러의 헤아릴 수 없이 다정한 피드백과 격려에 감사한다. 제인 스쿤치오는 우리의 메시지를 세상에 전달하기 위해 지칠 줄 모르고 노력해 주었다. 그리고 나와 함께 이 일에 뛰어든 용감한 게이브 와이저트에게도 진심으로 감사한다.

주

머리말

1. Tien Tzuo, "Why This CEO Believes an MBA Is Worthless," *Fortune*, April 27, 2015, http://*fortune*.com/2015/04/27/tien-tzuo-starting-your-own-business.

1장

1. World Economic Forum, "Digital Disruption Has Only Just Begun," Pierre Nanterme, January 17, 2016, www.weforum.org/agenda2016/01/digital-disruption-has-only-just-begun.
2. http://*fortune*.com/*fortune*500.
3. General Electric television ad, www.ispot.tv/ad/AVhu/general-electric-whats-the-matter-with-owen-hammer.
4. Elaine Low, "Disney Ditches Twitter, but Does Distribution Talk Point to Netflix?" *Investor's Business Daily*, October 6, 2016, www.investors.com/news/disney-may-be-out-on-twitter-but-its-mulling-distribution-plans.
5. Forrester Research, "Age of the Customer," https://go.forrester.com/age-of-the-customer.
6. Kleiner Perkins Caufield Byers, "Internet Trends 2017," www.kpcb.com/internet-trends.

2장

1. *Kantar Retail IQ*, "2017 U.S. Retail Year in Review," www.kantarretailiq.com.

2. Michael Wolf, "Activate Tech & Media Outlook 2018," http://activate.com.

3. "Goldman Says Apple Needs Amazon Prime Subscription Plan," *Bloomberg*, October 17, 2016, www.*bloomberg*.com/news/videos/2016-10-17/why-apple-needs-a-subscription-plan.

4. Robbie Kellman Baxter, *The Membership Economy: Find Your Super Users, Master the Forever Transaction, and Build Recurring Revenue* (New York: McGraw-Hill Education, 2015).

5. Dan Mullen, "Fender: Reinventing Guitar for a Digital Age," *Subscribed Magazine*, September 12, 2017, www.zuora.com/2017/09/12/fender-reinventing-guitar-for-the-digital-age.

6. Mike Elgan, "The 'Retail Apocalypse' Is a Myth," *Computerworld*, October 21, 2017, www.*computerworld*.com/article/3234567/it-industry/the-retail-apocalypse-is-a-myth.html.

3장

1. Gabe Weisert, "Lessons from New Media: Crunchyroll Conquers the World," *Subscribed Magazine*, May 12, 2016, www.zuora.com/2016/05/12/lessons-from-new-media-crunchyroll-conquers-the-world.

2. Amitai Winehouse, "How the 'Netflix of Sport' Could Change the Way Supporters Watch Football," *Mail Online*, September 5, 2017, www.dailymail.co.uk/sport/football/article-4854722/Behind-DAZN-New-Netflix-sport-changing-watch.html.

3. Peter Kafka, "Another Half- million Americans Cut the Cord Last Quarter," *Recode*, May 3, 2017, www.recode.net/2017/5/3/15533136/cord-cutting-q1-half-million-tv-moffett.

4. Kevin Fogarty, "Tech Predictions Gone Wrong," *Computerworld*, October 22, 2016, www.*computerworld*.com/article/2492617/it-management/tech-predictions-gone-wrong.html.

5. John Paul Titlow, "David Bowie Predicted the Future of Music in 2002," *Fast Company*, January 11, 2016, www.fastcompany.com/3055340/david-bowie-predicted-the-future-of-music-in-2002.

6. "Subscribed Podcast #6: Sam Jennings on Prince and the Music Streaming Business," www.zuora.com/guides/subscribed-podcast-ep-6-sam-jennings-prince-music-streaming-business.

7. "When Did NPG Music Club Start and Finish?" http://prince.org/msg/7/349218.

4장

1. Nick Lucchesi, "We Are Entering the Era of Car Subscriptions," *Inverse*, November 18, 2016, www.inverse.com/article/24012-hyundai-ioniq-subscription.

2. Nick Kurczweski, "Buy, Lease or Subscribe? Automakers Offer New Approaches to Car Ownership," *Consumer Reports*, October 11, 2017, www.consumerreports.org/buying-a-car/buy-lease-or-subscribe-automakers-offer-new-approaches-to-car-ownership.

3. Christina Bonnington, "You Will No Longer Lease a Car. You Will Subscribe to It," *Slate*, December 2, 2017, www.slate.com/articles/technology/technology/2017/12/car_subscriptions_ford_volvo_porsche_and_cadillac_offer_lease_alternative.html.

4. "The Rev-Up: Imagining a 20% Self Driving World," *The New York Times*, November 8, 2017, www.nytimes.com/interactive/2017/11/08/magazine/tech-design-future-autonomous-car-20-percent-sex-death-liability.html?_r=0.

5. "Gartner Says By 2020, a Quarter Billion Connected Vehicles Will Enable New In-Vehicle Services and Automated Driving Capabilities," January 26, 2015, www.gartner.com/newsroom/id/2970017.

6. Horace Dediu, "IBM and Apple: Catharsis," July 15, 2014, www.asymco.com/2014/07/15/catharsis.

7. "Subscribed San Francisco 2017 Opening Keynote," Zuora *Subscribed* conference presentation, June 5, 2017, www.youtube.com/watch?v=fdDA7sRgMSQ.

8. "Transport as a Service: It Starts with a Single App," *The Economist*, September 29, 2016, www.economist.com/news/international/21707952-combining-old-and-new-ways-getting-around-will-transform-transportand-cities-too-it.

5장

1. Eric Alterman, "Out of Print," *The New Yorker*, March 31, 2008, www.newyorker.com/magazine/2008/03/31/out-of-print.

2. Reuters Institute 2017 Digital News Report, www.digitalnewsreport.org.

3. Josh Marshall, "There's a Digital Media Crash. But No One Will Say It," *Talking Points Memo*, November 17, 2017, http://talkingpointsmemo.com/edblog/theres-a-digital-media-crash-but-no-one-will-say-it.

4. Jessica Lessin, "What Everyone Is Missing About Media Business Models," *The Information*,

January 6, 2017, www.theinformation.com/articles/what-everyone-is-missing-about-media-business-models.

5. Ken Doctor, "Newsonomics: The 2016 Media Year by the Numbers," *Newsonomics*, December 19, 2016, www.niemanlab.org/2016/12/newsonomics-the-2016-media-year-by-the-numbers-and-a-look-toward-2017.

6. Sahil Patel, "With a Billion Views on YouTube, Motor Trend Is Now Building a Paywall," *Digiday*, February 15, 2016, https://digiday.com/media/nearly-billion-views-youtube-motor-trend-now-building-video-paywall.

7. Aarthi Rayapura, interview with Subrata Mukherjee, vice president of product at *The Economist, Subscribed Magazine*, June 16, 2016, https://fr.zuora.com/2016/06/16/focusing-subscription-economy-subrata-mukherjee-vp-product-economist.

8. Lucia Moses, "To Please Subscription-Hungry Publishers, Google Ends First Click Free Policy," *Digiday*, October 2, 2017, https://digiday.com/media/please-subscription-hungry-publishers-google-ends-first-click-free-policy.

9. "Journalism That Stands Apart," The Report of the 2020 Group, *The New York Times*, January 2017, www.nytimes.com/projects/2020-report/.

6장

1. David McCann, "Adobe Completes Swift Business Model Transformation," *CFO*, August 18, 2015, ww2.cfo.com/transformations/2015/08/adobe-completes-swift-business-model-transformation/.

2. "The Reinventors: Adobe," *Subscribed* conference presentation.

3. McKinsey & Company, "Reborn in the Cloud," www.mckinsey.com/business-functions/digital-mckinsey/our-insights/reborn-in-the-cloud.

4. Nicholas G. Carr, "IT Doesn't Matter," *Harvard Business Review*, May 2003, https://hbr.org/2003/05/it-doesnt-matter.

5. Christy Pettey, "Moving to a Software Subscription Model," www.gartner.com/smarterwithgartner/moving-to-a-software-subscription-model.

6. Deloitte, "Flexible Consumption Transition Strategies for Business," www2.deloitte.com/us/en/pages/technology-media-and-telecommunications/articles/flexible-consumption-transition-strategies.html.

7. Thomas Lah and J. B. Wood, Technology, *Technology-as-a-Service Playbook: How to Grow a Profitable Subscription Business* (Seattle: Point B Inc., 2016).

8. Jaakko Nurkka, Josef Waltl, and Oliver Alexy, "How Investors React When Companies Announce They're Moving to a SaaS Business Model," *Harvard Business Review*, January 2017, https://hbr.org/2017/01/how-investors-react-when-companies-announce-theyre-moving-to-a-saas-business-model.

9. Matt Brown, "Cisco's Software Strategy Is Resonating with Customers, Driving Business," *CRN*, November 28, 2017, www.crn.com/news/networking/300095901/partners-ciscos-software-strategy-is-resonating-with-customers-driving-business.htm?itc=ticker.

10. Charles S. Gascon and Evan Karson, "Growth in Tech Sector Returns to Glory Days of the 1990s," Federal Reserve Bank of St. Louis, *Regional Economist*, Second Quarter 2017, www.stlouisfed.org/publications/regional-economist/second-quarter-2017/growth-in-tech-sector-returns-to-glory-days-of-the-1990s.

7장

1. Nicklas Garemo, Stefan Matzinger, and Robert Palter, "Megaprojects: The Good, the Bad, and the Better," McKinsey & Company, www.mckinsey.com/industries/capital-projects-and-infrastructure/our-insights/megaprojects-the-good-the-bad-and-the-better.

2. "Smart Construction," video, Komatsu America Corporation, www.youtube.com/watch?v=aZdtPhMg3dY.

3. "Tom Bucklar, Caterpillar," Zuora Subscribed conference, www.youtube.com/watch?v=Qio2oGJ_G_o.

4. Bureau of Labor Statistics "Manufacturing: NAICS 31-33," www.bls.gov/iag/tgs/iag31-33.htm.

5. IMF Staff Discussion Note, "Gone with the Headwinds: Global Productivity," April 3, 2017, www.imf.org/~/media/Files/Publications/SDN/2017/sdn1704.ashx.

6. National Association of Manufacturers, "Top 20 Facts About Manufacturing," www.nam.org/Newsroom/Facts-About-Manufacturing.

7. Scott Pezza, "How to Make Money with the Internet of Things," Blue Hill Research, May 18, 2015, http://bluehillresearch.com/how-to-make-money-with-the-internet-of-things.

8. Olivier Scalabre, "The Next Manufacturing Revolution Is Here," TED talk, May 2016, www.ted.com/talks/olivier_scalabre_the_next_manufacturing_revolution_is_here/transcript.

9. "Gytis Barzdukas, GE Digital," Zuora *Subscribed* conference, www.youtube.com/watch?v=OEq5HTz7MDE.

10. Gabe Weisert, "Arrow Electronics: The Biggest IoT Innovator You've Never Heard Of," Zuora *Subscribed Magazine*, www.zuora.com/guides/arrow-electronics-the-biggest-iot-innovator-youve-never-heard-of.

11. Guillaumes Vives, "How Do You Price a Connected Device?" Zuora, November 19, 2015, www.zuora.com/2015/11/19/how-do-you-price-a-connected-device.

12. Kevin Kelly, *The Inevitable: Understanding the 12 Technological Forces That Will Shape Our Future* (New York: Viking, 2016).

13. McKinsey & Company, "Unlocking the Potential of the Internet of Things," www.mckinsey.com/business-functions/digital-mckinsey/our-insights/the-internet-of-things-the-value-of-digitizing-the-physical-world.

8장

1. International Data Corporation, "IDC Sees the Dawn of the DX Economy and the Rise of the Digitally Native Enterprise, International Data Corporation," November 1, 2016, www.idc.com/getdoc.jsp?containerId=prUS41888916.

2. Steve Kolowich, "Would Graduate School Work Better If You Never Graduated from It?" *Chronicle of Higher Education*, July 17, 2014, www.chronicle.com/blogs/wiredcampus/would-graduate-school-work-better-if-you-never-graduated-from-it/54015.

3. "All Change: New Business Models," *The Economist*, January 15, 2015, www.economist.com/news/special-report/21639019-power-industrys-main-concern-has-always-been-supply-now-it-learning-manage.

4. Karen Mills and Brayden McCarthy, "How Banks Can Compete Against an Army of Fintech Startups," *Harvard Business Review*, April 2017, https://hbr.org/2017/04/how-banks-can-compete-against-an-army-of-fintech-startups.

9장

1. Emanuel Maiberg, "Final Fantasy Producer Says Subscriptions Still Make Sense for MMOs,"

GameSpot, March 30, 2014, www.gamespot.com/articles/final-fantasy-producer-says-subscriptions-still-make-sense-for-mmos/1100-6418646.

2. Gartner, "Gartner Says Adopting a Pace-Layered Application Strategy Can Accelerate Innovation," February 14, 2012, www.gartner.com/newsroom/id/1923014.

3. Anne Janzer, *"Subscription Marketing: Strategies for Nurturing Customers in a World of Churn,"* Cuesta Park Consulting, 2017.

10장

1. "Google Apps Is Out of Beta(Yes, Really)," Official Google Blog, July 7, 2009, https://googleblog.blogspot.com/2009/07/google-apps-is-out-of-beta-yes-really.html.

2. Manifesto for Agile Software Development, http://agilemanifesto.org.

3. David Carr, "Giving Viewers What They Want," *The New York Times*, February 25, 2013, www.nytimes.com/2013/02/25/business/media/for-house-of-cards-using-big-data-to-guarantee-its-popularity.html.

4. Mark Sweney, "Netflix Gathers Detailed Viewer Data to Guide Its Search for the Next Hit," *The Guardian*, February 23, 2014, www.theguardian.com/media/2014/feb/23/netflix-viewer-data-house-of-cards.

5. Paul R. LaMonica, "Starbucks Still Has a Problem with Long Lines," CNN, January 27, 2017, http://money.cnn.com/2017/01/27/investing/starbucks-long-lines-mobile-ordering-earnings/index.html.

6. Clint Boulton, "Starbucks' CTO Brews Personalized Experiences," *CIO*, April 1, 2016, www.cio.com/article/3050920/analytics/starbucks-cto-brews-personalized-experiences.html.

11장

1. Greg Alexander, "How to Transition Channel Partners from Selling Perpetual Licenses to SaaS," Sales Benchmark Index, May 20, 2017, https://salesbenchmarkindex.com/insights/how-to-transition-channel-partners-from-selling-perpetual-licenses-to-saas.

2. Madhavan Ramanujam and Georg Tacke, *Monetizing Innovation: How Smart Companies Design the Product Around the Price* (Hoboken, NJ: Wiley, 2016).

12장

1. Kevin Chao, Michael Kiermaier, Paul Roche, and Nikhil Sane, "Subscription Myth Busters: What It Takes to Shift to a Recurring-Revenue Model for Hardware and Software," McKinsey & Company, December 2017, www.mckinsey.com/industries/high-tech/our-insights/subscription-myth-busters.

2. Eugene Kim, "After 11 Years, Box's CEO Understands the Best Way to Sell to Big Companies," *Business Insider*, August 20, 2016, www.businessinsider.com/box-ceo-aaron-levie-future-enterprise-sales-2016-8.

3. Eric Kutcher, Olivia Nottebohm, and Kara Sprague, "Grow Fast or Die Slow," McKinsey & Company, www.mckinsey.com/industries/high-tech/our-insights/grow-fast-or-die-slow.

13장

1. Tim Harford, "Is This the Most Influential Work in the History of Capitalism?" BBC, October 23, 2017, www.bbc.com/news/business-41582244.

2. Tyler Sloat, "An Introduction to Subscription Finance," Zuora Academy, www.zuora.com/guides/subscription-finance-basics.